테마별 실무서 5

알쓸신세, 주식변동 세무
(알아두면 쓸모있는 신박한 세무지식)

◈ 한국세무사회

발간사

　세무사는 공공성있는 세무전문가로 납세자권익 보호와 성실한 납세의무 이행에 이바지하는 사명이 있습니다. 이 때문에 세무사는 모름지기 높은 전문성과 책임성을 갖춰야 하고 이를 위한 연구와 교육은 아무리 강조해도 지나치지 않습니다.

　한국세무사회는 그동안 많은 세법책과 실무서를 발간하면서 회원의 전문성과 책임성을 함양하기 위해 노력해왔습니다. 하지만 회원보다는 관성적인 출판에 그치고 저자 편의가 앞서 사업현장의 회원님을 만족시키는데 부족함이 참 많았습니다.

　제33대 한국세무사회는 도서출판까지 혁신하여 사업현장의 회원들의 직무 요령, 리스크 관리 및 컨설팅기법 등을 망라해 회원들이 책상머리에 두고 무시로 회원을 돕는 '실사구시 지침서'를 어떻게 마련할지 고민해왔습니다.

　그 결과 세목별 기본서, 신고실무도 회원친화적으로 형식과 콘텐츠도 바꾸고 회원님이 전문적인 핵심직무를 수행할 때 유용한 길잡이가 될 '테마별 실무서 시리즈'를 새롭게 내게 되었습니다.

　'한국세무사회 테마별 실무서'는 사업현장에서 부딪히는 핵심주제 50개를 추출하고 각 테마마다 최고의 전문가가 참여하여 관계법령, 예규 및 판례의 나열 아닌 직무요령과 리스크 관리, 컨설팅 기법 등 권위있는 전문 집필자의 노하우까지 담아냈습니다.

　조세출판사에 큰 획을 그을 책이 될 '한국세무사회 테마별 실무서 시리즈'가 앞으로 개정과 증보를 거듭하면서 사업현장의 회원님을 최고의 조세전문가로 완성시키는 기념비적인 책이 되리라 믿어 의심치 않습니다.

　어려운 여건에도 남다른 열정과 전문성으로 '한국세무사회 테마별 실무서'가 탄생하는데 함께해주시는 집필진 세무사님과 한국세무사회 도서출판위원회 위원님께 고마움을 전합니다.

2024년 12월

한국세무사회 회장 구재이

CONTENTS

알아두면 쓸모있는 신박한 세무지식(알·쏠·신·세)

서문 / 18

»»» 제1장 상속·증여·양도소득세 ·· 19
  01. 상속세 증여세 신고 전에 홈택스 둘러보기 ························· 19
  02. 상속 분쟁이 있어 상속재산 분할 협의가 되지 않았더라도
      상속세 신고시 배우자상속재산 미분할신고서를 제출하는
      것이 필요 ·· 24
  03. 사전증여재산만 있거나, 상속인 아닌자에게 유증하는 경우에는
      상속공제 종합한도액을 반드시 확인하는 것이 필요 ············· 26
  04. 신용불량자인 상속인(A)의 상속재산 분할협의는 사해행위
      취소권 행사의 대상이 될 수 있으므로, 상속포기 필요 ········ 27
  05. 상속인 간의 분쟁이 있어 협의 분할이 되지 않았더라도
      상속개시일로부터 6개월 이내에 취득세를 신고납부
      (상속인 외의 자에 대한 유증은 3개월 이내) ························ 28
  06. 유류분반환청구소송의 판결이 나면 6개월 이내에 수정신고 ··· 29
  07. 증여당시와 상속당시의 상속인의 지위가 달라진 경우
      상속세 신고시 증여세액공제 등에 유의
      (배우자, 계부, 계모, 대습상속인) ··· 31
  08. 피상속인이 비상장회사의 주식을 보유하고 있다면,
      살펴보아야 할 사항 ·· 34
  09. 양도소득세 계산시 부동산과다보유법인과 특정주식의 경우는
      기타자산에 속하여 일반적인 비상장주식의 양도와는
      다른 세율을 적용 ··· 36

CONTENTS

10. 비상장법인의 주주 중 비거주자가 있다면 주식 양도 신고를
    할 때, 별도의 신고가 필요 ································ 39
11. 상속인이 아닌 자에게 상속하는 경우와 배우자 단독
    상속인 경우 일괄공제 적용 ································ 43
12. 정기적금 등 증여세 절세를 위한 유기정기금 등 평가 방법
    적용은 일정한 요건을 충족한 때에만 가능 ················ 44
13. 보험금에 대한 상속세 과세가액 포함판단 ················ 46
14. 가업승계 관련 지원제도 이용 시 해당 증여재산을 상속세
    과세가액에 합산여부 검토 ································ 48
15. 상속재산에 대한 협의 분할 이후 상속인 간의 금전의
    이전으로 인한 증여세 및 양도소득세 과세여부 검토 ········ 50
16. 상속재산에 포함된 부채에 대한 사후관리 ················ 52
17. 증여세 과세가액에 가산하는 증여재산가액 확인 ·········· 54
18. 상속세 및 증여세 연부연납 가산금 가산율 확인 ·········· 55
19. 주식 물납은 요건 충족 시에만 가능함 ···················· 56
20. 공동명의 다가구주택 1세대 1주택 비과세 주의 ············ 58
21. 부동산 지번 변경 등의 경우 ······························ 59
22. 알아두면 쓸모있는 내용 ·································· 61

제2장 • 법인세 ·· 65
01. 법인세 신고서를 작성 후 홈택스 전자신고 버튼을
    누르지 않아서 무신고된 사례 ······························ 65

CONTENTS

02. 법인이 해외직접투자를 한 경우에는 해외현지법인명세서 등을 제출해야 하는데 작성만 하고 자동제출로 착각하여 누락한 사례 ·············· 66
03. 수출관련 업체의 영세율매출을 누락하여 익금산입하고 대표자에 대한 인정상여 처분된 사례 ·············· 67
04. 토지의 매입원가를 중복(계약서 금액+통장출금액) 하여 법인세 과소신고한 사례 ·············· 68
05. 법인세 신고 시 이월결손금을 공제할 때 경정(수정)청구 등으로 감액된 이월결손금을 누락하여 과다공제받은 사례 ··· 68
06. 부동산 매각 시, 과거 토지 재평가액을 익금산입 처리해야 함에도 불구하고 누락한 사례 ·············· 69
07. 외화자산의 환산 평가손익은 세법상 인정되지 않으므로 이에 대한 세무조정확인 ·············· 71
08. 충당부채(퇴직급여충당금, 수선충당금, 포인트충당금 등 평가성충당금)를 손금불산입여부확인 ·············· 72
09. 대손세액공제(상법상 소멸시효 3년 이상 등)적용을 위한 채권 회수노력 필요 ·············· 73
10. 차입금에 대한 분개 시에 대출금 상환원금, 이자비용을 구분 필요 ·············· 74
11. 보험료: 임원을 피보험자로 하는 종신보험 (CEO PLAN)에 대한 보험료의 손금산입여부 확인 ·············· 75
12. 임원 상여에 대한 관리필요 ·············· 76
13. 현물기부에 따른 손금산입여부 확인 ·············· 78
14. 내국법인에게 원천징수되지 않는 배당에 대한 지급명세서 제출확인 ·············· 79
15. 소득세법상 퇴직금한도를 과다계산하여 세법상 퇴직한도 초과분 만큼 원천세 과소신고여부/근로소득지급명세서 제출여부 확인 ·············· 80

16. 고용증대세액공제 시 상시근로자 수 감소에 따른 법인세
    추가납부확인 ··· 82
17. 연구인력개발비 세액공제 기업부설연구소 폐지에 따른
    세액공제확인 ··· 84
18. 창업중소기업세액감면 창업의 범위 주의 ······················ 85
19. 창업에 따른 고용증대세액공제 인원수 계산주의 ········· 87

›››› 제3장 • 소득세 ·· 89

01. 보험수입금액(공단부담금)집계 과오로 인한 종합 소득세
    과소신고주의 ·· 89
02. 병의원 수입금액 산정시 공단부담금과 본인부담금,
    비보험수입 등 수입금액 집계 방법 ······························ 90
03. 사업자의 사업용 토지수용에 따라 수령한 영업손실 보상금
    누락에 따른 종합소득세 과소신고주의 ························ 92
04. 금융리스 원금상환분 필요경비 산입처리로 인한 과소
    신고주의 ··· 93
05. 비과세 사업소득 계산착오(필요경비 과다계상)로 소득세
    과소신고주의 ·· 94
06. 온라인쇼핑몰 광고비 중복공제 주의 (카드/세금계산서) ······· 96
07. 개인사업자 사업용고정자산 처분에 따른 매각손익확인 ········ 97
08. 개인사업자가 차량을 매각할 경우 전자세금계산서
    의무대상 여부 확인필요 ··· 98
09. 기업업무추진비(접대비) 한도 착오계산으로 인한 가산세 주의 ······ 99
10. 오피스텔 신축분양자에 대한 부동산매매업 매매차익
    예정신고 누락주의 ·· 101

CONTENTS

11. 원천징수세액 안분계산 미적용 : 학원강사 등이 전속계약을
    맺은 경우 수입금액과 원천징수세액 안분 미적용 주의 ······ 102
12. 외부조정 신고대상을 자기조정으로 신고함으로써
    세액감면 배제 및 가산세 적용 ································· 103
13. 법인세무조사 후 인정상여처분에 따른 소득세 신고누락에
    따른 과세 및 가산세 주의 ······································· 104
14. 여러개의 사업장이 있는 성실신고 사업자의 소득세 신고시
    성실신고 확인서를 사업장마다 작성하여야 하나,
    하나만 작성하는 실수 주의 ····································· 105
15. 현금영수증 의무발행대상자에 대한 현금영수증 가맹
    여부 체크 필요 ··· 107
16. 현금영수증 의무가맹점 미가맹시 중소기업특별세액
    감면 배제확인 ·· 110
17. 사업용계좌 미신고로 인한 가산세 및 창업중소 기업
    세액감면 배제사례 ·· 114
18. 사업용계좌 미신고로 인한 가산세 및 창업중소기업
    세액감면 배제 사례 ··· 116
19. 주업종코드가 잘못 기재되어 세무상 불이익을 받게되는 사례 ·· 118
20. 중소기업 기준 검토표 작성 오류로 인한 중소기업
    특별세액감면 적용 실수 사례 ·································· 119
21. 중소기업특별세액감면을 적용하거나 추계신고 시
    감가상각의제 적용주의 ··· 122
22. 주택임대사업자 종합소득세 감면에 따른 감가상각의제확인 ····· 123
23. 수도권 과밀억제권역 밖 이전 관련 세액감면 적용오류
    공장 이전 시점 이후의 소득에 대해서만 세액감면적용대상 ·· 124

CONTENTS

24. 법인세 100%감면받는 법인으로부터 수령한 배당금에
    대한 배당세액공제 오류주의 ·· 125

>>>> **제4장 • 부가가치세** ··· 129
01. 부동산 양도시 건물분 부가가치세를 잘못 안내하여
    납세자가 부당한 세금납부 주의 ··· 129
02. 건물 매각분(증여) 수기 세금계산서를 신고 누락하여
    부가가치세 과소신고주의 ·· 133
03. 건물매각분 신고 누락(법령 착오 적용)으로 인한 부가가치세
    과소신고주의 ··· 134
04. 건물 증여에 대한 세금계산서 지연발급/지연수취 ············· 135
05. 재건축정비사업자의 매도청구권에 의해 부동산(상가)
    양도시에는 건물분에 대해 과세매출로 보아 부가가치세를
    신고납부확인 ··· 137
06. 부동산임대업 폐업시 부가가치세 기한 후 신고 및 건물분
    세금계산서 미발행 주의 ··· 138
07. 부동산매매업자가 단기임대하던 부동산을 임대업자에게
    양도하는 경우 포괄양도양수 여부확인 ·································· 139
08. 명의신탁으로 인한 소유권이전등기말소시 포괄양도 양수
    여부확인 ·· 141
09. 오피스텔 신축판매·분양업 부가가치세 과세주의 ············· 142
10. 다중주택을 신축하여 판매하는 경우 과세사업자에 해당
    됨에도 부가가치세 신고가 아닌 사업장현황신고주의 ········· 144
11. 건설허가는 다중주택이나 실질은 다가구주택으로
    부가가치세 신고가 아닌 사업장 현황신고 ····························· 145

CONTENTS

12. 수영장 이용료를 영리 단체로 보지 않고 면세로 착각하여 매출신고 누락 주의 ·· 146
13. 금융리스차량의 매각(승계처리)시 세금계산서 발행 여부 확인 ··· 148
14. 직전연도 공급가액 미파악으로 인한 전자세금계산서 발급시기 착오에 의한 가산세 부과 사례 ························ 150
15. 본지점간 유류이동 관련 세금계산서 지연발급 (지연수취)에 따른 사고사례 ·· 152
16. 매출처별 세금계산서 누락으로 인한 부가가치세 및 종합소득세 과소신고주의 ·· 154
17. 세금계산서 오류 발행으로 인한 부가가치세 과소신고 ········ 156
18. 경정청구 신고기한 주의 ·· 158
19. 매출세액 귀속시기 착오로 인한 부가가치세 과소신고 주의 ··· 160
20. 결제대행사, 플랫폼사업자 등의 매출누락으로 인한 부가가치세, 소득세과소신고주의 ·· 163
21. 제조업 등 신용카드 등 발행세액공제 배제주의 ················ 163
22. 인적용역 면세요건 명확화에 따른 부가가치세 과세검토 ···· 165
23. 의제매입세액 공제 착오 계산으로 인한 부가가치세 과소신고주의 ·· 168
24. 중고자동차 부가가치세 매입세액 공제 특례 오류 적용주의 ··· 170
25. 토지분 중개수수료 공통매입세액 안분계산 누락으로 인한 부가가치세 과소신고주의 ·· 173
26. 건축물 철거 비용과 관련된 매입세액 과다공제 주의 ········ 174
27. 공통매입세액중 면세부분매입세액을 안분계산하지 않고 전액적용하여 부가가치세 과소신고주의 ·· 175
28. 공통매입세액 불공제분 계산 착오주의 ···························· 177

29. 오피스텔 취득해 부가가치세 환급 후, 주거용 전월세로
　　사용해 매입세액 불공제 적용 누락주의 ················ 180
30. 수출기업의 수입물품에 대한 부가가치세 납부유예세액
　　(매입세액) 차감 누락 사례 ···························· 181
31. 간이과세자의 부가가치세 신고시 자주하는 실수 사례 ······· 183
32. 국내에서 비거주자 등에게 공급하는 용역 상호면세주의 확인 ··· 186
33. 국내에서 비거주자 등에게 공급하는 용역 대금결제방법 ···· 189

≫ 제5장 • 기타 실무상 유용한 내용 ························ 193
01. 개인에서 법인으로 전환할 경우 주의 ······················ 193
02. 이월결손금을 공제한 개인사업자의 건강보험료는 이월
　　결손금을 공제하기 전 소득에 따라 산정되므로 주의요망 ·· 199

CONTENTS

주식변동 세무

서문 / 204

제1장 • 특수관계인 간의 주식양수도 시 고려사항 ········· 205

제1절 특수관계인 간의 저가양도 및 고가매입 ················ 205
　01. 개요 ··· 205
　02. 양도소득세를 부당하게 감소시키는 거래유형 ············ 207
　03. 부당행위계산 부인의 적용시기 ························· 207

제2절 특수관계인이 아닌 자간 저가·고가 거래시 증여문제 ········ 208
　01. 과세요건 ·· 208
　02. 증여재산가액 ·· 208

제3절 특수관계인의 범위 ································· 209
　01. 세법상 특수관계인의 범위 ····························· 210
　02. 특수관계인 그림 설명 ································ 215

제4절 증여를 통한 우회양도 ······························ 220
　01. 양도·증여 판단 ······································ 220
　02. 부당행위계산 부인 적용시 이중과세 여부 및 가산세적용 ·· 222

CONTENTS

〉〉〉〉 제2장 • 명의신탁주식 ······ 223

제1절 개요 ······ 223

제2절 명의신탁주식의 증여의제 ······ 224

제3절 명의신탁의 해지 ······ 225
　01. 명의신탁주식의 위험성 ······ 225
　02. 명의신탁해지 방법 ······ 226
　03. 명의신탁계약해지 약정서 양식 ······ 227

제4절 명의신탁주식 실소유자 확인제도 (국세청 제도안내) ······ 228
　01. 명의신탁주식 실소유자 확인신청 대상자 요건 ······ 228
　02. 실제소유자 확인신청 처리 흐름도 ······ 229
　03. 실제소유자 확인신청 단계별 절차 ······ 230
　04. 확인처리 결과에 따른 납세의무 ······ 230

〉〉〉〉 제3장 • 자기주식 취득 및 소각 ······ 233

제1절 자기주식의 취득 ······ 233
　01. 개요 ······ 233
　02. 상법상 자기주식 취득 ······ 234
　03. 자기주식 취득의 한도(배당가능이익) ······ 235

CONTENTS

  04. 자기주식 취득절차 ··· 235
  05. 자기주식 취득행위 무효 ································· 236
  06. 특정목적에 의한 자기주식 취득 허용 ············· 237
  07. 자기주식의 회계처리 ····································· 237
  08. 자기주식의 세무처리 ····································· 237

제2절 자기주식 소각, 처분 ·· 239

  01. 개요 ·· 239
  02. 상법상 자기주식의 소각, 처분 ······················· 240
  03. 자기주식 소각 등으로 다른 주주의 지분율이 증가할 경우
     의제배당 ·· 241

제3절 최신판례 ··· 243

제4절 배우자로부터 증여받은 주식의 이월과세 규정 신설 ············ 245

  01. 개요 ·· 245
  02. 소득세법 제87조의13 ··································· 245
  03. 이월과세 적용 시 세 부담 차이 ····················· 246

▶▶▶ 제4장 · 지방세법상 과점주주의 간주취득세 및 제2차 납세의무 ·· 247

제1절 개요 ··· 247

제2절 과점주주의 간주취득세 ···································· 248

01. 과점주주 ··· 248
02. 간주취득세 납세의무 ··· 254

제3절 출자자 및 법인의 제2차 납세의무 ······························ 260

01. 출자자의 제2차 납세의무 ··· 260
02 법인의 제2차 납세의무 ··· 261

제5장 • 주식변동조사유형 및 관련 신고실무 ···················· 263

제1절 주식변동조사 ·· 263

01. 개요 ··· 263
02. 주식변동조사 유형별 검토 사항 ······························ 264

제2절 주식등변동상황명세서 및 증권거래세 신고 ················ 268

01. 주식등변동상황명세서 제출 ····································· 268
02. 증권거래세 신고 ·· 273

제6장 • 기타 고려사항 및 실무업무 ···································· 279

제1절 주권발행 절차 및 실무업무 ··· 279

01. 이사회 결의 또는 주주총회 결의 ····························· 279
02. 국세청에 인지세 후납신청 ······································· 280
03. 주권 일련번호를 인쇄소에 송부하여 주권인쇄 ······· 280
04. 주권교부대장 작성 비치(회사) ································ 280

CONTENTS

제2절 주식증여 후 증자를 진행하려는 경우 사전 검토 필요 ········· 283

제3절 대출이 있거나 대출계획이 있는 법인의 주식양수도 시 검토 사항 ···· 283

알아두면 쓸모있는 신박한 세무지식
(알·쓸·신·세)
가산세를 피하는 100가지 방법

서 문

세무사는 공인된 자격을 가진 세무전문가입니다.
전문자격사는 자신이 신고한 내용에 대해 무거운 책임이 있는 자입니다.

조세제도연구위원회에서는 이번 추계세미나 주제로 알아두면 쓸모있는 신박한 세무지식을 준비하였습니다.

우리 세무사들이 실무에서 보는 참고서이자 백과사전이 되고자 기획하였습니다.
일차적으로는 세무 신고시 자칫하면 간과하기 쉬운 부분을 짚어주어, 신고 후에 파생 될 수 있는 가산세 위험을 줄여주고, 나아가서는 차별화된 세무컨설팅을 진행 할 수 있는 여러 가지 실무적인 지식을 제시하고자 하였습니다.

본 주제의 원고에는 한국세무사회 본회의 세무사배상책임보험의 보험심사에 올라온 사례가 다수 포함되어 있습니다.

이러한 사례에는 개인정보보호법에 따라 사실관계를 전부 실을 수 없어서 내용파악이 명확하지 않은 부분이 있습니다. 이 부분은 한국세무사회 회원지원팀에 사례 전체 내용을 요청하면 좀 더 명확하게 파악할 수 있습니다.

본 연구가 우리 세무사들의 업무에 많은 도움이 되기를 바랍니다.

제1장

상속·증여·양도소득세

01 상속세 증여세 신고 전에 홈택스 둘러보기

(1) 개요

상속세나 증여세 신고를 위한 준비단계에서 홈택스에서 제공하는 몇 가지 유용한 정보들이 있어 소개하고자 한다.

(2) 주의사항 및 실무상 Tip

① 세무대리인이 홈택스에서 조회가 가능한 부분

■ **상속증여재산평가하기(세무대리 위임이 되지 않아도 가능함)**
다음의 경로를 통해서 찾으면 유사매매사례가액을 조회할 수 있다. 특히 기준시가 및 면적, 매매계약일, 층수 등도 조회가 되어 업무에 유용하게 사용할 수 있다. 다만, 정보가 일정시간을 두고 정기적으로 업데이트되는 부분이 있어, 가격상승기나 가격하락기에는 신고당시 조회내역과 추후에 세무서의 결정당시 조회내역이 다를 수 있으므로 그 부분도 감안하여 업무를 진행하는 것이 안전하다.

[그림1] 홈택스 상속 증여재산 평가하기 경로

세금신고 > 상속세 신고 > 신고도움 자료 조회 > 상속·증여재산 평가하기

세금신고 > 증여세 신고 > 신고도움 자료 조회 > 상속·증여재산 평가하기

[그림2] 홈택스-세금신고-신고도움자료조회-상속증여재산평가하기

| 세금신고 | 신고도움 자료 조회 | 상속·증여재산 평가하기 ☆ |

평가정보 시가유형 선택 및 입력

• 재산종류 : 공동주택(아파트, 다세대, 연립을 통합 고시하는 경우) • 상속개시일자 : 2024/08/23 • 소재지 : 서울특별시 서초구 잠원

◎ 당해 재산의 매매등 가액

시가의 유형	예	아니오	일자	
상속재산에 대한 매매사실이 있습니까?	○	●	계약체결일을 입력하세요.	2024-08-23
상속재산에 대해 2이상의 감정평가업자가 평가한 감정가액이 있습니까?	○	●	감정가액평가서 작성일을 입력하세요.	2024-08-23
상속재산에 대한 수용, 경매 또는 공매 사실이 있습니까?	○	●	보상가액이 결정된 날을 입력하세요.	2024-08-23

◎ (유사)재산의 매매등 가액

| 상속재산과 면적, 위치 등 유사한 다른 재산에 대해 위 3가지 사실이 있습니까? 유사매매사례가액 찾기 | ● | ○ | 계약체결일 등을 입력하세요. | 2024-08-23 |

저당권 등이 설정된 재산   계산기   0 원

평가하기

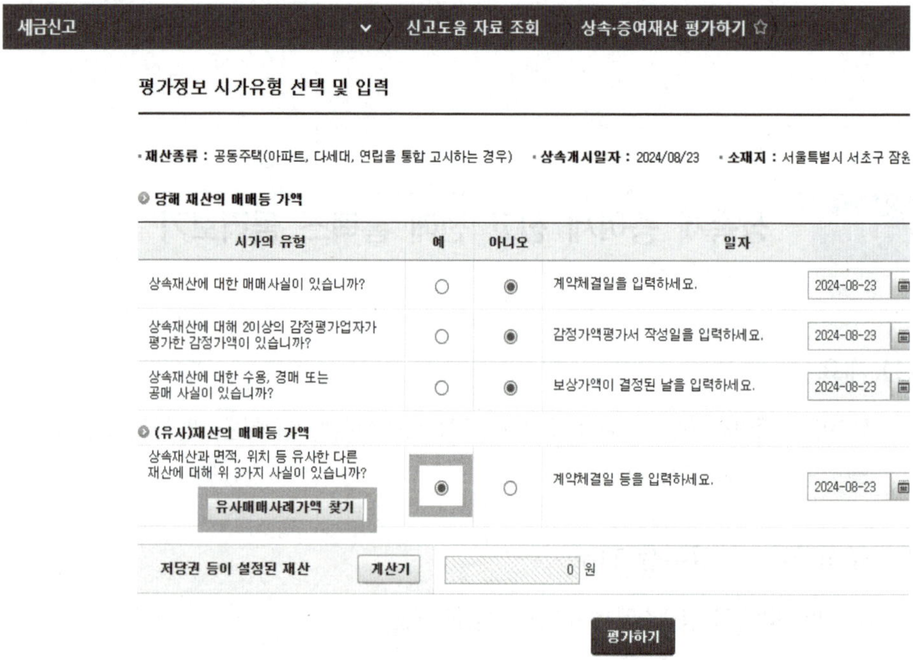

[그림3] 홈택스 화면 - 매매공동주택 입력 및 선택

(유사)매매 공동주택 입력 및 선택

- 소재지 정보 검색

●지번주소로 조회	법정동주소	서울특별시 서초구 잠원동
		※ 법정동을 조회하신 후, 번지/호 혹은 건물명을 입력하여 [조회] 하세요.
	번지/호	102 -
	건물명	[조회]

- 서울특별시 서초구 잠원동
  - 반포센트럴자이

1   총1건(1/1)

- 상세주소 검색

입력주소	서울특별시 서초구
상세주소	103 ▼ 동 201 ▼ 호 [검색]

- (유사)매매 시가(평가기간 내 유사 물건)   (단위:원,㎡)

순번	(유사)재산	매매계약일	매매가액	고시일자	기준시가	전용면적	지분양도여부	
1-1	5층	2024-04-03	3,100,000,000	2024-04-30	2,115,000,000	84.940		선택

- (유사)매매 시가(평가기간 외 유사 물건)   (단위:원,㎡)

순번	(유사)재산	매매계약일	매매가액	고시일자	기준시가	전용면적	지분양도여부	
1-1	6층	2023-04-09	2,990,000,000	2024-04-30	2,084,000,000	84.950		선택
2-1	3층	2023-03-22	2,800,000,000	2024-04-30	2,026,000,000	84.950		선택
3-1	4층	2023-09-18	3,300,000,000	2024-04-30	2,115,000,000	84.980		선택

- 기준시가   (단위:원,㎡)

고시일자	기준시가	총면적	전용면적	공유면적
2024-04-30	2,056,000,000	115.730	84.980	30.750

국토교통부 실거래가 공개시스템의 정보와 홈택스의 매매사례가액은 시차가 존재한다. 따라서, 업무에 적용할 때는 그 부분을 염두에 두고 적용해야 한다.

[그림4] 국토교통부 실거래가조회

국토교통부 실거래가 공개시스템

| 아파트 | 연립/다세대 | 단독/다가구 | 오피스텔 | 토지 | 분양/입주권 | 상업/업무용 | 공장/창고 등 |

■ 증여세 결정내역 조회(세무대리 위임이 있어야 조회가능)
사전증여재산을 합산하기 위해서는 최근 10년 내의 증여재산가액 및 증여세 가액이 필요하다. 이러한 경우에 수증인의 신분증을 받아서 홈택스의 신고대리용 세무대리 신청을 하면 최근 10년 내의 증여재산가액 및 증여세 가액을 조회할 수 있다. 만약, 상속재산에 가산을 위해서 필요한 경우라면 상속포기자를 포함한 최근 5년 내에 증여받은 자들의 신분증까지 받아서 신청을 해야 한다. 만약 추가 자료가 필요하다면 세무서에서 관련 신고서 또는 결정서를 요청해야 한다.

〈홈택스 증여세 결정 내역조회 경로〉

세무대리·납세관리 > 신고대리 > 증여세 결정내역 조회

② 납세자가 홈택스에서 직접 조회가 가능한 부분
홈택스를 통해서 피상속인의 국세정보 및 상속재산 및 증여재산 정보를 얻을 수 있다. 다만, 납세자가 직접 조회하면 가능하지만, 세무대리인은 조회가 가능하지 않아서 실무상 사용하기는 쉽지 않다. 납세자의 동의가 어렵다면, 세무서에서 별도 조회한다.

■ 피상속인 국세 정보 조회 (납세자가 직접 조회가능)
피상속인의 체납 및 고지 내역을 확인할 수 있어 유용하다.

세금신고 > 상속세 신고 > 신고도움 자료 조회 > 피상속인 국세정보 조회

■ 홈택스 상속재산 및 사전증여재산 조회 서비스(납세자가 직접 조회가능)

세금신고 > 상속세 신고 > 신고도움 자료 조회 > 상속재산 및 사전증여재산 조회

[그림5] 홈택스-세금신고- 상속세 신고 도움 서비스 (납세자조회가능)

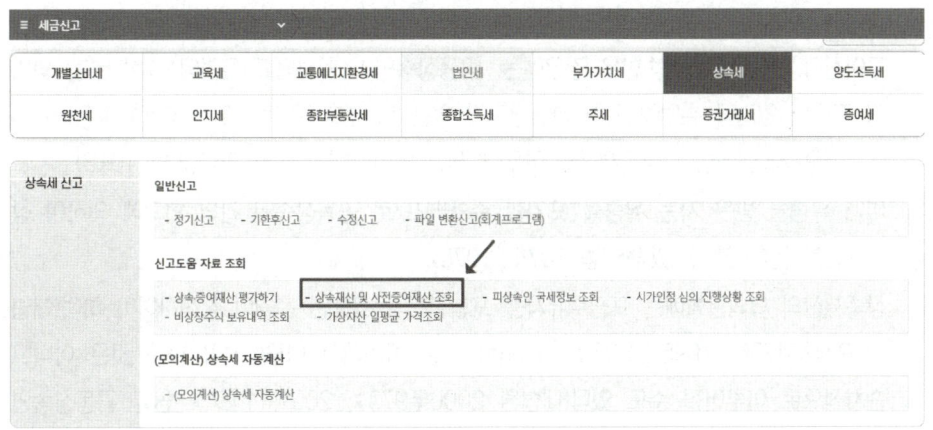

(3) 주민센터에서 도움을 받아야 하는 사망자 재산 조회 서비스 (안심상속원스톱서비스)

상속인이 주민센터에 안심상속원스톱서비스(사망자 재산조회서비스)를 신청하면 부동산 및 금융자료 등을 제공받을 수 있다. 다만 안심상속원스톱서비스를 통해 상속개시일 시점의 재산을 신고할 수 있는 형태로 제공받는 것은 아니고, 조회일 현재 존재하는 금융재산, 부동산 등을 조회해주는 것에 불과하다. 금융재산의 경우 각각의 금융기관에 연락하여 자산, 부채 내역을 받아야 하는데, 상속인이 별다른 요구를 하지 않으면 금융기관에서 요청하는 현재시점으로 조회를 하기 때문에, 상속개시당시와 차이가 발생할 수 있다. 따라서 상속인에게 개별 금융기관에 문의할 때 상속개시일 시점의 자산, 부채를 조회해달라고 요청을 해야 한다고 당부해야, 세무대리인이 신고할 때 수월하다.

02 상속 분쟁이 있어 상속재산 분할 협의가 되지 않았더라도 상속세 신고시 배우자상속재산 미분할신고서를 제출하는 것이 필요

(1) 개요

상속에 있어서 그 재산분할은 법정상속, 협의분할, 단독상속, 공동상속 등 다양하게 이루어진다. 공동으로 상속받은 경우에는, 공동상속인이 확정되고 유언에 의한 분할 방법의 지정이 없거나 유언에 의한 분할금지가 없는 등 분할 요건이 갖추어지면 공동상속인은 언제든지 협의하여 상속재산을 아무런 제한 없이 분할 할 수 있다(민법 1013).

이때 유증을 받은 자는 유증을 포기할 수 있으므로 공동상속인 간의 협의에 의하여 상속재산을 분할 할 수 있다(민법 1074, 1075).

상속재산의 협의분할에는 포괄수유자를 포함한 공동상속인 전원이 참석하여야 하며(대법원 93다54736, 1995.04.07.), 그 협의는 한 자리에서 이루어져야 하는 것은 아니고 순차적으로 이루어질 수도 있다(대법원 2000두9731, 2001.11.27.). 만일 공동상속인 전원의 동의가 없거나, 공동상속인 중 일부가 협의에서 누락되었다면 당해 협의분할은 무효이다.[1]

세무서 제출용 협의분할서에는 재산분할 및 채무의 인수, 금양임야 등의 제사 주재자 선정 및 공익법인 출연재산에 대한 내역 등의 내용을 모두 포함하여 작성할 수 있다.

상속세는 납세자별이 아니라 납세자 모두에게 연대 납부의무를 지우고 있으므로 상속세를 절감하기 위해서는 배우자 상속공제한도를 이용하여 상속재산을 분할하는 것은 매우 현명한 방법이다. 연대납부의무라서 공동상속인간 증여세 과세문제가 없으므로, 2차 상속에 대비했을 때의 상속세 절세가 가능하다.

(2) 주의사항과 실무 Tip

실무상, 상속 분쟁이 발생한 경우 상속세 신고기한까지 마무리가 되지 않는 경우가 종종 있다. 상속 분쟁 등으로 상속세 신고기한까지 협의가 이루어지지 않는 경우에도 만약을

---

[1] 박풍우 2024 상속세 증여세 실무 p.138

대비해서(최종 협의에 의한 배우자의 상속분이 최초 신고분보다 증가하는 경우 등) 배우자상속재산분할기한까지 배우자상속재산 미분할신고서를 제출하여야 한다.

만약 배우자 상속재산 미분할신고서를 제출하였다면 소송이 종료되고 6개월까지 경정청구를 할 수 있으나, 제때 신청서가 접수되지 않은 경우에는 기본적인 절차상 하자라서 추후에 별도로 배우자상속공제를 적용할 수 없다.

따라서, 이러한 경우 반드시 배우자 상속재산 분할기한까지 배우자 상속재산 미분할신고서를 제출해야만, 향후 상속재산 협의가 이루어지면 상속세 경정청구(재계산)이 가능하다.

(3) 관련법령

1) 상속세 및 증여세법 제19조 [배우자상속공제]

③ 제2항에도 불구하고 대통령령으로 정하는 부득이한 사유로 배우자 상속재산 분할기한까지 배우자의 상속재산을 분할할 수 없는 경우로서 배우자 상속재산 분할기한[부득이한 사유가 소(訴)의 제기나 심판청구로 인한 경우에는 소송 또는 심판청구가 종료된 날]의 다음날부터 6개월이 되는 날(배우자 상속재산 분할기한의 다음날부터 6개월이 지나 제76조에 따른 과세표준과 세액의 결정이 있는 경우에는 그 결정일을 말한다)까지 상속재산을 분할하여 신고하는 경우에는 배우자 상속재산 분할기한까지 분할한 것으로 본다. 다만, 상속인이 그 부득이한 사유를 대통령령으로 정하는 바에 따라 배우자 상속재산 분할기한까지 납세지 관할세무서장에게 신고하는 경우에 한정한다.

(4) 관련판례 및 예규

1) 배우자 상속공제시 단순 "상속"[2]을 원인으로 한 등기가 마쳐졌다고 하여 그 등기 내용대로 상속재산분할협의가 이루어졌다고 인정할 수 없으며, 상속재산 분할 사실을 신고하였다는 사실을 인정할 증거도 될 수 없음(대법원2018다219451, 2018.05.15.).

2) 상속인 간 협의분할한 경우로서, 상증법 제19조에 따른 배우자상속공제 적용시 등기원인이 "협의분할에 의한 상속[3]"으로 한정되지 않는다(기획재정부 재산-764, 2020.09.03.).

---

[2] 법정상속분으로 등기
[3] 협의분할서를 기초로 하여 등기하는 경우

03. 사전증여재산만 있거나, 상속인 아닌자에게 유증하는 경우에는 상속공제 종합한도액을 반드시 확인하는 것이 필요

(1) 개요

상속세의 경우, 생전에 증여 및 유언증서 작성 등을 통해 상속에서의 여러 가지 경우의 수를 고려하게 된다. 그런데, 사전증여재산만 있거나, 상속인 아닌 자에게 상속하게 되는 경우에는 상속공제 한도를 놓쳐서 생각지 않은 상속세를 내게 되는 수가 종종 발생한다.

생전에 컨설팅을 할 때, 총재산규모를 보고 상속공제 종합한도액도 감안하여 진행해야 한다.

상속공제 종합한도액 =

상속세 과세가액
(-)선순위 상속인이 아닌 사람에게 유증, 사인증여(증여채무 이행 중 재산 포함)
(-)선순위 상속인의 상속포기로 그 다음 순위의 상속인이 상속받은 재산의 가액
(-) 사전증여재산가액(증여재산공제 및 재해손실공제액을 뺀 후의 금액)

---

(2) 주의사항 및 실무 Tip

① 선순위 상속포기로 후순위 상속인이 상속받을 경우 일괄공제가 불가하다.

상속공제의 종합한도액을 고려하지 않고 손자 또는 며느리, 사위 등(이상 상속인 아닌자)에게 유증이나 사인증여를 하였다가 상속공제가 전혀 적용되지 않아 상속재산 전부가 과세표준이 되어 고액의 상속세를 납부할 수도 있다는 점을 확인해야 한다. 사전에 선순위 상속인이 아닌 사람에게 유증 등을 할 것인지 여부를 결정할 때 세금부담액을 계산한 후 실행하는 등 신중함이 요구된다.

② 상속세 공제한도를 고려한다면 사전증여보다는 상속이 유리한 경우도 있다.

상속재산에 합산되는 증여재산의 평가는 상속시점이 아니라 증여 당시를 기준으로 평가한 가액이 된다. 그러므로 증여시점 이후의 가격 상승분에 대한 상속세는 부담

하지 않는 이점이 있는 반면, 상속공제 한도액을 계산할 때에는 상속세 과세가액에서 사전증여재산가액(증여재산공제액을 차감한 후)를 차감한 후의 금액을 한도로 하고 있어 상속공제액(배우자와 자녀가 공동상속받을 경우 일괄공제 5억원, 배우자 상속공제 5억원 합계액 10억원) 이하의 재산이 사전증여 됨으로 인하여 오히려 상속세를 부담하게 되는 경우가 발생할 수 있음을 유의하여야 한다.

(3) 관련사례

1) 상속인이 아닌 자가 피상속인으로부터 유증받은 재산을 상속세과세표준 신고기한 이내에 상속인에게 반환한 경우에는 그 반환한 재산의 가액은 상속공제 종합한도액을 계산할 때에 "상속인이 아닌 자"에게 유증 등을 한 재산의 가액에 해당하지 않음(재산-3579,2008.10.31.). 즉, 상속공제가 가능함.
2) 배우자 상속공제를 계산할 때, 배우자가 실제 상속받은 금액에는 배우자의 사전증여 받은 재산가액은 포함하지 않음(상속증여-192, 2021.05.31.).
3) 상속개시일 전 5년 이내에 증여받은 재산만 있는 상속인 및 수유자가 아닌 사람은 상속세 납부의무 및 연대납부의무는 없음(서면4팀-1160,2005.07.08. ; 재산-696, 2009.04.06.).

04 신용불량자인 상속인(A)의 상속재산 분할협의는 사해행위 취소권 행사의 대상이 될 수 있으므로, 상속포기 필요

(1) 개요

상속인 A가 신용불량자인 경우에 있어서, A가 상속받을 경우 채권자들이 강제집행을 통해 재산을 가져가므로 현실상 상속이 의미가 없다. 또한 협의분할을 통하여 다른 형제들이 상속받는 경우 사해행위취소권 대상의 대상이 된다. 그렇다면 어떤 방식으로 A나 A와 같이 생활하는 자녀에게 도움이 될 수 있을지에 대한 고려가 필요하다.

(2) 주의사항 및 실무 Tip

실무상 간혹 형제간에도 일부 형제가 신용불량자나 체납자라서 상속재산을 나누는데 있어 고민이 있다. 특히 상속재산이, A가 실제 소유자이고 명의만 피상속인 경우에 그러하다. 이럴 때는 상속개시 있음을 안 날부터 A를 포함하여 형제자매들이 전원 상속포기 하고 다음 순위인 A의 자녀들과 형제들의 자녀들이 협의분할을 통하여 A의 자녀에게 자산을 상속받도록 할 수 있다.[4]

다만, 이 경우 선순위 상속인의 상속포기로 후순위 손자들이 상속받았으므로 일괄공제 등 각종 상속공제가 적용되지 않고 할증과세 30%를 가산하여야 한다.

(3) 관련판례

1) 상속재산의 분할협의는 사해행위취소권 행사의 대상이 될 수 있다(대법원2007다29119, 2007.07.26.).
2) 상속의 포기는 민법 제406조 제1항에서 정하는 "재산권에 관한 법률행위"에 해당하지 아니하여 사해행위취소의 대상이 되지 못한다(대법원2011다29307, 2011.06.09.).

---

05 상속인 간의 분쟁이 있어 협의 분할이 되지 않았더라도 상속개시일로부터 6개월 이내에 취득세를 신고납부(상속인 외의 자에 대한 유증은 3개월 이내)

(1) 개요

상속 분쟁이 있어서 상속재산의 분할이 지체되는 경우에 해당 자산의 상속인이 결정이 되지 않아, 상속이 개시된 날부터 6개월 내에 취득세 신고가 이루어지지 않는 경우도 있다. 이러한 경우에는 지방세법에 따라 가산세가 추징된다.

---

[4] 고경희 2022 상속증여세 실무 (부교재) p.18

(2) 주의사항 및 실무 Tip

상속인이 정해지지 않은 경우라도 취득세 신고를 먼저 하자. 취득세 신고를 6개월 이내에 진행하지 않으면 가산세가 발생하는데, 상속인이 정해지지 않더라도 상속을 원인으로 해서 취득세 신고는 가능하다. 즉, 등기부등본상 명의인이 피상속인에서 특정상속인으로 변경되지는 않지만, 가산세는 부과되지 않는다. 향후에 상속 협의가 끝난 다음 등기신청은 별도로 진행하면 된다.

사업자등록은 등기이전이 되지 않으면 정정이 되지 않는다. 이 경우에 소득세 신고는 법정상속분으로 소득세를 신고하고 납부한 후에, 협의완료 된 후 개별상속인 명의로 정정할 수도 있다. 상속인 명의로 등기이전이 된 후에는 상속재산가액을 기준으로 별도로 장부를 작성할 때는 상속신고당시의 상속재산가액을 기초로 삼으면 된다.

(3) 관련법령

1) 지방세법 제20조(취득세 신고 및 납부)

취득세 과세물건을 취득한 자는 그 취득한 날부터 60일(무상취득(상속은 제외한다)으로 인한 경우는 취득일이 속하는 달의 말일부터 3개월, 상속으로 인한 경우는 상속개시일이 속하는 달의 말일부터, 실종으로 인한 경우는 실종선고일이 속하는 달의 말일부터 각각 6개월(외국에 주소를 둔 상속인이 있는 경우에는 각각 9개월) 이내에 신고하고 납부하여야 한다.

06 유류분반환청구소송의 판결이 나면 6개월 이내에 수정신고

(1) 개요

최근에 유류분 반환 청구 소송이 꾸준히 늘고 있다. 유류분 반환 청구소송의 결과, 유류분 반환의무자는 기존에 납부했던 증여세 및 취득세를 환급받고, 상속세는 수정 또는 기한 후 신고를 진행해야 하는 경우가 생긴다.

(2) 특이사항 및 실무 Tip

유류분 반환의무자는 판결일로부터 6개월 이내에 증여세 및 취득세 환급을 청구해야 한다. 또한 유류분 소송이 끝나고 6개월 이내에 상속세 수정신고를 하여야 한다. 이 경우에 있어 유류분 청구 대상이 되는 자산의 평가액은 증여 당시 가액이 아닌 상속 당시 가액이 된다. 또한 유류분 청구 대상을 반환하는 것이 아니라 현금으로 반환하는 경우에는 양도소득세 문제도 발생하게 된다.

(3) 관련법령

1) 상속세 및 증여세법 시행령 제81조【경정청구등의 인정사유 등】
   ② 법 제79조 제1항 제1호에서 "상속회복청구소송 등 대통령령으로 정하는 사유"란 피상속인 또는 상속인과 그 외의 제3자와의 분쟁으로 인한 상속회복청구소송 또는 유류분반환청구소송의 확정판결이 있는 경우를 말한다〈개정 2013.2.15. '유류분반환청구소송' 추가〉.
   1. 상속재산에 대한 상속회복청구소송 등 대통령령으로 정하는 사유로 상속개시일 현재 상속인 간에 상속재산가액이 변동된 경우
   2. 상속개시 후 1년이 되는 날까지 상속재산의 수용 등 대통령령으로 정하는 사유로 상속재산의 가액이 크게 하락한 경우

(4) 관련판례

1) 유류분 대상이 되는 증여대상은 판례상은 상속인은 기한의 제한을 받지 않고, 상속인이 아닌 경우 1년 이내 증여만 유류분 청구 대상이다(대법 1996.2.9. 선고95다 17885판결 ; 대법2012.05.24. 선고2010다50809판결).
2) 유류분의 경우는 증여받은 재산의 시가는 상속개시 당시를 기준으로 산정한다(대법원 2006다28126, 2009.07.23.).

07 증여당시와 상속당시의 상속인의 지위가 달라진 경우 상속세 신고시 증여세액공제 등에 유의(배우자, 계부, 계모, 대습상속인)

(1) 개요

예전과는 다르게 가족관계가 다양해지면서, 생전 증여 당시의 수증자로서의 위치와 상속 당시의 상속인으로서의 지위가 달라지는 경우가 있다. 예를 들면, 배우자와의 이혼, 계부나 계모가 피상속인이 사망한 후 재혼을 하였다던지, 증여 당시는 손주였으나, 상속 당시에는 자녀가 사망하여 대습상속인의 지위를 획득하게 된 경우이다.

(2) 주의사항 및 실무 Tip

1) 배우자와 이혼한 경우

① 개요

이혼의 절차는 아래와 같이 크게 협의이혼, 조정이혼, 소송이혼으로 나뉘며 그 이혼의 효력이 발생하는 때가 다르다. 실제로 이혼의 과정에 있었으나 효력발생 전이라면 기존의 배우자의 위치로 상속세를 산정하고, 이혼이 확정된 이후에 상속이 개시된다면 상속인 아닌자의 지위로서 상속세를 계산하여야 한다.

〈이혼의 절차〉[5]

협의이혼	→	가정법원 접수	→	가정법원확인	→	3개월 이내 신고 (효력발생)
조정이혼 (재판상이혼)	→	조정신청	→	임의조정:성립 강제조정: 확정 (효력발생)	→	1개월 이내 신고
소송이혼 (재판상이혼)	→	가정법원접수	→	판결선고 (효력발생)	→	1개월 이내 신고

[5] 박풍우 저 2024 상속세 증여세 실무 p.656

② 주의사항 및 실무 Tip

즉, 이혼의 효력발생 전에는 배우자로서의 상속인의 지위를 누려서, 배우자상속공제, 10년 이내 사전증여재산의 합산 등의 적용을 받는다. 반면에 이혼 이후에는 상속인이 아닌자로서 5년 이내의 사전증여재산의 합산, 타인으로서 계산된 증여재산세액공제의 혜택을 받을 수 있다.

③ 관련 판례

- 협의이혼 성립전 피상속인 사망한 경우에는 사망당시 배우자의 위치이므로 생전 재산분할재산은 증여재산으로 보아 증여세가 부과됨[서면-2018-상속증여-2957, 2018.12.04.].
- 협의이혼 성립 후 피상속인이 사망한 경우에는 사망당시 상속인이 아니므로 5년내 증여받은 분만 상속재산가액에 합산하게 된다. 또한 사전에 증여세 신고 납부를 하지 안했어도 타인인 경우에 적용해야하는 증여세 산출세액을 기납부세액으로 적용가능하다(대법원-2012-두-720, 생산일자 : 2012.05.09.).
- 가정법원의 이혼조정이 성립된 후 그 당일날 피상속인 사망하여 상속개시되는 경우 상속개시당시 배우자의 지위를 상실한 상태이므로 배우자상속공제를 불가하며, 사전증여재산 상속세 과세가액 합산 기간은 5년을 적용하고, 이혼시 재산분할청구권에 의하여 분할한 재산은 증여재산이 아니므로 상속세 과세가액에 합산하지 아니함(법규재산2013-228,2013.09.11.).

2) 증여 당시는 손주였으나, 상속 당시는 대습상속인이 되는 경우 (자녀의 사망 등)

① 개요

증여시점에 손주이고 상속시점에도 손주인 경우는 상속 당시에 상속인 아닌 자의 지위로서 상속개시일전 5년 이내에 증여재산을 합산한다. 반면에 상속시점에 자녀의 사망 등으로 인해 손주가 상속인으로서의 지위에 있게 되면 상속개시일전 10년 이내에 증여재산을 합산한다.

② 주의사항 및 실무 Tip

증여 당시에는 손주여서 증여세 세대생략 가산액까지 부담하였는데, 상속 당시에는 자녀의 사망으로 손주가 대습상속인이 된 경우에 상속인아닌 자가 아닌 상속인으로 상속개시일 전 10년 이내에 사전증여재산을 합산하고, 상속세에서 차감되는 증여세액공제는 증여세 산출세액에 세대생략가산액을 포함한 가액으로 한다.

③ 관련법령
- 대습상속인의 요건을 갖춘 손자에게 사전증여한 재산으로서 할증 과세된 경우 증여세액공제액은 증여세산출세액 뿐만 아니라 세대생략가산액까지 포함함(대법원-2016-두-54275, 2018.12.13.).
- 상속개시일 현재 대습상속인의 요건을 갖추어 상속인이 되었다면, 그 상속인이 상속개시일 전 10년 이내에 피상속인으로부터 증여받은 재산의 가액은 상속인에 대한 증여로 보아 상속세과세가액에 포함되어야 함(서울행법2018구합63426, 2019.03.28.).
- 상속인이 아닌 손자가 피상속인으로부터 사전증여받은 상속세 과세가액에 가산하는 그 사전증여재산에 대한 증여세액공제액은 증여당시의 당해 증여재산에 대한 증여세 산출세액을 기준으로 계산하는 것이므로 증여세 할증과세액은 증여세액공제가 적용되지 않는다(재산-149,2010.03.10.).

3) 계부, 계모의 경우
① 개요
계부와 계모는 법률적인 부모로서 그 처해있는 현재 상황에 따라 가족의 범주가 달라진다.

② 주의사항 및 실무 Tip
계부 및 계모는 상속세 및 증여세법상 상속당시에는 직계존속으로 보지 않는다. 즉, 계부 및 계모의 상속인이 되지는 않는다. 반면에 부모님 생전에 계부나 계모로부터 자산을 증여받게 될 때는 직계존속으로 보아 증여재산공제를 적용한다. 그렇지만, 동일인으로부터 증여받은 재산가액을 합산하여 과세할 때에는 부와 계모, 모와 계부를 동일인으로 보지 않는다.

③ 관련예규
- 계부, 계모는 부모님 생전에는 직계존속이나, 사후에는 기타친족으로, 재혼을 하셨다면 타인으로 보아 증여재산공제를 적용한다(상속증여-5894,2017.09.12.).
- 동일인으로부터 증여받은 재산가액을 합산하여 과세할 때, 부와 계모는 동일인으로 보지 않는다(재산세과-399 2010.06.16.).
- 직계혈족인 조부가 사망한 후 재혼하지 않은 계조모로부터 증여를 받는 경우 상증법 제53조 제3호(기타 친족)에 따라 공제하며, 상속세 및 증여세법 제57

조 규정을 적용함에 있어 '손자'는 계조모의 직계비속에 해당되지 않는 것임 (상속증여-5894, 2017.09.12.)

08 피상속인이 비상장회사의 주식을 보유하고 있다면, 살펴보아야 할 사항

(1) 개요

'상속'이라는 사건을 앞두고 있는 상황에서, 비상장회사의 주식을 보유하고 있다면 상속세 및 증여세법 상의 비상장주식평가를 통해 현실적이지 않은 가액으로 상속재산가액을 신고해야 하는 불리함이 있으니 실무상 다음과 같은 부분을 미리 고려해보는 것이 필요하다.

(2) 주의사항 및 실무 Tip

① 회사의 잉여금 많다면, 생전에 주식을 양도하거나 감자해서 현금으로 회수하는 수단을 고려해볼 수 있다.

② 회사가 자본잠식 등의 상태라면, 청산도 고려할 수 있다.

③ 실제로는 명의신탁 주식이라면, 회사에 주식매수를 청구할 수 있다. 만약 회사에 주식을 증여하게 된다면, 상속인 아닌 자에게 증여한 것으로 보아 상속개시일로부터 5년 이내의 증여는 상속재산에 가산될 수 있다.

④ 회사에 가지급금이 있더라도, 금융자료로 명확하게 입증할 수 없다면 피상속인의 채무로 인정받기가 어렵다. 그럴 경우 가지급금 정리를 어떻게 해야 하는지도 선행적으로 계획을 세울 필요가 있다.

⑤ 회사에 가수금이 있는 경우에 회사 자금의 여유가 있어 회수가 가능하다면 가치있는 채권으로 인식하는 게 의미가 있지만, 그렇지 않다면 채무를 포기하여 회사 장부에 채무면제이익(결손보전 등)으로 인식하는 것도 고려해보자. 단, 이러한 경우에 상속개시전 5년 내에 상속인 아닌자에게 증여한 자산으로 보아서 상속재산에 가산할 수도 있다.

⑥ 상기 사항을 고려하더라도 비상장주식을 상속 당시까지 보유해야만 할 수도 있다. 그렇다면, 생전에 미리 주권을 발행하는 것이 필요할 수 있다. 상속인들이 상속을 받은 다음에, 별도로 상속을 받은 시점의 평가액대로 감자하면(불균등감자) 의제배당 등의 문제를 없애고 현금을 받아서 상속세 재원을 만들 수 있다. 불균등감자를 할 때, 주권발행이 이루어졌어야 차후에 감자차익을 계산할 때, 취득가액을 개별법으로 계산하는 것이 가능하다.
⑦ 회사에 근무 중인 임직원이었다면 퇴직금을 포기했더라도 상속재산에 가산해야 한다.

(3) 관련 법령

1) 상속세법 제36조【채무면제 등의 증여의제】
   채권자로부터 채무의 면제를 받거나 제3자로부터 채무의 인수 또는 변제를 받은 자는 당해 채무를 면제·인수 또는 변제를 받은 경우에 그 면제·인수 또는 변제로 인한 이익에 상당하는 금액(보상의 지불이 있는 경우에는 그 보상액을 차감한 금액으로 한다)을 증여받은 것으로 본다.

(4) 관련 판례

- 상속재산 가액 산정시 피상속인이 채무를 면제한 경우, 증여의제에 해당하는 채무면제 이익은 상속재산에 합산하는 것임(대전청이의2001-0088 2001.09.25.).
- 주식의 소각에 따른 의제배당시 소각된 주식이 특정되어 있고, 소각금액도 당초 취득가액과 동일한 경우 쟁점주식의 취득가액은 개별법에 의함(조심-2013-서-0779 2013.08.21.).
- 상속개시 당시 가수금채권의 일부가 회수 불능 상태에 있었다고 볼 수 있으므로 가수금 채권의 전부를 상속재산에 포함해서는 안 되고, 회수 가능한 범위에서 채권액을 평가하여 그 평가액을 상속재산에 포함해야 함(서울행정법원-2006-구합-11354, 2006.11.01.).
- 피상속인의 사망으로 인하여 피상속인에게 지급될 퇴직금을 수령 할 권리가 있는 상속인이 그 권리를 포기한 경우, 상속인이 퇴직금을 상속받아 퇴직금 지급의무자에게 증여한 것으로 보는 것임(제도46014-12214, 2001.07.18.).
- 피상속인이 임원인 상태에서 정관에 임원퇴직금에 대하여 별도로 '임원퇴직금지급규

정'에 의한다고 규정하고 있고, 또한 임원퇴직금지급규정에 의하여 구체적인 퇴직금 지급액이 계산될 수 있다면 그 퇴직금은 상속재산에 포함되어야 한다.

그러나, 이사의 퇴직금은 근로자에 대한 근로기준법상의 퇴직금과는 달리, 그 재직 중 직무집행에 대한 대가로 지급되는 보수의 일종으로서 상법 제388조에 따라 정관에 금액을 정하지 아니한 때에는 주주총회의 결의로 이를 정할 수 있다.

주총에서 퇴직금 지급을 결의하였다면 퇴직금 등의 청구권을 행사할 수 있는 것이나, 퇴직금액, 지급방법, 지급시기 등에 관한 주총의 결의가 있었음을 인정할 증거가 없는 이상 퇴직금청구권의 행사는 불가능하므로 상속세 과세대상이 아니다(대법원-2007-두-6567 2007.05.30.).

09 양도소득세 계산시 부동산과다보유법인과 특정주식의 경우는 기타 자산에 속하여 일반적인 비상장주식의 양도와는 다른 세율을 적용

(1) 개요

부동산과다보유법인의 주식 및 특정주식 등의 경우는 양도소득세 중 주식 양도세율이 아니라 종합소득세율을 적용하여야 하는데, 부동산과다보유여부를 판단하지 않고, 20~25%를 적용하여 신고하여 추징되는 사례가 발생하곤 한다.

(2) 주의사항 및 실무 Tip

비상장주식의 양도소득세를 신고할 때, 토지 및 건물을 보유하고 있는 법인의 경우에는 부동산과다보유 및 특정주식에 해당하는지도 꼭 점검해야 한다.

[그림6] 양도코리아-양도소득세-특정주식/부동산과다법인주식

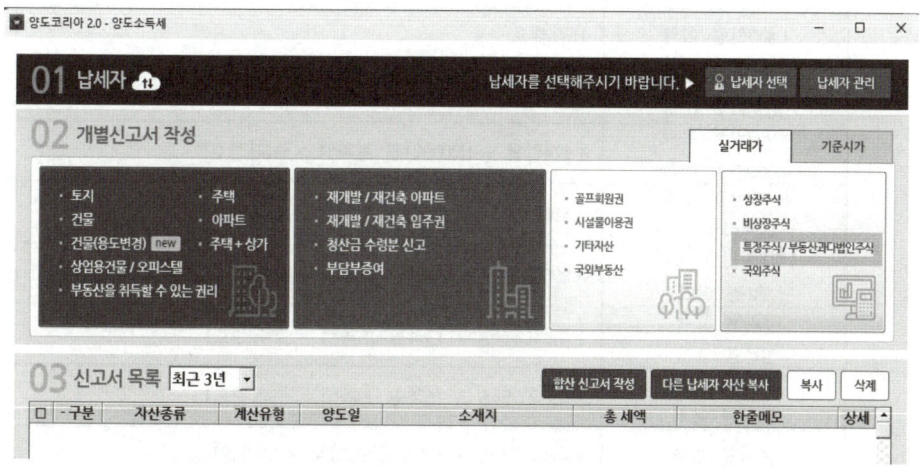

(3) 관계법령

1) 소득세법 제104조 【양도소득세의 세율】

① 거주자의 양도소득세는 해당 과세기간의 양도소득과세표준에 다음 각 호의 세율을 적용하여 계산한 금액(이하 "양도소득 산출세액"이라 한다)을 그 세액으로 한다. 이 경우 하나의 자산이 다음 각 호에 따른 세율 중 둘 이상에 해당할 때에는 해당 세율을 적용하여 계산한 양도소득 산출세액 중 큰 것을 그 세액으로 한다.

1. 제94조 제1항 제1호·제2호 및 제4호에 따른 자산
제55조 제1항에 따른 세율(분양권의 경우에는 양도소득 과세표준의 100분의 60)

9. 제94조 제1항 제4호 다목 및 라목에 따른 자산 중 제104조의 3에 따른 비사업용 토지의 보유 현황을 고려하여 대통령령으로 정하는 자산

양도소득과세표준	세율
1,400만원 이하	16퍼센트
1,400만원 초과 5,000만원 이하	224만원 + (1,400만원 초과액 × 25퍼센트)
5,000만원 초과 8,800만원 이하	1,124만원 + (5,000만원 초과액 × 34퍼센트)
8,800만원 초과 1억5천만원 이하	2,416만원 + (8,800만원 초과액 × 45퍼센트)
1억5천만원 초과 3억원 이하	5,206만원 + (1억5천만원 초과액 × 48퍼센트)
3억원 초과 5억원 이하	1억2,406만원 + (3억원 초과액 × 50퍼센트)
5억원 초과 10억원 이하	2억2,406만원 + (5억원 초과액 × 52퍼센트)
10억원 초과	4억8,406만원 + (10억원 초과액 × 55퍼센트)

11. 제94조 제1항 제3호 가목 및 나목에 따른 자산

   가. 소유주식의 비율·시가총액 등을 고려하여 대통령령으로 정하는 대주주(이하 이 장에서 "대주주"라 한다)가 양도하는 주식 등

   1) 1년 미만 보유한 주식 등으로서 중소기업 외의 법인의 주식등 : 양도소득과세표준의 100분의 30

   2) 1)에 해당하지 아니하는 주식 등

양도소득과세표준	세율
3억원 이하	20퍼센트
3억원 초과	6천만원 + (3억원 초과액 × 25퍼센트)

10 비상장법인의 주주 중 비거주자가 있다면 주식 양도 신고를 할 때, 별도의 신고가 필요

(1) 개요

비상장법인의 주주 중에 비거주자도 있다. 이런 경우에 정부는 관련 자금의 유출입을 관리하기 위해서 몇 가지 신고 절차를 두고 있다. 자금의 유입이 되었을 때 제대로 신고가 되지 않으면 자금을 해외로 유출할 때 과태료 등의 부담이 있을 수 있다.

(2) 주의사항 및 실무 Tip

양수자가 비거주자에 해당하고 그 투자규모가 1억 이상이고 지분율 10%이면 「외국인투자촉진법」에 의한 외국인투자신고를 하여야 하며, 투자규모가 1억 이하이거나 지분율 10% 미만 취득은 「외국환거래규정」에 따라 외국환은행에 증권취득신고를 하여야 한다. 비거주자(외국인 등)가 주식을 취득해서 들어오는 경우에 한국은행 등에 신고하는 것을 놓치게 되면 차후에 과태료 등이 발생할 수도 있다. 실무상 비거주자가 주주지분을 취득하거나 매도시 주거래은행 관련부서에 꼭 관련절차를 문의한 후에 거래를 진행하기로 하자.

또한 양도자가 비거주자에 해당할 때, 일반 비상장주식 양도와는 달리 원천징수를 진행해야 하는 경우도 있다. 유가증권양도소득 등으로 국내사업장과 실질적으로 관련되지 아니하거나 그 국내사업장에 귀속되지 아니한 소득의 금액을 비거주자에게 지급할 때는 원천징수하여야 한다. 그러나 현재 조세조약에서는 일반 주식 양도소득에 대하여는 거주지국에서만 과세할 수 있는 경우가 대부분이며 원천지국에서 과세할 수 있는 경우는 거의 없으므로 먼저 조세조약에 의한 과세(비과세, 과세, 제한세율 등) 여부를 판단하여야 한다.[6]

(3) 관련법령

1) 소득세법 제119조 【비거주자의 국내원천소득】
   11. 국내 원천 유가증권 양도소득 : 다음 각 목의 어느 하나에 해당하는 주식·출

---

[6] 안수남 저 2021 양도소득세 p.114

자지분(증권시장에 상장된 부동산주식등을 포함한다) 또는 그 밖의 유가증권(「자본시장과 금융투자업에 관한 법률」 제4조에 따른 증권을 포함한다. 이하 같다)의 양도로 발생하는 소득으로서 대통령령으로 정하는 소득

    가. 내국법인이 발행한 주식 또는 출자지분과 그 밖의 유가증권

    나. 외국법인이 발행한 주식 또는 출자지분(증권시장에 상장된 것만 해당한다)

    다. 외국법인의 국내사업장이 발행한 그 밖의 유가증권

2) 소득세법 제121조【비거주자에 대한 과세방법】

① 비거주자에 대하여 과세하는 소득세는 해당 국내원천소득을 종합하여 과세하는 경우와 분류하여 과세하는 경우 및 그 국내원천소득을 분리하여 과세하는 경우로 구분하여 계산한다.

② 국내사업장이 있는 비거주자와 제119조 제3호에 따른 국내원천 부동산소득이 있는 비거주자에 대해서는 제119조 제1호부터 제7호까지, 제8호의2 및 제10호부터 제12호까지의 소득(제156조 제1항 및 제156조의3부터 제156조의6까지의 규정에 따라 원천징수되는 소득은 제외한다)을 종합하여 과세하고, 제119조 제8호에 따른 국내원천 퇴직소득 및 같은 조 제9호에 따른 국내원천 부동산등양도소득이 있는 비거주자에 대해서는 거주자와 같은 방법으로 분류하여 과세한다. 다만, 제119조 제9호에 따른 국내원천 부동산등양도소득이 있는 비거주자로서 대통령령으로 정하는 비거주자에게 과세할 경우에 제89조 제1항 제3호ㆍ제4호 및 제95조 제2항 표 외의 부분 단서는 적용하지 아니한다.

3) 소득세법 제156조【비거주자의 국내원천소득에 대한 원천징수의 특례】

① 제119조 제1호ㆍ제2호ㆍ제4호부터 제6호까지 및 제9호부터 제12호까지의 규정에 따른 국내원천소득으로서 국내사업장과 실질적으로 관련되지 아니하거나 그 국내사업장에 귀속되지 아니한 소득의 금액(국내사업장이 없는 비거주자에게 지급하는 금액을 포함한다)을 비거주자에게 지급하는 자(제119조 제9호에 따른 국내원천 부동산등양도소득을 지급하는 거주자 및 비거주자는 제외한다)는 제127조에도 불구하고 그 소득을 지급할 때에 다음 각 호의 금액을 그 비거주자의 국내원천소득에 대한 소득세로서 원천징수하여 그 원천징수한 날이 속하는 달의 다음 달 10일까지 대통령령으로 정하는 바에 따라 원천징수 관할 세무서, 한국은행 또는 체신관서에 납부하여야 한다.

7. 제119조 제11호에 따른 국내원천 유가증권양도소득 : 지급금액(제126조 제6항에 해당하는 경우에는 같은 항의 정상가격을 말한다. 이하 이 호에서 같다)의 100분의 10. 다만, 제126조 제1항 제1호에 따라 해당 유가증권의 취득가액 및 양도비용이 확인되는 경우에는 그 지급금액의 100분의 10에 해당하는 금액과 같은 호에 따라 계산한 금액의 100분의 20에 해당하는 금액 중 적은 금액으로 한다.

4) 소득세법 제156조의2 【비거주자에 대한 조세조약상 비과세 또는 면제 적용 신청】
  ① 제119조에 따른 국내원천소득(같은 조 제5호에 따른 국내원천 사업소득 및 같은 조 제6호에 따른 국내원천 인적용역소득은 제외한다)의 실질귀속자인 비거주자가 조세조약에 따라 비과세 또는 면제를 적용받으려는 경우에는 대통령령으로 정하는 바에 따라 비과세·면제신청서 및 국내원천소득의 실질귀속자임을 증명하는 서류(이하 이 조에서 "신청서등"이라 한다)를 국내원천소득을 지급하는 자(이하 이 조에서 "소득지급자"라 한다)에게 제출하고, 해당 소득지급자는 그 신청서등을 납세지 관할 세무서장에게 제출하여야 한다.

5) 소득세법 시행령 제207조의2 【비거주자에 대한 조세조약상 비과세 또는 면제 적용 신청】
  ① 법 제156조의2 제1항에 따라 비과세 또는 면제를 적용받으려는 국내원천소득의 실질귀속자(법 제119조의2 제1항 각 호 외의 부분 본문에 따른 실질귀속자를 말한다. 이하 같다)는 기획재정부령으로 정하는 비과세·면제신청서(이하 이 조에서 "비과세·면제신청서"라 한다)를 소득지급자에게 제출하고, 해당 소득지급자는 소득을 지급하는 날이 속하는 달의 다음 달 9일까지[7] 소득지급자의 납세지 관할 세무서장에게 제출하여야 한다.

6) 증권거래세법 제3조 【납세의무자】
  3. 제1호 및 제2호 외의 방법으로 주권 등을 양도하는 경우에는 그 주권등의 양도자. 다만, 국내사업장을 가지고 있지 아니한 비거주자 또는 국내사업장을 가지고 있지 아니한 외국법인이 주권 등을 금융투자업자를 통하지 아니하고 양도하는 경우에는 그 주권등의 양수인을 증권거래세 납세의무자로 한다.

---

[7] [손무 사업불패 블로그 참조] https://blog.naver.com/taxyesone/223396272017

7) 조세협정조문 싱가포르 제13조 【양도 소득】

   4. 한쪽 체약국 거주자가 전체 주식가치의 50퍼센트를 초과하는 부분이 다른 쪽 체약국에 소재하는 부동산에서 직접적으로 또는 간접적으로 발생한 주식(공인증권거래소에서 거래되는 주식은 제외한다)의 양도로 얻는 소득은 그 다른 쪽 체약국에서 과세할 수 있다.

   5. 한쪽 체약국 거주자인 회사의 자본 중 상당한 수준의 지분을 구성하는 주식의 양도에서 발생하는 소득은 그 체약국의 법에 따라 그 체약국에서 과세할 수 있다. 이 항의 목적에 따라, 양도인이 단독으로 또는 특수관계인과 함께 그 회사가 발행한 총 주식의 25퍼센트를 직접적으로 또는 간접적으로 보유하는 경우 상당한 수준의 지분이 존재하는 것으로 본다.

8) 외국인투자촉진법 시행령 제2조 【외국인투자 등의 정의】

   ② 법 제2조 제1항 제4호 가목에 따른 외국인투자는 투자금액이 1억원 이상으로서 다음 각 호의 어느 하나에 해당하는 것을 말한다. 다만, 법 제21조 제1항 및 제2항에 따라 외국인투자기업으로 등록한 후 주식이나 지분(이하 "주식등"이라 한다)의 일부 양도나 감자(減資) 등으로 본문의 요건을 충족하지 않게 되는 경우에도 이를 외국인투자로 본다.
   〈개정 2010.10.05., 2016.07.28., 2020.08.05.〉.

   1. 외국인이 대한민국 법인 또는 기업(법인의 경우에는 설립 중인 법인을 포함한다. 이하 같다)이 발행한 의결권 있는 주식총수나 출자총액의 100분의 10 이상을 소유하는 것

9) 외국환거래규정 제7-32조 【비거주자의 증권취득】

   ② 제1항 제1호에 해당하는 경우를 제외하고 비거주자가 거주자로부터 국내법인의 비상장·비등록 내국통화표시 주식 또는 지분을 「외국인투자촉진법」에서 정한 출자목적물에 의해 취득하는 경우로서 「외국인투자촉진법」에서 정한 외국인투자에 해당하지 아니하는 경우에는 외국환은행의 장에게 신고하여야 한다.
   〈재정경제부고시 제2002-12호, 2002.07.02. 신설〉

   ③ 제1항 및 제2항의 규정에 해당하는 경우를 제외하고 비거주자가 거주자로부터 증권을 취득하고자 하는 경우에는 한국은행총재에게 신고하여야 한다.
   〈재정경제부고시 제2002-12호, 2002.07.02. 개정〉

11. 상속인이 아닌자에게 상속하는 경우와 배우자 단독 상속인 경우 일괄공제 적용

(1) 개요

법정상속인 외의 자에게 단독 상속이 이루어지는 경우, 상속공제 적용시 주의가 필요하다. 상속인외 자에게 상속시 일괄공제 5억원이 적용되지 않음에도 불구하고, 상속세 신고시 무심코 일괄공제를 적용하여 신고함으로서 상속세 신고가액이 크게 달라질 수 있다. 또한 법정상속인이 배우자만 있어서 배우자에게 단독 상속되는 경우 일괄공제가 적용되지 않는다. 다른 상속인의 상속포기 또는 상속인들 협의를 통한 배우자 단독상속인 경우에는 일괄공제가 가능하다. 따라서, 배우자에게 단독으로 상속되는 경우 이 두 가지 경우를 구분하여 생각하여야 한다.

(2) 주의사항 및 실무 Tip

법정 상속인이 있음에도 불구하고 상속인의 상속지분 없이 손자녀에게 단독으로 상속되는 경우 또는 유증으로 수유자가 단독 상속을 받게되는 경우에는 상속세 일괄공제 적용시 특히 주의가 필요하다.

법정상속인 아닌자에게 상속이 이루어지는 경우 상속세 신고 프로그램에서 납세자 등록을 정확하게 입력하는 것이 가장 중요하다. 단독상속이라서 간단하다고 생각하여 무심코 상속인 정보란에 구분 관계 부분을 명확하게 기재하지 않은 경우에 이러한 오류를 잡아내기 어렵기 때문이다. 따라서 반드시 상속인 및 수유자 정보란에 상속인, 대습상속, 수유자, 기타를 구분하여야 하며 관계를 명확하게 기재하여 한다.

[그림7] 양도코리아 - 상속세 납세자 등록 화면

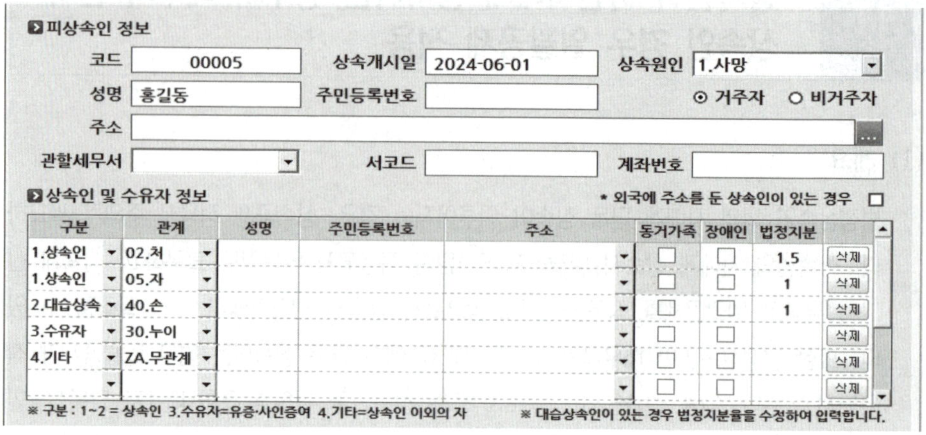

(3) 관련법령

1) 제21조【일괄공제】

① 거주자의 사망으로 상속이 개시되는 경우에 상속인이나 수유자는 제18조와 제20조 제1항에 따른 공제액을 합친 금액과 5억원 중 큰 금액으로 공제받을 수 있다. 다만, 제67조 또는 「국세기본법」 제45조의 3에 따른 신고가 없는 경우에는 5억원을 공제한다〈개정 2019.12.31., 2022.12.31〉.

② 제1항을 적용할 때 피상속인의 배우자가 단독으로 상속받는 경우에는 제18조와 제20조 제1항에 따른 공제액을 합친 금액으로만 공제한다.

12 정기적금 등 증여세 절세를 위한 유기정기금 등 평가방법 적용은 일정한 요건을 충족한 때에만 가능

(1) 개요

최근 금쪽이라 부를만큼 자녀를 1명만 낳아 정성을 다해 키우는 가정이 늘고 경기가 힘들어질수록 자녀의 미래를 걱정하여 적금, 종합청약저축, 적립식 펀드 등 가입을 해주려는 부모가 늘어나고 있다.

(2) 주의사항 및 실무상 Tip

자녀에게 저축가입 등 정기적으로 일정금액을 증여하고자 하는 경우에는 유기정기금 등 평가방법을 적용하여 증여재산을 평가함으로써 증여세를 절세할 수 있는데, 이 경우 해당 유기정기금 등 평가방법은 정기적금 등의 계약기간 동안 매회 불입할 금액을 부모가 불입하기로 자녀와 약정한 경우로서 그 사실을 최초 불입일부터 증여세과세표준 신고기한 이내에 납세지관할 세무서장에게 신고한 경우에만 유기정기금 등 평가규정에 의해 평가한 가액을 최초 불입일에 증여한 것으로 보아 증여세 과세표준을 계산할 수 있는 것이다.

최초 증여가 시작된 날에 유기정기금 등의 평가방법을 적용하여 증여세과세표준 신고를 하지 못했다면 이미 증여한 금액에 대해서는 기한후신고 등을 통해 증여재산의 시가에 의해 증여세 과세표준을 신고하고 이후 증여할 금액에 대해서 유기정기금 등의 평가방법을 적용하여 증여세 신고가 가능하다.

(3) 관련법령

1) 상속세 및 증여세법 시행령 제62조【정기금을 받을 권리의 평가】

법 제65조 제1항에 따른 정기금을 받을 권리의 가액은 다음 각 호의 어느 하나에 따라 평가한 가액에 의한다. 다만, 평가기준일 현재 계약의 철회, 해지, 취소 등을 통해 받을 수 있는 일시금이 다음 각 호에 따라 평가한 가액보다 큰 경우에는 그 일시금의 가액에 의한다.

1. 유기정기금 : 잔존기간에 각 연도에 받을 정기금액을 기준으로 다음 계산식에 따라 계산한 금액의 합계액. 다만, 1년분 정기금액의 20배를 초과할 수 없다.

   > 각 연도에 받을 정기금액 / (1 + 보험회사의 평균공시이율 등을 고려하여 기획재정부령으로 정하는 이자율)^n
   > n: 평가기준일부터의 경과연수

2. 무기정기금 : 1년분 정기금액의 20배에 상당하는 금액

3. 종신정기금 : 정기금을 받을 권리가 있는 자의「통계법」제18조에 따라 통계청장이 승인하여 고시하는 통계표에 따른 성별·연령별 기대여명의 연수(소수점 이하는 버린다)까지의 기간중 각 연도에 받을 정기금액을 기준으로 제1호의 계산식에 따라 계산한 금액의 합계액

13 보험금에 대한 상속세 과세가액 포함판단

(1) 개요

피상속인의 사망으로 인하여 지급받는 생명보험이나 손해보험의 보험금으로서 피상속인이 보험의 계약자이거나 실질적으로 보험료를 불입한 보험계약에 의하여 지급받는 것은 이를 상속재산으로 보아 상속세를 부과한다.

(2) 주의사항 및 실무상 Tip

보험 관련 용어(계약자/피보험자/수익자 등)를 정확히 알지 못해 사실관계 파악을 하지 못하거나 사실관계를 파악할 수 있는 청약서 또는 보험증권 및 보험금 지급내역, 필요시 보험료 납입내역을 수령해서 실제 계약관계를 확인해야 하나, 납세자의 구두 정보에만 의존하여 사실관계와 다른 내용으로 상속세를 신고납부 하게 될 수 있으므로 반드시 사실관계를 파악할 수 있는 자료를 검토해야 한다(보험사마다 용어 차이 있음).

1) 용어정리
   ① 계약자 : 보험회사와 보험계약을 체결하는 사람
   ② 피보험자 : 보험계약에서 정한 보험사고의 대상이 되는 사람
   ③ 수익자 : 보험계약에서 정한 보험사고가 발생하여 보험회사가 보험금을 지급해야 할 때, 해당 보험금을 지급받을 권리가 있는 사람
   ④ 보험사고 : 보험계약에서 보험자가 어떤 사실의 발생을 조건으로 보험금의 지급을 약정한 우연한 사고(사건 또는 위험이라고도 함)
2) 금융감독원 피상속인 금융재산 조회에서 기본적인 계약상태 조회 가능

[그림8] 금융감독원(www.fss.or.kr)-민원신고-상속인 금융거래 조회

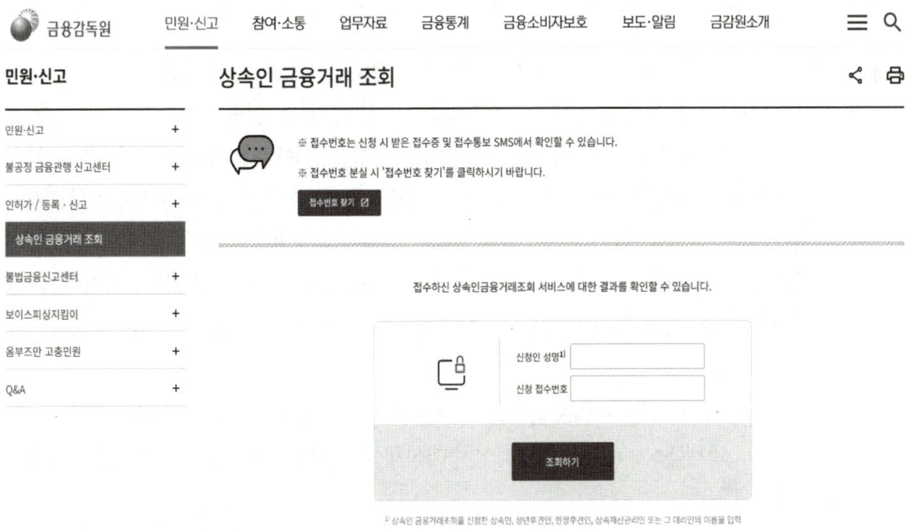

※ 사전 안심상속원스톱서비스 신청(정부24, 가까운 시·구, 읍·면·동 주민센터 방문) 필수

3) 생명보험 및 손해보험의 보험금에 대한 상속세 및 증여세 과세유형

유형	보험료 불입자	보험 계약자	피보험자	보험금 수익자	보험사고	과세구분
1	부	부	부	자녀	부 사망	상속세
2	부	부	모	자녀	모 사망	증여세
3	부	자녀	부	자녀	부 사망	상속세
4	자녀	자녀	부.모	자녀	부.모 사망	과세안됨
5	부.모	부.모.자녀	부.모.자녀	자녀	연금지급개시	증여세
6	자녀(*)	자녀	자녀	자녀	연금지급개시	증여세
7	자녀(*)	자녀	부.모	자녀	부.모 사망	상속세

유형	보험료 불입자	보험 계약자	피보험자	보험금 수익자	보험사고	과세구분

(*) 보험계약자는 자녀이나 사실상 부모로부터 증여받은 재산으로 보험료 불입함

(참고) 보험사고가 발생하기 전에 보험계약자가 사망한 경우 상속세 및 증여세법 제8조 및 제34조에 따른 보험금의 상속·증여 규정은 적용되지 아니하는 것이나, 상속개시일까지 피상속인 납부한 보험료 합계액과 이에 가산되는 이자수입상당액의 합계액은 상속재산가액으로 하는 것임. 다만, 상속인이 상속개시후에 당해 보험계약을 해지하고 수령하는 해약환급금을 상속재산의 가액으로 하여 상속세를 신고하는 경우에는 그 해약환급금 상당액으로 평가할 수 있음(재산세과-418, 2012. 11. 22.).

(참고2) 수익자가 지정된 사망보험금을 협의분할로 지정수익자 외의 자에게 분배시 증여세 과세대상임(사전-2014-법령해석재산-20405[법령해석과-1672], 2015. 07. 13.).

(3) 관련법령

1) 상속세 및 증여세법 제8조 【상속재산으로 보는 보험금】

① 피상속인의 사망으로 인하여 받는 생명보험 또는 손해보험의 보험금으로서 피상속인이 보험계약자인 보험계약에 의하여 받는 것은 상속재산으로 본다.

② 보험계약자가 피상속인이 아닌 경우에도 피상속인이 실질적으로 보험료를 납부하였을 때에는 피상속인을 보험계약자로 보아 제1항을 적용한다.

14 가업승계 관련 지원제도 이용 시 해당 증여재산을 상속세 과세가액에 합산여부 검토

(1) 개요

가업승계 관련 지원제도는 창업자금에 대한 증여세 과세특례, 가업의 승계에 대한 증여세 과세특례, 가업승계 시 증여세 납부유예, 영농자녀 등이 증여받는 농지 등에 대한 증

여세의 감면, 가업상속공제, 영농상속공제, 가업상속재산에 대한 상속세 연부연납이 있으며, 이들 가업승계 관련 지원제도 중 증여관련 제도 중 일부를 적용받은 경우에는 기간의 경과와 무관하게 반드시 상속세 과세가액에 합산하여 상속세를 신고납부 해야 한다.

(2) 주의사항 및 실무상 Tip

가업승계지원 관련 제도 이용 시 해당 증여재산은 증여받은 날부터 상속개시일까지 기간과 관계없이 상속세 과세가액에 가산하되, 상속공제 적용의 한도 계산 시에는 상속세 과세가액에 가산한 증여재산가액으로 보지 않는다.

1) 가업승계 관련 지원제도별 상속세 과세가액 합산대상 여부

구 분	합산대상 여부	비고
창업자금에 대한 증여세 과세특례	여	
가업의 승계에 대한 증여세 과세특례	여	
가업승계 시 증여세의 납부유예	여	
영농자녀등이 증여받는 농지 등에 대한 증여세의 감면	부	

2) 합산대상 증여재산 조회 방법

　　(경로)국세청홈택스(www.hometax.go.kr) - 상단 메뉴 중 중간 [세금신고]

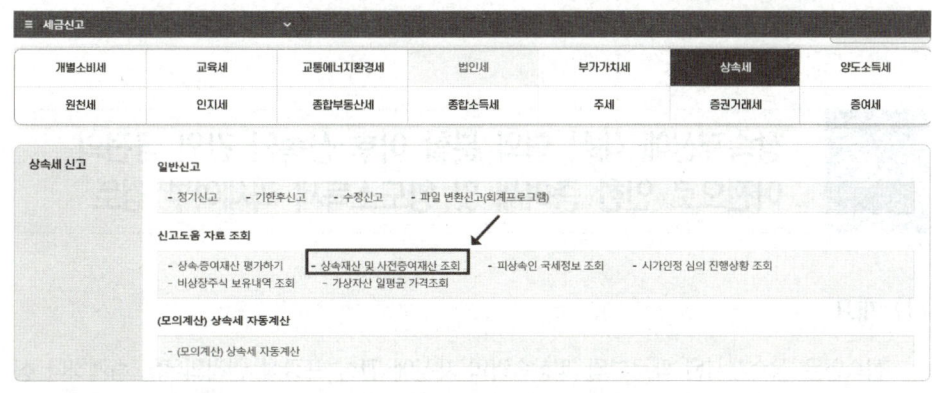

※ 사전 신청(상증법 사무처리규정 별지 제33호 서식) 필수.[8]

---

[8] 세무대리인이 국세청홈택스를 통해 조회하고자 하는 경우, 납세자로부터 '신고대리 수임동의(기장대리로 등록된 경우에도 별도로 신고대리 수임 필요)' 후 [세무대리/납세관리] - '신고대리'의 [증여세 결정정보 조회]에서 조회가 가능하다.

(3) 관련법령

1) 조세특례제한법 제30조의5 【창업자금에 대한 증여세 과세특례】

⑨ 창업자금은 「상속세 및 증여세법」 제13조 제1항 제1호를 적용할 때 증여받은 날부터 상속개시일까지의 기간과 관계없이 상속세 과세가액에 가산하되, 같은 법 제24조 제3호를 적용할 때에는 상속세 과세가액에 가산한 증여재산가액으로 보지 아니한다.

2) 조세특례제한법 제30조의6 【가업의 승계에 대한 증여세 과세특례】

⑤ 제1항에 따른 주식 등의 증여에 관하여는 제30조의5 제8항부터 제13항까지의 규정을 준용한다. 이 경우 "창업자금"은 "주식등"으로 본다.

3) 조세특례제한법 제30조의7 【가업승계 시 증여세의 납부유예】

⑧ 제1항에 따른 주식등의 증여에 관하여는 제30조의5 제7항부터 제10항까지의 규정 및 제12항을 준용한다. 이 경우 "창업자금"은 "주식등"으로 본다.

4) 조세특례제한법 제71조 【영농자녀등이 증여받는 농지 등에 대한 증여세의 감면】

⑥ 제1항에 따라 증여세를 감면받은 농지등은 「상속세 및 증여세법」 제3조의2 제1항을 적용하는 경우 상속재산에 가산하는 증여재산으로 보지 아니하며, 같은 법 제13조 제1항에 따라 상속세 과세가액에 가산하는 증여재산가액에 포함시키지 아니한다.

---

15. 상속재산에 대한 협의 분할 이후 상속인 간의 금전의 이전으로 인한 증여세 및 양도소득세 과세여부 검토

(1) 개요

상속인은 상속개시된 때로부터 피상속인의 재산에 관한 포괄적 권리의무를 승계하나 상속인이 수인인 경우 상속개시와 동시에 상속재산에 대한 각 상속인의 상속분을 분할 할 수 없기 때문에 상속재산은 일단 공동상속인의 공동소유가 된다.

공동소유하고 있는 상속재산을 각 상속인의 개인 단독소유로 귀속시키기 위한 분배절차가 상속재산의 분할이며, 분할의 방법에는 ① 유언에 의한 분할, ② 협의에 의한 분할, ③ 조정 또는 심판에 의한 분할의 방법이 있는데, 유언에 따른 상속의 경우를 제외하고 공동상속인은 언제든지 공동상속인 전원이 참가한 협의에 의하여 상속재산을 분할 할 수 있다. 이때 분할의 효력은 상속이 개시된 때로 소급하게 되며 각 상속인에게 분배된 각 상속재산은 비로소 각 상속인의 단독소유가 된다.

(2) 주의사항 및 실무상 Tip

상속재산의 협의에 의한 분할은 언제든지 할 수 있으나, 상속세 및 증여세법에서는 상속개시 후 상속재산에 대하여 등기·등록·명의개서 등에 따라 각 상속인의 상속분이 확정되어 등기 등이 된 후 그 상속재산에 대하여 공동상속인 사이의 협의에 따른 분할에 의하여 특정 상속인이 당초 상속분을 초과하여 취득하는 재산가액은 해당 분할에 의하여 상속분이 감소된 상속인으로부터 증여받은 것으로 본다. 다만, 상속재산의 협의에 의한 분할이 증여세 과세대상에 해당하는 경우는 당초의 등기 등이 된 것이 정상적인 협의분할 등에 의하여 정당하게 상속등기가 이루어진 것을 전제하는 것이므로 상속재산의 재분할에 대하여 무효, 취소 등의 정당한 사유가 있는 경우에는 이를 증여로 보지 않는다.

구 분	증여세 과세여부	관련예규
상속등기와 동시에 증여등기 함으로써 사실상 민법상의 협의분할에 의한 상속등기한 경우	X	서면인터넷방문상담4팀-2230, 2007. 07. 23.
상속개시후 최초로 협의분할에 의한 상속등기 등을 하면서 상속세 과세표준 신고시 제출한 분할협의서와 다르게 등기 등을 하는 경우	X	서면인터넷방문상담4팀-815, 2007. 03. 08.
특정상속인이 부동산을 상속받은 대가로 다른 상속인에게 현금을 지급하기로 협의분할한 경우	X (단, 양도소득세 과세)	법령해석재산-0287, 2017. 05. 25.
상속재산을 분할하여 상속재산이 특정상속인	O	법령해석재산-0287,

구　　　　분	증여세 과세여부	관련예규
명의로 단독 등기되고 상속지분이 확정된 경우로서 추후 특정상속인이 당해 상속재산의 매각대금을 분배하는 경우		2017. 05. 25. (판례는 증여세 과세대상이 아니라고 봄, 서울고등법원2014누63796, 2015. 06. 17)

(3) 관련법령

1) 상속세 및 증여세법 제4조 제3항 【증여세 과세대상】

　③ 상속개시 후 상속재산에 대하여 등기·등록·명의개서 등(이하 "등기등"이라 한다)으로 각 상속인의 상속분이 확정된 후, 그 상속재산에 대하여 공동상속인이 협의하여 분할한 결과 특정 상속인이 당초 상속분을 초과하여 취득하게 되는 재산은 그 분할에 의하여 상속분이 감소한 상속인으로부터 증여받은 것으로 보아 증여세를 부과한다. 다만, 제67조에 따른 상속세 과세표준 신고기한까지 분할에 의하여 당초 상속분을 초과하여 취득한 경우와 당초 상속재산의 분할에 대하여 무효 또는 취소 등 대통령령으로 정하는 정당한 사유가 있는 경우에는 증여세를 부과하지 아니한다.

16 상속재산에 포함된 부채에 대한 사후관리

해당 부채는 사후관리대상으로 세무서에서 3년마다 주기적으로 관리하므로 본인 외의 금전으로 부채를 상환할 경우 증여세 과세

(1) 개요

상속세 신고 시 상속재산의 가액에서 차감한 채무는 국세청 전산에 등록되어 사후관리대상이 된다.

(2) 주의사항 및 실무상 Tip

상속재산의 가액에서 차감한 채무는 기간의 경과(2~3년) 또는 만기가 도래할 때마다 채무 상환기간 도래에 따른 안내문을 발송하여 채무의 상환이나 면제 또는 계약의 갱신 여부를 확인하며 채무를 상환하는 경우에는 자력상환을 할 수 있는 지를 입증할 수 있는 증빙서류를 제출받아 소득 누락 또는 증여 여부를 검토하고, 부모 등 타인이 대신하여 채무를 상환하거나 면제받은 경우에는 증여세 신고 여부를 검토하여 소득세 또는 증여세를 추징한다. 또한 계약을 갱신한 경우에는 갱신된 계약서를 제출받아 다시 국세청 전산에 등재하여 사후관리를 연장한다.

상속재산의 가액에서 차감한 채무는 국세청에서 사후관리를 철저하게 하므로 소명이 가능한 본인의 소득 및 재산으로 상환하여야 하며 타인으로부터 차입한 금전을 상환의 재원으로 사용하는 경우에는 차용증 등 근거서류를 작성하여 증여의사가 없음을 명확히 해야 한다. 또한 소득 및 재산을 차입금 상환에 사용한 일련의 거래를 객관적으로 확인할 수 있도록 사전에 준비해두는 것이 좋다.

(3) 관련법령

1) 상속세 및 증여세법 제14조 【상속재산의 가액에서 빼는 공과금 등】
    ① 거주자의 사망으로 인하여 상속이 개시되는 경우에는 상속개시일 현재 피상속인이나 상속재산에 관련된 다음 각 호의 가액 또는 비용은 상속재산의 가액에서 뺀다.

    3. 채무(상속개시일 전 10년 이내에 피상속인이 상속인에게 진 증여채무와 상속개시일 전 5년 이내에 피상속인이 상속인이 아닌 자에게 진 증여채무는 제외한다. 이하 이 조에서 같다)

2) 상속세 및 증여세법 제36조 【채무면제 등에 따른 증여】
    ① 채권자로부터 채무를 면제받거나 제3자로부터 채무의 인수 또는 변제를 받은 경우에는 그 면제, 인수 또는 변제(이하 이 조에서 "면제등"이라 한다)를 받은 날을 증여일로 하여 그 면제등으로 인한 이익에 상당하는 금액(보상액을 지급한 경우에는 그 보상액을 뺀 금액으로 한다)을 그 이익을 얻은 자의 증여재산가액으로 한다.

17 증여세 과세가액에 가산하는 증여재산가액 확인

(1) 개요

해당 증여일 전 10년 이내에 동일인(증여가 직계존속이 경우에는 그 직계존속의 배우자를 포함한다)으로부터 받은 증여재산가액을 합친 금액이 1천만원 이상인 경우에는 합산배제증여재산을 제외하고 그 가액을 증여세 과세가액에 가산해야 한다.

(2) 주의사항 및 실무상 Tip

해당 증여일 전 10년 이내에 동일인으로부터 받은 증여재산가액이 1천만 원 이상인 경우에는 그 가액을 증여세 과세가액에 가산해야 하는 것은 알고 있으나 1997.01.01. 이후 증여분은 당초 증여에 대한 국세부과제척기간이 경과한 경우에도 재차증여에 가산되어 증여세가 과세된다는 것 등 실무상 놓치는 부분이 발생해 납세자의 불만이 발생되는 경우가 있다.

구 분	합산여부	관련예규
증여일 전에 부 또는 모가 사망한 경우 그 사망한 사람의 증여재산	부	서일46014-10406, 2003.04.01.
증여일 전에 부 또는 모가 이혼한 경우 그 이혼한 사람의 증여재산	부	서면4팀-3535, 2007.12.11.
당초 증여재산에 대한 국세부과제척기간 경과	여	재산세과-300, 2011.06.22.
신고기한으로부터 3개월이 경과한 후 증여재산을 반환하고 동일재산을 증여받는 경우	여	상속증여세과-00038, 2016.01.12. (조세심판례와 다름. 조심2011서2867, 2011.12.14.)
신고기한으로부터 3개월이 경과한 후 증여재산을 반환하고 다른 재산을 증여받는 경우	여	상속증여세과-1256, 2015.12.01.
누진세 회피목적으로 교차증여	여	법규과-529, 2012.05.14.

(3) 관련법령

1) 상속세 및 증여세법 제47조 【증여세 과세가액】

② 해당 증여일 전 10년 이내에 동일인(증여자가 직계존속인 경우에는 그 직계존속의 배우자를 포함한다)으로부터 받은 증여재산가액을 합친 금액이 1천만원 이상인 경우에는 그 가액을 증여세 과세가액에 가산한다. 다만, 합산배제증여재산의 경우에는 그러하지 아니하다.

18 상속세 및 증여세 연부연납 가산금 가산율 확인

(1) 개요

2020.02.11. 개정으로 연부연납 가산금 계산 시 각 회분의 분할납부세액의 납부일 현재 이자율을 적용하도록 바뀐 후에도 이자율의 계속된 하락으로 상속세 및 증여세 신고 후 연부연납에 의한 납부를 적극적으로 고려했으나 2023.03.20. 연 2.9%로 갑자기 1.7%(역대 최고 인상) 오른 후 2024.03.22.부터 연 3.5% 이자율을 적용하도록 개정되어 이제는 반드시 필요한 경우에만 사용해야 할 방법이 되었다.

(2) 주의사항 및 실무상 Tip

과거 연부연납 가산금 계산 시 적용되는 이자율이 계속 고정되거나 하락하여 적용 이자율이 변동될 수 있다는 점을 제대로 설명하지 않고 연부연납 신청일 현재 적용 이자율만을 고지하고 신청하는 경우가 있었는데, 최근 이자율이 급격히 상승함에 따라 납세자가 항의하는 일이 발생하므로 연부연납 신청 시 연부연납 가산금 계산 시 적용되는 이자율이 변동될 수 있다는 점을 반드시 납세자에게 고지하고 연부연납 신청 후에도 이자율 변동에 대한 관리가 필요함을 인지시켜야 한다.

연부연납가산금 계산 시 적용하는 이자율의 변동은 다음과 같다.

'17.03.15. ~ '18.03.18.	'18.03.19. ~ '19.03.19.	'19.03.20. ~ '20.03.12.	'20.03.13. ~ '21.03.15.	'21.03.16. ~ '23.03.19.	'23.03.20. ~ '24.03.21.	'24.03.22. ~ 현재
1.6%	1.8%	2.1%	1.8% 〈변동〉	1.2% 〈변동〉	2.9% 〈변동〉	3.5% 〈변동〉

(3) 관련법령

1) 상속세 및 증여세법 시행령 제69조 【연부연납 가산금의 가산율】
   ① 법 제72조 제1호 및 제2호에서 "대통령령으로 정하는 비율"이란 각각 각 회분의 분할납부세액의 납부일 현재 「국세기본법 시행령」 제43조의3 제2항 본문에 따른 이자율(이하 이 조에서 "가산율"이라 한다)을 말한다.

19 주식 물납은 요건 충족 시에만 가능함

(1) 개요

상속세의 물납은 부동산과 유가증권의 가액이 상속재산의 2분의 1을 초과하는 등 요건을 충족하는 경우에만 가능하며 특히 주식에 의한 물납은 아주 제한적인 경우에만 허용되고 있어서 주식을 이용한 물납을 계획하고 있는 경우에는 주의가 필요하다.

(2) 주의사항 및 실무상 Tip

상속인이 비상장주식 외에 예금, 부동산 등을 상속받았고 상속인에게 부과된 상속세는 상속받은 예금으로 모두 납부할 수 있는 경우에는 물납을 신청할 수 있는 유가증권에는 비상장주식이 포함되지 않는다.

상속세의 물납 신청요건 중 부동산과 유가증권의 가액이 상속재산의 2분의 1을 초과하는지 여부를 판단할 때, 비상장주식은 그 비상장주식 외에는 다른 상속재산이 없거나 선순위 물납대상재산(국공채, 물납가능 상장주식, 부동산)으로 상속세 물납에 충당하더라도 부족한 경우에 한정하여 유가증권에 포함하여 비상장주식으로 물납을 신청할 수 있다. 상장주식은 원칙적으로 물납할 수 없고 현금화하여 현금납부를 해야 하며, 상속인의 고유재산은 물납대상자산에 해당하지 않는다는 점도 주의해야 한다.

구 분	물납 가능 여부	예 외
상장주식	불가	최초로 거래소에 상장되어 물납허가통지서 발송일 현재 「자본시장과 금융투자업에 관한 법률」에 따라 처분이 제한된 경우
비상장주식	불가	다른 상속재산이 없거나 선순위 물납재산을 물납에 충당하더라도 부족한 경우

(3) 관련법령

1) 상속세 및 증여세법 시행령 제74조【물납에 충당할 수 있는 재산의 범위 등】
   ① 법 제73조에 따라 물납에 충당할 수 있는 부동산 및 유가증권은 다음 각 호의 것으로 한다.
   2. 국채·공채·주권 및 내국법인이 발행한 채권 또는 증권과 그 밖에 기획재정부령으로 정하는 유가증권. 다만, 다음 각 목의 어느 하나에 해당하는 유가증권은 제외한다.
      가. 거래소에 상장된 것. 다만, 최초로 거래소에 상장되어 물납허가통지서 발송일 전일 현재 「자본시장과 금융투자업에 관한 법률」에 따라 처분이 제한된 경우에는 그러하지 아니하다.
      나. 거래소에 상장되어 있지 아니한 법인의 주식등. 다만, 상속의 경우로서 그 밖의 다른 상속재산이 없거나 제2항 제1호부터 제3호까지의 상속재산으로 상속세 물납에 충당하더라도 부족하면 그러하지 아니하다.

(4) 관련사례

1) 물납을 신청할 수 있는 상속세액은 상속재산 가액 중 부동산과 유가증권의 가액이 차지하는 비율에 해당하는 상속세액을 초과할 수 없는 것이나, 그 상속세액을 납부하는데 적합한 가액의 부동산 및 유가증권이 없는 경우에는 당해 상속세액을 초과하

는 세액에 대하여도 물납을 허가할 수 있으며(재산세과-450, 2012.12.17.), 연부연납과 물납의 요건에 동시에 해당하는 때에는 전체 세액 중 일부는 연부연납, 나머지는 물납을 각각 신청할 수 있다(재삼01254-2105, 1991.07.22.).
2) 임대차계약이 체결되어 있는 부동산은 당해 임대차계약을 말소하여 물납을 신청할 수 있는 것이며, 상속세액을 초과하는 부동산으로 물납을 신청하는 경우 당해 상속세를 초과하는 재산가액을 포기하는 내용의 문서를 작성하여 상속인 전원이 기명날인하고 인감증명을 첨부하여 물납허가된 사례가 있음(서면4팀-265, 2008.01.29.).
3) 상속세를 물납할 때 관할세무서장에게 물납할 상속세액을 초과하는 물납재산가액에 대하여 포기하는 의사를 표시하여 물납이 허가된 경우 이미 포기한 그 물납재산가액으로 추가 고지되는 상속세에 충당할 수 없는 것임(서일46014-11384, 2002.10.21.).
4) 도로, 공원용지에 대한 물납허가 여부는 해당 토지가 관리·처분상 부적당하다고 인정되는 경우에 해당하는지 여부 등을 관할세무서장이 구체적으로 확인하여 개별적으로 판단할 사항임(재산세과-242, 2012.06.26.).

(5) 기 타

상속세 재원이 부족한 경우에, 상속재산 중 처분이 용이하지 않은 도로나 공원용 토지, 비사업용 토지 등을 물납으로 제공하는 것도 검토해 볼 필요가 있다. 물론 물납은 세무서가 허가를 해야 가능하다. 상속세 신고를 할 때 담보내용을 기재한 연부연납신청서를 제출하면 세무서에서 일정한 시점(6개월 이상)이 지나서 납세자에게 직접 연락하여 담보설정을 하고 관련 비용은 세무서에서 부담한다.

20 공동명의 다가구주택 1세대 1주택 비과세 주의

(1) 개요

다가구주택을 공동으로 소유하다가 공유지분만을 양도하는 경우 1세대 주택 비과세를 적용받을 수 없다.

(2) 주의사항

다가구주택은 원칙적으로 공동주택에 해당하고 예외적으로 구획된 부분별로 양도하지 아니하고 하나의 매매단위로 양도하는 경우 그 전체를 하나의 주택으로 본다.

공동소유하다가 공유지분만을 양도하는 경우에는 하나의 매매단위가 아니기 때문에 원칙적으로 공동주택의 양도로 보아 1세대 1주택 비과세가 적용되지 않는다.

실무적으로 다가구주택을 공동으로 소유하다가 지분만 양도하는 경우는 상속을 받는 경우 또는 가족간 층별로 거주하다가 해당 지분을 다른 가족에게 양도하는 경우가 대부분이며, 실무상 단독주택으로 착각하는 경우가 있는데 규정상 공동주택이라는 점을 주의해야 한다.

(3) 관련법령

1) 소득세법 시행령 제155조【1세대1주택의 특례】

⑮ 제154조 제1항을 적용할 때 「건축법 시행령」 별표1 제1호 다목에 해당하는 다가구주택은 한 가구가 독립하여 거주할 수 있도록 구획된 부분을 각각 하나의 주택으로 본다. 다만, 해당 다가구주택을 구획된 부분별로 양도하지 아니하고 하나의 매매단위로 하여 양도하는 경우에는 그 전체를 하나의 주택으로 본다.

21 부동산 지번 변경 등의 경우

(1) 개요

토지이동이 있는 경우에는 현재 지번의 대장 및 등기부 등본만으로는 전체 현황 및 소유권 등 변동을 파악할 수 없다.

(2) 주의사항 및 실무상 Tip

토지이동이 있는 경우에 전체 현황 및 소유권 등 변동이력을 파악하지 않으면 취득시점이나 원인, 면적 등을 누락하여 양도소득세 계산 시 필요경비 계산을 착오하여 과다하게 기재하는 등의 오류가 발생될 수 있다.

토지이동이 있는 경우에는 모지번을 추적하여 대장 및 등기부 등본을 확인해야 하며, 전산이기 전의 토지대장(구 토지대장)을 확인하려면 주민센터에 방문해야 한다. 이때 관할 주민센터 외의 주민센터를 방문하는 경우에는 팩스행정으로 처리해야 해서 발급에 시간이 많이 소요될 수 있는데, 정부24로 방문 전에 신청하면 처리여부를 미리 확인하고 방문하여 시간을 아낄 수 있다. 등기부 등본도 마찬가지로 폐쇄등기부나 구 등기부 등본이 필요한 경우 가까운 등기소에 방문해야 하며, 인터넷등기소를 통해 발급예약 후 방문하면 시간을 아낄 수 있다.

(3) 관련법령

1) 소득세법 제97조 【양도소득의 필요경비 계산】

① 거주자의 양도차익을 계산할 때 양도가액에서 공제할 필요경비는 다음 각 호에서 규정하는 것으로 한다.

1. 취득가액(「지적재조사에 관한 특별법」 제18조에 따른 경계의 확정으로 지적공부상의 면적이 증가되어 같은 법 제20조에 따라 징수한 조정금은 제외한다). 가목의 실지거래가액을 확인할 수 없는 경우에 한정하여 나목의 금액을 적용한다.

   가. 제94조 제1항 각 호의 자산 취득에 든 실지거래가액

   나. 대통령령으로 정하는 매매사례가액, 감정가액 또는 환산취득가액을 순차적으로 적용한 금액

2. 자본적지출액 등으로서 대통령령으로 정하는 것

3. 양도비 등으로서 대통령령으로 정하는 것

22 알아두면 쓸모있는 내용

다음은 업무 진행 시에 납세자의 절세를 위한 방법을 나열한 것이다.

(1) 개인사업체를 상속하게 되는 경우 영업권은 상속재산에 포함이 된다.

피상속인이 개인으로서 경영하던 사업체를 평가함에 있어 영업권의 가액도 상속재산가액에 포함하는 것임(서면-2021-상속증여-6983, 2021.11.30.).

(2) 상속포기자도 상속인은 상속인이다.

상속인임에도 불구하고 상속포기를 한 자의 사전증여재산을 합산하지 않아서 상속재산가액을 잘못 산정하는 오류가 발생하기도 한다(심사기타2012-0007, 2012.05.11.).

(3) 상속세 신고(기한후 신고 포함)를 하지 않는다면 아예 일괄공제 외의 배우자 상속공제는 되지 않는다.

1) 상속세 및 증여세법 제21조【일괄공제】
   ⓐ 거주자의 사망으로 상속이 개시되는 경우에 상속인이나 수유자는 제18조와 제20조 제1항에 따른 공제액을 합친 금액과 5억원 중 큰 금액으로 공제받을 수 있다. 다만, 제67조 또는 「국세기본법」 제45조의3에 따른 신고가 없는 경우에는 5억원을 공제한다.

(4) 상속재산 및 증여재산의 평가에 관련해서 알고 있으면 도움이 될 만한 Tip

1) 겸용건물을 평가함에 있어서, 각 층별 호수별로 구분하여 매매 또는 임대차의 목적물이 될 수 있으므로 층별로 나누어 임대된 층은 임대료 환산가액과 보충적 평가방법으로 평가한 가액 중 큰 금액으로 평가할 수 있다.
   ⓐ 쟁점부동산의 미임대 부분을 별도로 기준시가로 평가하여 임대부분의 임대료 환산가액과 미임대부분의 기준시가의 합산액을 기준으로 상속세를 과세한 처분의 당부

(가) 상증법 시행령 제50조 제7항은 상증법 제61조 제5항의 규정에 기하여 상속재산의 평가액에 관한 상증법 제60조 제1항의 시가주의 원칙에 접근하려는 취지에서 규정된 것으로 보이고, 상증법 제61조 제5항 및 같은 법 시행령 제50조 제7항에는 임대된 건물에 대하여 임대료 등에 의한 환산가액을 적용하도록 한 것으로 나타난다.

(나) 쟁점부동산과 같은 주상복합건물의 경우에는 각 층별 또는 호수별로 구분하여 매매 또는 임대차의 목적물이 될 수 있으므로 각각의 이용상황에 따라 별도의 평가방법을 적용할 수 있다 하겠으나, 이 건의 경우 청구인이 평가한 임대료 OOO원이 1~3층(2·3층 공실상태)에 대한 임대료인지가 확인되지 아니하고, 층별로 구분된 합리적인 평가액이 제시되고 있지 아니한 점 등에 비추어 처분청이 쟁점부동산의 기준시가를 면적비율로 안분하여 가액을 산정한 평가방법은 달리 잘못이 없는 것으로 판단된다.
(조심2016구4395, 2017.05.15.)

2) 비상장주식을 평가할 때, 장부가액이라 함은 법인이 감가상각비를 장부에 계상하지 아니한 경우에도 감가상각비 상당액을 재계산하여 취득가액에서 차감한 가액을 말한다.

ⓐ 「상속세 및 증여세법 시행령」 제55조 제1항의 규정에 의하여 비상장법인의 순자산가액을 계산할 때에 당해 법인의 자산가액은 같은 법 제60조 내지 제66조의 규정에 의한 평가액에 의하는 것이며, 당해 법인의 자산을 같은법 제60조 제3항 및 제66조의 규정에 의하여 평가한 가액이 장부가액(취득가액에서 감가상각비를 차감한 가액을 말한다)보다 적은 경우에는 장부가액으로 하되, 장부가액 보다 적은 정당한 사유가 있는 경우에는 그러하지 아니하는 것임. 이 경우 취득가액에서 차감하는 감가상각비는 법인이 납세지 관할세무서장에게 신고한 상각방법에 의하여 계산한 감가상각비 상당액을 말하는 것이며, 감가상각자산의 내용연수는 「법인세법 시행령」 제28조 제1항 제1호의 규정에 의한 기준내용연수를 적용하는 것임(서면4팀-857, 2005.5.31.).

3) 상속재산에 포함된 상장주식의 평가액은 상속기한 이내에 처분했더라도 처분된 시가가 아니라 최종 전후 2개월이내의 종가 평균액이다.

ⓐ 『상속세가 부과되는 재산의 가액은 상속개시일 현재의 시가에 의한다. 이 경우 법 제63조 제1항 제1호 가목 및 나목에 규정된 평가방법에 의하여 평가한 가액은 이를 시가로 본다.』고 규정하고 있으므로 상장주식인 쟁점주식을 동 규정에

의하여 평가기준일 이전·이후 각 2월간에 공표된 매일의 한국증권거래소 최종 시세가액의 평균가액으로 평가한 가액을 쟁점주식의 시가로 봄이 타당한 것으로 판단되고, 상속세 및 증여세법 시행령 제49조 제1항 제1호에 의한 시가를 같은 법 제60조에서 규정하고 있는 시가보다 우선 적용하여 증여일 현재의 처분가액을 쟁점주식의 시가로 인정하여야 한다는 청구인 주장은 받아들이기 어려운 것으로 판단된다(국심 2001부1709, 2001.11.17. 같은 뜻임). 소액주주도 같음(서일 46014-11491,2002.11.11.)

4) 비상장주식을 평가할 때, 일시적·우발적인 이익 및 손실이 발생하였다면 추정손익을 반영할 수 있는 법률조항에 해당될 수 있는지 여부도 검토해야 한다.

ⓐ 상속세 및 증여세법 시행령 제56조

② 제1항에도 불구하고 다음 각 호의 요건을 모두 갖춘 경우에는 제54조 제1항에 따른 1주당 최근 3년간의 순손익액의 가중평균액을 기획재정부령으로 정하는 신용평가전문기관, 「공인회계사법」에 따른 회계법인 또는 「세무사법」에 따른 세무법인 중 둘 이상의 신용평가전문기관, 「공인회계사법」에 따른 회계법인 또는 「세무사법」에 따른 세무법인이 기획재정부령으로 정하는 기준에 따라 산출한 1주당 추정이익의 평균가액으로 할 수 있다.

1. 일시적이고 우발적인 사건으로 해당 법인의 최근 3년간 순손익액이 증가하는 등 기획재정부령으로 정하는 경우에 해당할 것

ⓑ 상속세 및 증여세법 시행규칙 제17조의3

① 영 제56조 제2항 제1호에서 "일시적이고 우발적인 사건으로 해당 법인의 최근 3년간 순손익액이 증가하는 등 기획재정부령으로 정하는 경우"란 다음 각 호의 어느 하나에 해당하는 경우를 말한다.

6. 기업회계기준상 유가증권·유형자산의 처분손익과 자산수증이익등의 합계액에 대한 최근 3년간 가중평균액이 법인세 차감전 손익에 대한 최근 3년간 가중평균액의 50퍼센트를 초과하는 경우

법인세

01 법인세 신고서를 작성 후 홈택스 전자신고 버튼을 누르지 않아서 무신고된 사례

(1) 개요

법인세 신고과정에서 법인세 신고서, 창업중소기업 등에 대한 감면세액계산서, 재무상태표 등을 모두 작성한 후 홈택스 전자신고 버튼을 누르지 않고, 법인세 신고서를 국세청 홈택스에 전송했다고 착각하여 법인세 신고서가 제출되지 않은 사고 발생

(2) 주의사항 및 실무상 Tip

신고서 발송여부를 정확하게 확인하고, 모든 법인의 신고후 신고접수증을 출력하여 확인하고 신고서와 같이 보관하는 습관이 필요하다.

(3) 관련법령

1) 제47조의2【무신고가산세】
   ① 납세의무자가 법정신고기한까지 세법에 따른 국세의 과세표준 신고를 하지 아니한 경우에는 그 신고로 납부하여야 할 세액에 다음 각 호의 구분에 따른 비율을 곱한 금액을 가산세로 한다.
   1. 부정행위로 법정신고기한까지 세법에 따른 국세의 과세표준 신고를 하지 아니

한 경우 : 100분의 40(역외거래에서 발생한 부정행위인 경우에는 100분의 60)
2. 제1호 외의 경우 : 100분의 20

02 법인이 해외직접투자를 한 경우에는 해외현지법인명세서 등을 제출해야 하는데 작성만 하고 자동제출로 착각하여 누락한 사례

(1) 개요

법인세 신고시 법인이 해외직접투자를 한 경우에는 해외현지법인명세서 등을 제출해야 하 는데 업무부주의로 이를 제출하지 않아 자료제출 의무 불이행에 대한 과태료 처분을 받으면서 발생한 사고로, 홈택스에 전자 신고하는 과정에서 입력 후 자동으로 전자신고가 되는 줄 알고 따로 체크표시를 하지 않아 첨부가 되지 않은 것이다.

(2) 주의사항 및 실무상 Tip

자료입력과 자료제출은 서로 별개의 사항인 경우가 많으므로 입력 후 전산자료가 제출되었는지 별도로 확인하고 접수증을 출력해서 확인하여야 한다.

(3) 관련법령

법인세법 제123조【해외현지법인 등의 자료제출 의무 불이행 등에 대한 과태료】
① 제121조의2에 따라 해외현지법인 명세서등의 자료제출 의무가 있는 법인이 다음 각 호의 어느 하나에 해당하는 경우 그 법인에 대해서는 5천만원 이하의 과태료를 부과한다. 다만, 기한까지 자료제출이 불가능하다고 인정되는 경우 등 대통령령으로 정하는 정당한 사유가 있는 경우에는 과태료를 부과하지 아니한다.
삭제〈2020.12.22.〉

03 수출관련 업체의 영세율매출을 누락하여 익금산입하고 대표자에 대한 인정상여 처분된 사례

(1) 개요

부가가치세, 법인세 신고를 진행하다 영세율 매출을 누락하여, 세무서 조사시 익금산 입하고 대표자에게 인정상여 처분되는 사례가 있다.

(2) 주의사항 및 실무상 Tip

수출신고필증에 의한 영세율 과세표준 신고시 신고필증에서 "거래구분"에 의한 코드번호 정확하게 확인하여 과세표준신고 대상여부를 확인하고(위탁가공, 견본품 등 무상반출자산은 신고대상 아님) 불분명시 일단 영세율 과세표준으로 신고 하는 것이 안전하다.

(3) 관련법령

1) 법인세법 제15조 【익금의 범위】

   ① 익금은 자본 또는 출자의 납입 및 이 법에서 규정하는 것은 제외하고 해당 법인의 순자산(純資産)을 증가시키는 거래로 인하여 발생하는 이익 또는 수입[이하 "수익(收益)"이라 한대]의 금액으로 한다

2) 법인세법 제67조 【소득처분】 다음 각 호의 법인세 과세표준의 신고·결정 또는 경정이 있는 때 익금에 산입하거나 손금에 산입하지 아니한 금액은 그 귀속자 등에게 상여(賞與)·배당·기타사외유출(其他社外流出)·사내유보(社內留保) 등 대통령령으로 정하는 바에 따라 처분한다.

3) 법인세법 시행령 제106조 【소득처분】

   ① 법 제67조에 따라 익금에 산입한 금액은 다음 각 호의 구분에 따라 처분한다. 비영리내국법인과 비영리외국법인에 대해서도 또한 같다.

   1. 익금에 산입한 금액이 사외에 유출된 것이 분명한 경우에는 그 귀속자에 따라 다음 각 목에 따라 배당, 이익처분에 의한 상여, 기타소득, 기타 사외유출로 할 것. 다만, 귀속이 불분명한 경우에는 대표자에게 귀속된 것으로 본다.

04 토지의 매입원가를 중복(계약서 금액+통장출금액)하여 법인세 과소신고한 사례

(1) 개요

법인세 신고과정에서 매출원가 구성항목인 토지의 매입원가(취득가액) 4억원을 과다 계상(매매 계약서상 매입금액과 법인통장 출금내역 이중 계산)하여 법인세 과소신고 한 사례가 있다.

(2) 주의사항 및 실무상 Tip

통장에 의한 지출금액으로 손금산입시 반드시 세금계산서, 현금영수증, 매매계약서에 의하여 손금처리 되었는지를 확인하여야 한다.

05 법인세 신고 시 이월결손금을 공제할 때 경정(수정)청구 등으로 감액된 이월결손금을 누락하여 과다공제받은 사례

(1) 개요

법인세 신고 시 이월결손금을 공제함에 있어 직전 사업연도에 이월결손금 기말잔액을 감액 경정 받은 부분을 반영하지 않아 과다공제 받았다.

(2) 주의사항 및 실무상 Tip

법인세 신고시 기초 확인사항으로 해당연도 법인세, 부가가치세 경정청구, 수정신고, 경정결정된 적이 있는지 확인하여 반영하여야 한다.

(3) 관련법령

1) 법인세법 제13조 【과세표준】

① 내국법인의 각 사업연도의 소득에 대한 법인세의 과세표준은 각 사업연도의 소득의 범위에서 다음 각 호의 금액과 소득을 차례로 공제한 금액으로 한다.

1. 제14조 제3항의 이월결손금 중 다음 각 목의 요건을 모두 갖춘 금액

    가. 각 사업연도의 개시일 전 15년 이내에 개시한 사업연도에서 발생한 결손금일 것

    나. 제60조에 따라 신고하거나 제66조에 따라 결정·경정되거나 「국세기본법」 제45조에 따라 수정신고한 과세표준에 포함된 결손금일 것

2. 이 법과 다른 법률에 따른 비과세소득

3. 이 법과 다른 법률에 따른 소득공제액

② 제1항의 과세표준을 계산할 때 다음 각 호의 금액은 해당 사업연도의 다음 사업연도 이후로 이월하여 공제할 수 없다.

1. 해당 사업연도의 과세표준을 계산할 때 공제되지 아니한 비과세소득 및 소득공제액

2. 「조세특례제한법」 제132조에 따른 최저한세의 적용으로 인하여 공제되지 아니한 소득공제액

06 부동산 매각 시, 과거 토지 재평가액을 익금산입 처리해야 함에도 불구하고 누락한 사례

(1) 개요

부동산 매각에 따른 유형자산처분이익을 회계처리하는 과정에 2016년에 토지를 재평가하여 계상되어 있던 약 14억원의 재평가잉여금을 익금으로 산입하여야 하는데, 부동산

양도에 따른 토지재평가잉여금에 대해 익금으로 산입하는 세무조정 절차를 거치지 않아 발생한 사례가 있다.

(2) 주의사항 및 실무상 Tip

법인부동산의 양도시 다음과 같은 순서로 검토하여야 한다. 사업포괄양도양수 (건물이 있을 경우 부가가치세 과세여부) → 세금계산서 발급 시기 (중간지급조건부 여부) → 고정자산처분손익 영업외이익 계상 → 결산시 당초 평가 이익 손금산입(-유보)금액이 있으면 익금산입(-유보) 추인하는 세무조정 → 주택, 비사업용토지 매매시 별도법인세 신고 (20%. 10%) → 업무무관부동산에 해당하면 지급 이자 손금불산입 5년간 세무조정을 검토한다. 실무상 자본금과적립금조정명세서(을)표에 비고란에 '매각시 유보추인'등으로 기재하면 실수를 줄일 수 있다.

[그림9] 법인조정-과표및세액계산-신고부속서류-자본금과적립금조정명세서

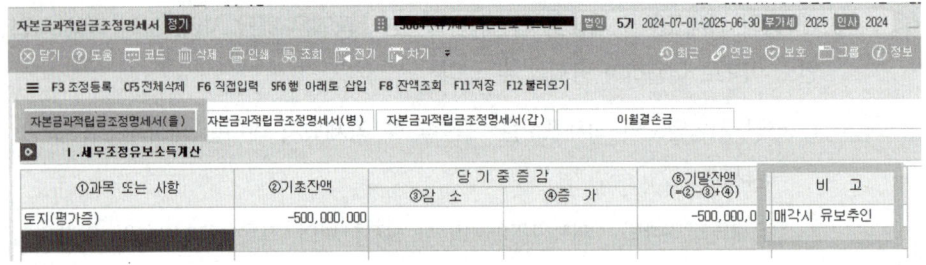

(3) 관련법령

1) 법인세법 제18조 【평가이익 등의 익금불산입】

다음 각 호의 금액은 내국법인의 각 사업연도의 소득금액을 계산할 때 익금에 산입하지 아니한다.

1. 자산의 평가이익. 다만, 제42조 제1항 각 호에 따른 평가로 인하여 발생하는 평가이익은 제외한다.

07 외화자산의 환산 평가손익은 세법상 인정되지 않으므로 이에 대한 세무조정확인

(1) 개요

법인세 및 종합소득세 신고 시 외화자산의 외환 환산 평가손실을 재무제표에 반영하면 관련 세무신고가 완료되는 것으로 착각한 사례가 있다.

(2) 주의사항 및 실무상 Tip

개인사업자는 외화평가(외화 환산 손익)를 인정하지 않으며, 법인의 경우에도 외화평가를 하지 않음을 원칙으로 하되 신청서를 제출하는 경우 외화평가를 인정하며 이때 5년간 의무 적용한다. 그러나 개인, 법인 모두 실현된 외화처분 손익은 반영되어야 한다.

(3) 관련법령

1) 법인세법 제18조【평가이익 등의 익금불산입】

다음 각 호의 금액은 내국법인의 각 사업연도의 소득금액을 계산할 때 익금에 산입하지 아니한다.

1. 자산의 평가이익. 다만, 제42조 제1항 각 호에 따른 평가로 인하여 발생하는 평가이익은 제외한다.

2) 법인세법 제22조【자산의 평가손실의 손금불산입】

내국법인이 보유하는 자산의 평가손실은 각 사업연도의 소득금액을 계산할 때 손금에 산입하지 아니한다. 다만, 제42조 제2항 및 제3항에 따른 평가로 인하여 발생하는 평가손실은 손금에 산입한다.

3) 법인세법 시행령 제76조【외화자산 및 부채의 평가】

① 제61조 제2항 제1호부터 제7호까지의 금융회사 등이 보유하는 화폐성 외화자산 · 부채와 통화선도 등은 다음 각 호의 방법에 따라 평가하여야 한다.

1. 화폐성외화자산 · 부채 : 사업연도 종료일 현재의 기획재정부령으로 정하는 매매기준율 또는 재정(裁定)된 매매기준율(이하 "매매기준율등"이라 한다)로 평가하는 방법

2. 통화선도등 : 다음 각 호의 어느 하나에 해당하는 방법 중 관할 세무서장에게 신고한 방법에 따라 평가하는 방법. 다만, 최초로 나목의 방법을 신고하여 적용하기 이전 사업연도에는 가목의 방법을 적용하여야 한다.

⑥ 제1항 제2호 나목, 제2항 제2호의 평가방법을 적용하려는 법인 또는 제3항 단서에 따라 평가방법을 변경하려는 법인은 최초로 제1항 제2호 나목, 제2항 제2호의 평가방법을 적용하려는 사업연도 또는 제3항 단서에 따라 변경된 평가방법을 적용하려는 사업연도의 법 제60조에 따른 신고와 함께 기획재정부령으로 정하는 화폐성외화자산등 평가방법신고서를 관할 세무서장에게 제출하여야 한다.

08 충당부채(퇴직급여충당금, 수선충당금, 포인트충당금 등 평가성충당금)를 손금불산입여부확인

(1) 개요

충당부채(지출의 시기가 불명확한 부채)의 경우, 세무조정시 실제 대금 지급시기를 귀속연도로 하여 손금 산입하여야 하는 바, 그 이전까지는 손금 불산입 하여야 하나, 신고시에 충당부채를 손금 불산입 하지 않고 법인세를 과소 신고 한 사례가 있다.

(2) 주의사항 및 실무상 Tip

현재 법인세법에서 인정되는 충당부채는 감가상각, 대손상각 뿐이므로 그 외 퇴직급여충당금, 수선충당금, 포인트충당금, 각종 평가성충당금등은 당기 전입액 모두 손금불산입(유보)처리하여야 하며 이 유보 금액은 실제 지출시 손금산입 (유보)하여 추인된다.

(3) 관련법령

1) 법인세법 제33조 【퇴직급여충당금의 손금산입】
① 내국법인이 각 사업연도의 결산을 확정할 때 임원이나 직원의 퇴직급여에 충당하기 위하여 퇴직급여충당금을 손비로 계상한 경우에는 대통령령으로 정하는 바에 따라 계산한 금액의 범위에서 그 계상한 퇴직급여충당금을 해당 사업연도의 소득

금액을 계산할 때 손금에 산입한다.
2) 법인세법 제34조【대손충당금의 손금산입】
① 내국법인이 각 사업연도의 결산을 확정할 때 외상매출금, 대여금 및 그 밖에 이에 준하는 채권의 대손(貸損)에 충당하기 위하여 대손충당금을 손비로 계상한 경우에는 대통령령으로 정하는 바에 따라 계산한 금액의 범위에서 그 계상한 대손충당금을 해당 사업연도의 소득금액을 계산할 때 손금에 산입한다.
3) 복구충당부채 상당액의 취득가액 포함 여부(서이46012-11425)
복구비용충당부채상당액은 당해 자산의 취득가액에 포함하지 아니하는 것이며, 당해 충당부채 상당액에 대한 감가상각비는 손금에 산입하지 아니하는 것임.

09 대손세액공제(상법상 소멸시효 3년 이상 등)적용을 위한 채권 회수노력 필요

(1) 개요

대손요건 중 ① 채무자의 파산, 강제집행, 형의 집행, 사업의 폐지, 사망, 실종 또는 행방불명으로 회수할 수 없는 채권, ② 부도발생일부터 6개월 이상 지난 수표 또는 어음상의 채권과 외상매출금(조세특례제한법 제2조에 따른 중소기업의 외상매출금으로서 부도발생일 이전의 것에 한함)[단, 당해 사업자가 채무자의 재산에 대하여 저당권을 설정하고 있는 것은 제외]은 채권을 회수하려고 노력했다는 근거를 제시해야 대손을 인정받을 수 있다.

(2) 주의사항 및 실무상 Tip

대손을 인정받기 위해서는 채권을 회수하려고 노력했다는 근거를 제시해야 하는데 사업하기 바쁜 중소기업이나 소상공인이 채권을 회수하려고 노력했다는 근거를 체계적으로 관리하는 것은 사실상 불가능에 가깝다. 따라서 채권관리 시 기록이 남는 채널을 이용하도록 납세자를 계도해야 대손금이 기부금 등으로 처리되는 불이익을 피할 수 있다.
회수 노력 입증을 위한 증빙으로 채무자에 대한 압류, 가압류, 소제기 등에 대한 증빙서류, 채무자의 추적, 채무자와 협상한 근거 서류, 채권을 추심하는 부서의 조사보고서[1]등을 갖추어야 하며, 최소한 채권회수를 위한 문자나 카카오톡, 내용증명 발송내역을 제출받아야 한다.

(3) 관련법령

1) 부가가치세법 시행령 제87조 【대손세액 공제의 범위】
   ④ 법 제45조 제1항에 따라 대손세액 공제를 받으려 하거나 법 제45조 제4항에 따라 대손세액을 매입세액에 더하려는 사업자는 제91조 제1항에 따른 부가가치세 확정신고서에 기획재정부령으로 정하는 대손세액 공제(변제)신고서와 대손사실 또는 변제사실을 증명하는 서류를 첨부하여 관할 세무서장에게 제출(국세정보통신망에 의한 제출을 포함한다)하여야 한다.

10 차입금에 대한 분개 시에 대출금 상환원금, 이자비용을 구분 필요

(1) 개요

총수입금액을 얻기 위하여 직접 사용된 부채에 대한 지급이자만 필요경비에 산입된다.

(2) 주의사항 및 실무상 Tip

실무상 통장 거래내역만을 제출받아 차입금에 대한 회계처리를 하는 경우 원금과 이자를 구분할 수 없어서 이자비용을 과다하게 인식하는 오류가 발생할 수 있다. 차입금에 대한 회계처리를 할 때에는 반드시 원리금 상환명세서 등 원금과 이자를 구분할 수 있는 증명서류를 제출받아서 처리해야 한다.

---

1) [조사보고서 작성방법] ① 채무자의 본적지, 최종 및 직전주소지와 사업장 소재지를 관할하는 관공서의 공부상 등록된 소유재산의 유무, ② 다른 사업장에서 사업을 영위하고 있는지 여부, ③ 채무자가 보유하고 있는 동산에 관한 사항, ④ 채무자의 거래처, 거래은행 등에 대한 탐문조사내용 등 채권회수를 위한 조치사항, ⑤ 보증인이 있는 경우에는 보증인에 대하여도 상기와 같은 내용을 조사하여 기재함.

(3) 관련법령

1) 소득세법 시행령 제55조【사업소득의 필요경비의 계산】
   ① 사업소득의 각 과세기간의 총수입금액에 대응하는 필요경비는 법 및 이 영에서 달리 정하는 것 외에는 다음 각 호에 규정한 것으로 한다.

   13. 총수입금액을 얻기 위하여 직접 사용된 부채에 대한 지급이자

2) 법인세법 시행령 제19조 제7호【손비의 범위】
   법 제19조 제1항에 따른 손실 또는 비용[이하 "손비(損費)"라 한다]은 법 및 이 영에서 달리 정하는 것을 제외하고는 다음 각 호의 것을 포함한다.

   7. 차입금이자

11 보험료: 임원을 피보험자로 하는 종신보험(CEO PLAN)에 대한 보험료의 손금산입여부 확인

(1) 개요

내국법인이 대표이사를 피보험자로 하고 계약자와 수익자를 법인으로 하는 보장성보험에 가입한 경우, 법인이 납입한 보험료 중 만기환급금에 상당하는 보험료 상당액은 자산으로 계상하고, 기타의 부분은 이를 보험기간의 경과에 따라 손금에 산입하는 것으로 피보험자인 대표이사의 퇴직기한이 정해지지 않아 사전에 해지환급금을 산정할 수 없어 만기환급금에 상당하는 보험료 상당액이 없는 경우에는 내국법인이 납입한 해당 보험료를 보험기간의 경과에 따라 손금에 산입하는 것이며, 상기 보장성보험의 해약으로 지급받는 해약환급금은 해약일이 속하는 사업연도의 소득금액 계산시 익금에 산입한다.

(2) 주의사항 및 실무상 Tip

임원의 정년퇴직 후의 기간까지를 보험기간으로 하고 만기환급금이 없는 종신보험상품을 계약한 내국법인이 피보험자인 임원의 정년퇴직시점에는 고용관계가 해제됨에 따라 해당 보험계약을 해지할 것으로 사회통념 및 건전한 상관행에 비추어 인정되는 경우에는 납

입보험료 중 정년퇴직시의 해약환급금에 상당하는 적립보험료 상당액은 자산으로 계상하고, 기타의 부분은 손금에 산입하는 것이며, 정년퇴직전에 피보험자인 임원이 퇴직하여 해약하는 경우로서 지급받는 해약환급금과 자산으로 계상된 적립보험료 상당액과의 차액은 해약일이 속하는 사업연도의 소득금액 계산시 익금 또는 손금에 산입하는 것임. (법규법인2013-397, 2013.10.24.)

1) 보장성보험만 손금산입대상
2) 피보험자만 임원이 되고 계약자와 수익자는 법인이므로 보험사고 발생에 따른 보험금 지급과 해약 시 해약환급금은 법인에 귀속되어야 한다.
3) 임원의 정년이 정해져 있는 지 확인해야 한다.
4) 보험계약의 해지 또는 보험사고 발생 시 지급되는 해약환급금 및 보험금은 익금산입된다.

(3) 관련법령

1) 법인세법 시행령 제19조【손금의 범위】
2) 법인세법 기본통칙 19-19-9【장기손해보험계약에 관련된 보험료의 손금산입범위】
보험기간 만료후에 만기 반환금을 지급하겠다는 뜻의 약정이 있는 손해보험에 대한 보험료를 지급한 경우에는 그 지급한 보험료액 가운데 적립보험료에 상당하는 부분의 금액은 자산으로 하고 그 밖의 부분의 금액은 이를 기간의 경과에 따라 손금에 산입한다.

12 임원 상여에 대한 관리필요

(1) 개요

임원의 상여금은 지급규정이 없으면 손금산입이 안된다.

(2) 주의사항 및 실무상 Tip

법인이 임원에게 지급하는 상여금 중 정관 또는 의결기관의 결의에 의하여 결정된 급여 지급기준에 의하여 지급하는 금액을 초과하여 지급하는 상여금은 손금에 산입할 수 없으며, 결의가 있더라도 불특정다수 임원에게 적용하지 않은 경우 인정받을 수 없다.

이 외에도 이익처분에 의한 상여금은 손금에 산입할 수 없으며 2018.02.13. 이후 성과급도 이익처분에 의한 상여금에 포함되어 손금에 산입할 수 없으므로 주의해야 한다.

정관규정에 ① '이익의 처분'에 임원상여금이 포함되어 있는 지 확인하고, '임원 상여금 규정'에 이익의 처분으로 볼 수 있는 내용(ex. 직전연도 당기순이익의 범위 내에서 회사의 사정을 감안하여 지급한다.)이 포함되어 있는 지 검토해야 한다. ② '이사의 보수'에 상여가 포함되어 있는 지 확인하고, 위임규정을 둔 경우에는 위임 결의기관이 주주총회인지 이사회인지 확인하여 결의한 규정을 만들어야 한다. ③ 정당한 사유없이 차별하는 규정을 만들어 운영하는 것을 손금으로 인정되지 않으므로 주의가 필요하다.

(3) 관련법령

1) 법인세법 시행령 제43조【상여금 등의 손금불산입】

① 법인이 그 임원 또는 직원에게 이익처분에 의하여 지급하는 상여금은 이를 손금에 산입하지 아니한다. 이 경우 합명회사 또는 합자회사의 노무출자사원에게 지급하는 보수는 이익처분에 의한 상여로 본다.

② 법인이 임원에게 지급하는 상여금중 정관ㆍ주주총회ㆍ사원총회 또는 이사회의 결의에 의하여 결정된 급여지급기준에 의하여 지급하는 금액을 초과하여 지급한 경우 그 초과금액은 이를 손금에 산입하지 아니한다.

③ 법인이 지배주주등(특수관계에 있는 자를 포함한다. 이하 이 항에서 같다)인 임원 또는 직원에게 정당한 사유없이 동일직위에 있는 지배주주등 외의 임원 또는 직원에게 지급하는 금액을 초과하여 보수를 지급한 경우 그 초과금액은 이를 손금에 산입하지 아니한다.

④ 상근이 아닌 법인의 임원에게 지급하는 보수는 법 제52조에 해당하는 경우를 제외하고 이를 손금에 산입한다.

⑤ 법인의 해산에 의하여 퇴직하는 임원 또는 직원에게 지급하는 해산수당 또는 퇴직위로금 등은 최종사업연도의 손금으로 한다.

13. 현물기부에 따른 손금산입여부 확인

(1) 개요

본인이 제조 또는 매입한 상품의 유통기한, 상품성이 떨어지는 물품은 판매하기 어려워 폐기하는 대신 공익단체에 기부하는 경우가 많이 있다.

(2) 주의사항 및 실무 Tip

특례기부금은 기준소득금액의 50%를, 일반기부금은 기준소득금액의 10%만 손금으로 인정되고 한도를 초과하는 금액에 대해서는 10년간 이월하여 한도 내에서 손금으로 산입한다.

제조 또는 매입한 상품의 유통기한, 상품성이 떨어지는 물품은 기부하는 경우에는 한도 초과가 발생해 폐기손실로 처리하는 경우보다 불리할 수 있다.

(3) 관련법령

1) 법인세법 제24조【기부금의 손금불산입】

② 특례기부금은 다음에 따라 산출한 손금산입한도액 내에서 해당 사업연도의 소득금액을 계산할 때 손금에 산입하되, 손금산입한도액을 초과하는 금액은 손금에 산입하지 아니한다.

손금산입한도액 : (차가감소득금액 + 기부금 - 이월결손금) × 50%

③ 일반기부금은 다음에 따라 산출한 손금산입한도액 내에서 해당 사업연도의 소득금액을 계산할 때 손금에 산입하되, 손금산입한도액을 초과하는 금액은 손금에 산입하지 아니한다

손금산입한도액 : (차가감소득금액 + 기부금 - 이월결손금) × 10%(사회적기업은 20%)

14 내국법인에게 원천징수되지 않는 배당에 대한 지급명세서 제출확인

(1) 개요

내국법인에게 배당소득을 지급하여 원천징수의무가 없는 경우라도 지급명세서 제출의무는 있는 것이나, 배당소득에 대해 지급명세서 제출 의무도 없는 것으로 착오판단하고 배당소득에 대해서는 지급명세서를 제출하지 않은 사례가 있다.

(2) 주의사항 및 실무상 Tip

2010년 이후부터 지급 받는 자가 법인의 경우 원천징수 되지 않은 이자, 배당소득에 대해서도 지급명세서는 제출하도록 규정하고 있다.

(3) 관련법령

1) 제1조의2 【정의】

   ① 이 법에서 사용하는 용어의 뜻은 다음과 같다.

   1. "거주자"란 국내에 주소를 두거나 183일 이상의 거소(居所)를 둔 개인을 말한다.

   2. "비거주자"란 거주자가 아닌 개인을 말한다.

2) 소득세법 제127조 【원천징수의무】

   ① 국내에서 거주자나 비거주자에게 다음 각 호의 어느 하나에 해당하는 소득을 지급하는 자는 이 절의 규정에 따라 그 거주자나 비거주자에 대한 소득세를 원천징수하여야 한다.

   1. 이자소득

   2. <u>배당소득</u>

3) 법인세법 제120조 【지급명세서의 제출의무】

   ① 내국법인에 「소득세법」 제127조 제1항 제1호 또는 제2호의 소득을 지급하는 자는 대통령령으로 정하는 바에 따라 납세지 관할 세무서장에게 지급명세서를 제출하여야 한다.

15. 소득세법상 퇴직금한도를 과다계산하여 세법상 퇴직한도 초과분만큼 원천세 과소신고여부/근로소득지급명세서 제출여부 확인

(1) 개요

퇴직금 중 소득세법상 퇴직금한도를 초과하는 분에 대해서는 근로소득으로 보아 원천세를 징수신고하여야 하나 (퇴직소득 한도만큼만 비과세) 퇴직한도를 과다 계산하여 퇴직금 전액을 비과세로 판단한 바, 원천세가 과소 신고되었으며, 퇴직한도 초과분 만큼 근로소득 지급명세서가 제출되지 않은 사례가 있다.

(2) 주의사항 및 실무상 Tip

임원퇴직금은 정관규정에 의하여 지급하더라도 소득세법(제22조 제3항) 규정에 의한 한도 초과되는 부분에 대해서는 근로소득으로 원천징수하고 있으므로, 직전 3년 연평균급여의 20% 초과 퇴직금은 한도초과금액이 발생된다. 따라서 한도 이내는 퇴직소득으로, 한도초과는 근로소득으로 원천징수 하여야 한다.

이때 근로소득 원천징수명세 작성시 ⑮-3임원퇴직소득한도초과액에 입력하여야 의료보험등이 부과되지 않는다. 그러나 이때에도 법인세법상 손금산입은 전액 가능하다.

[그림10] 세무사랑-연말정산추가자료입력 - 임원퇴직소득금액한도초과액

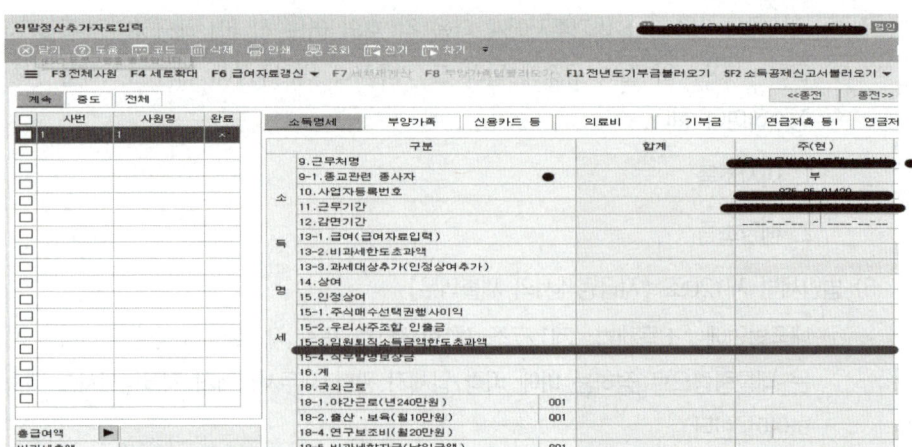

[그림11] 세무사랑-퇴직금계산-임원퇴직금계산서

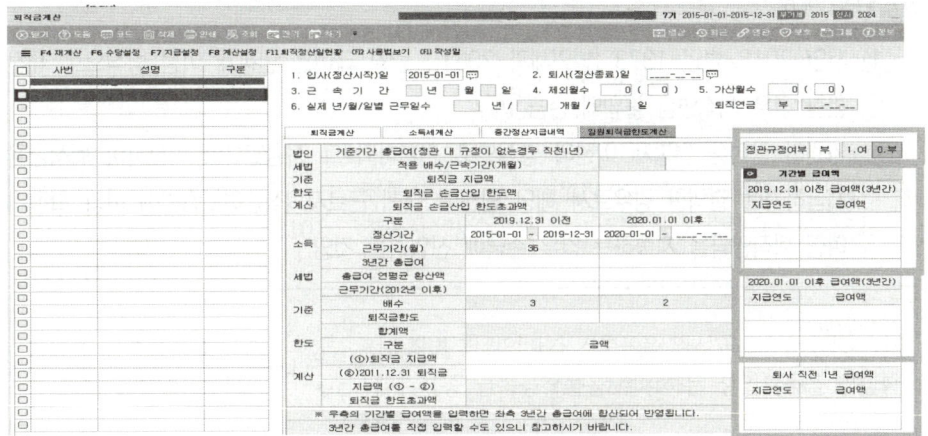

또한 연봉제지급방식에서 연봉제 이전의 방식으로 전환함에 따라 지급하는 퇴직금 중간정산을 진행한 경우, 이후의 퇴직금산정 기산일은 전환일부터 해야 하므로 퇴직금을 과다계상하지 않도록 주의해야 한다.[2]

(3) 관련법령

1) 소득세법 제22조【퇴직소득】

① 퇴직소득은 해당 과세기간에 발생한 다음 각 호의 소득으로 한다.
〈개정 2013.01.01〉

③ 퇴직소득금액은 제1항 각 호에 따른 소득의 금액의 합계액(비과세소득의 금액은 제외한다)으로 한다. 다만, 대통령령으로 정하는 임원의 퇴직소득금액(제1항 제1호의 금액은 제외하며, 2011년 12월 31일에 퇴직하였다고 가정할 때 지급받을 대통령령으로 정하는 퇴직소득금액이 있는 경우에는 그 금액을 뺀 금액을 말한다)이 다음 계산식에 따라 계산한 금액을 초과하는 경우에는 제1항에도 불구하고 그 초과하는 금액은 근로소득으로 본다.

---

[2] 2015.12.31.까지 임원퇴직금 중간정산 사유에 '연봉제로의 전환'이 있었다. 이후에 다시 퇴직금을 지급하기로 한 경우에는 퇴직금 기산일 및 퇴직소득세 계산에 있어서 그 시점을 지급하기로 결의한 날부터 진행하기로 한다.

(4) 관련예규

1) 서면-2018-법인-1373 [법인세과-2061], 임원 급여를 연봉제 이전 방식으로 재전환한 경우 퇴직연금 불입액 손금 여부
   임원의 급여를 연봉제 이전의 방식으로 전환하되 그 전환일부터 기산하여 퇴직금을 지급하기로 결의한 경우로서 해당 임원에 대해 근로자퇴직급여보장법에 따라 확정기여형 퇴직연금을 지출하는 경우 손금에 산입하는 것임.

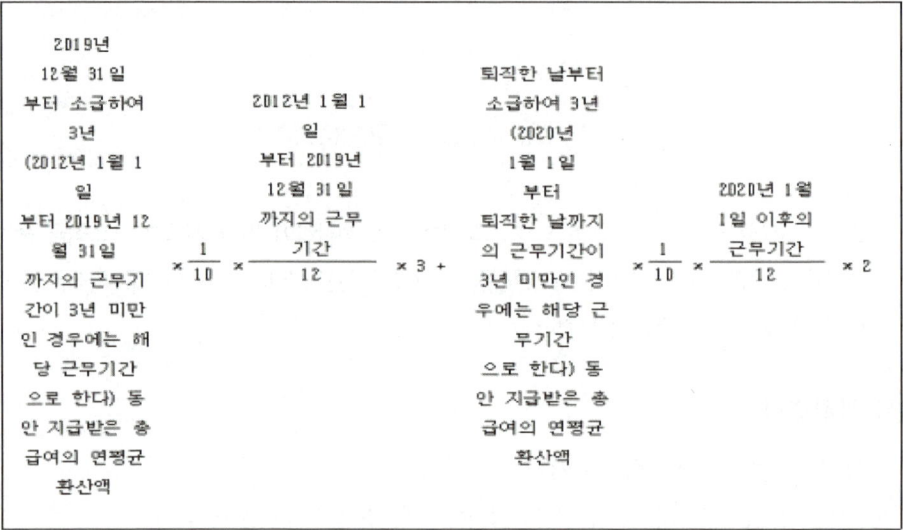

16 고용증대세액공제 시 상시근로자 수 감소에 따른 법인세 추가납부확인

(1) 개요

법인세 신고업무를 수행함에 있어서 고용증대세액공제를 받은 기업의 경우 2021년 사업 연도의 상시근로자 수가 최초로 고용증대세액공제를 받은 2019년 사업연도보다 감소 한 경우, 공제받은 세액을 한도로 상시근로자 수 감소에 상당하는 법인세를 추가

납부 하여야 함에도 상시근로자 수 감소에 따른 법인세를 추가 납부하지 않는 사례가 있다.

(2) 주의사항 및 실무상 Tip

상시근로자 감소시 당기 고용증대와 사회보험료 세액공제 불가하며 전기, 전전기 고용증대와 사회보험료 공제세액 추가납부하고, 당기 정규직 전환 세액공제와 근로소득증대 세액공제 적용 불가능하다.

(3) 관련법령

1) 조세특례제한법 제29조의7 【고용을 증대시킨 기업에 대한 세액공제】

① 내국인의 2024년 12월 31일이 속하는 과세연도까지의 기간 중 해당 과세연도의 대통령령으로 정하는 상시근로자의 수가 직전 과세연도의 상시근로자의 수보다 증가한 경우에는 다음 각 호에 따른 금액을 더한 금액을 해당 과세연도와 해당 과세연도의 종료일부터 1년이 되는 날이 속하는 과세연도까지의 소득세 또는 법인세에서 공제한다.

② 제1항에 따라 소득세 또는 법인세를 공제받은 내국인이 최초로 공제를 받은 과세연도의 종료일부터 2년이 되는 날이 속하는 과세연도의 종료일까지의 기간 중 전체 상시근로자의 수가 최초로 공제를 받은 과세연도에 비하여 감소한 경우에는 감소한 과세연도부터 제1항을 적용하지 아니하고, 청년등 상시근로자의 수가 최초로 공제를 받은 과세연도에 비하여 감소한 경우에는 감소한 과세연도부터 제1항 제1호를 적용하지 아니한다. 이 경우 대통령령으로 정하는 바에 따라 공제받은 세액에 상당하는 금액을 소득세 또는 법인세로 납부하여야 한다.

17 연구인력개발비 세액공제 기업부설연구소 폐지에 따른 세액공제확인

(1) 개요

기업의 연구와 인력 개발을 촉진해 기술을 성장시키고 우수한 인재 확보를 용이하게 하여 기업의 대외 경쟁력을 향상 시키고 성장 잠재력을 확충하기 위해 일정한 요건을 충족한 연구인력개발비 지출을 하는 경우 세액공제를 해준다.

(2) 주의사항 및 주의사항

연구인력개발비 세액공제를 적용받기 위해서는 인적요건과 물적요건을 충족해야하고 물적요건에 해당하는 기업부설연구소 및 연구전담부서의 인정서가 필요하다.

과세연도 중에 기업부설연구소 등이 취소 등의 사유가 발생하면 취소일 이후 발생하는 인건비에 대해서만 세액공제가 배제되지 않고 취소일이 속하는 과세연도부터 세액공제가 적용되지 않음에 주의가 필요하다.

실무상 기업부설연구소 등이 취소되는 사례 중 가장 많은 경우가 창업 3년 미만 소기업이 최소 기준인 2명의 연구전담요원으로 기업부설연구소를 설립한 3년 뒤까지 3명을 확보해야 기업부설연구소 유지가 가능한데, 이 부분을 충족하지 못해 직권으로 취소되는 경우이다. 이 경우「기초연구진흥 및 기술개발지원에 관한 법률」제14조의3 제1항 제4호에 해당하여 인정취소일이 속하는 과세연도 전체에 대해서 세액공제를 받을 수 없다.

기업부설연구소 등이 취소되는 경우 원칙이 취소일이 속하는 과세연도 전체에 대해 세액공제를 받을 수 없고 예외적으로 취소일 이후라 생각하는게 실수를 줄일 수 있다.

(3) 관련법령

1) 조세특례제한법 제10조【연구·인력개발비에 대한 세액공제】

⑥ 자체 연구개발을 위한 연구개발비가「기초연구진흥 및 기술개발지원에 관한 법률」제14조의3 제1항 각 호에 해당하는 사유 등 대통령으로 정하는 사유로 인하여 연구개발비에 해당하지 아니하게 되는 경우에는 대통령령으로 정하는 날 이후 발생하는 비용에 대하여 제1항에 따른 세액공제를 적용하지 아니한다.

2) 조세특례제한법 시행령 제9조【연구 및 인력개발비에 대한 세액공제】

⑲ 법 제10조 제6항에서 "대통령령으로 정하는 날"이란 제18항 각 호에 따른 인정취소의 사유별로 다음 각 호의 구분에 따른 날을 말한다

1. 「기초연구진흥 및 기술개발지원에 관한 법률」제14조의3 제1항 제1호 또는 「문화산업진흥 기본법」제17조의3 제4항 제1호에 따라 인정이 취소된 경우 : 인정일이 속하는 과세연도의 개시일
2. 「기초연구진흥 및 기술개발지원에 관한 법률」제14조의3 제1항 제2호, 제3호, 제5호, 제6호 및 제8호에 따라 인정이 취소된 경우 : 인정취소일
3. 「기초연구진흥 및 기술개발지원에 관한 법률」제14조의3 제1항 제4호·제7호 또는 「문화산업진흥 기본법」제17조의3 제4항 제2호에 따라 인정이 취소된 경우 : 인정취소일이 속하는 과세연도의 개시일

18 창업중소기업세액감면 창업의 범위 주의

(1) 개요

창업세액감면의 해당 요건은 크게 업종요건, 대표자요건 그리고 창업요건으로 나뉠 수 있다. 이 때 업종요건, 대표자 요건은 비교적 판단하기 용이하나 창업요건은 사실관계에 따라 달라질 수 있어 주의가 필요하다.

(2) 주의사항 및 실무 Tip

신규사업자가 기존사업장에서 해당업종을 포괄양수도받은 경우 새로운 창업으로 보지 않는다.

신규사업자가 기존사업장에서 자산을 인수 후 동종업종으로 사업을 개시하는 경우에는 인수한 자산가액 비율이 사업개시 당시 총자산가액에서 차지하는 비율이 30% 이하인 경우에 한해서 창업에 해당하고 30%를 초과해서 인수하는 경우에는 창업에 해당하지 않는다.

기존 개인사업자가 사업을 유지하면서 동종업종으로 신규 법인 설립하는 경우 개인사업자와 법인사업자는 그 사업의 형태가 다르므로, 창업에 해당한다. 다만, 기존 개인사업

자의 대표자가 해당 법인의 과점주주에 해당하는 경우에는 창업으로 보지 않는다.

실무상 권리금을 지급하고 사업을 개시하는 경우 실무적으로 권리금의 규모가 크기 때문에 인수비율이 30%를 초과하는 경우가 대부분이다.

개인사업자를 유지하면서 법인으로 동종업종으로 신규 설립하는 경우가 많이 있는데 이 경우 대부분 법인의 과점주주에 해당하는 경우가 많아 새로운 창업으로 보기 어렵다.

(3) 관련법령

1) 조세특례제한법 제6조 【창업중소기업 등에 대한 세액감면】

    ⑩ 제1항부터 제9항까지의 규정을 적용할 때 다음 각 호의 어느 하나에 해당하는 경우는 창업으로 보지 아니한다.

    1. 합병·분할·현물출자 또는 사업의 양수를 통하여 종전의 사업을 승계하거나 종전의 사업에 사용되던 자산을 인수 또는 매입하여 같은 종류의 사업을 하는 경우. 다만, 다음 각 목의 어느 하나에 해당하는 경우는 제외한다.

        가. 종전의 사업에 사용되던 자산을 인수하거나 매입하여 같은 종류의 사업을 하는 경우 그 자산가액의 합계가 사업 개시 당시 토지·건물 및 기계장치 등 대통령령으로 정하는 사업용자산의 총가액에서 차지하는 비율이 100분의 50 미만으로서 대통령령(100분의 30)으로 정하는 비율 이하인 경우

        나. 사업의 일부를 분리하여 해당 기업의 임직원이 사업을 개시하는 경우로서 대통령령으로 정하는 요건에 해당하는 경우

    2. 거주자가 하던 사업을 법인으로 전환하여 새로운 법인을 설립하는 경우

    3. 폐업 후 사업을 다시 개시하여 폐업 전의 사업과 같은 종류의 사업을 하는 경우

    4. 사업을 확장하거나 다른 업종을 추가하는 경우 등 새로운 사업을 최초로 개시하는 것으로 보기 곤란한 경우

2) 중소기업창업지원법 제2조 【창업의 범위】

    ① 「중소기업창업 지원법」(이하 "법"이라 한다) 제2조 제2호의 창업은 중소기업을 새로 설립하여 사업을 개시하는 것으로서 다음 각 호의 어느 하나에 해당하지 않는 것으로 한다.

2. 개인인 중소기업자가 기존 사업을 계속 영위하면서 중소기업을 새로 설립하는 것으로서 다음 각 목에 해당하는 것

    가. 개인인 중소기업자로 사업을 개시하는 것

    나. 개인인 중소기업자가 단독으로 또는 「중소기업기본법 시행령」에 따른 친족과 합하여 의결권 있는 발행주식(출자지분을 포함한다. 이하 같다) 총수의 100분의 50을 초과하여 소유하거나 의결권 있는 발행주식 총수를 기준으로 가장 많은 주식의 지분을 소유하는 법인인 중소기업을 설립하여 기존 사업과 같은 종류의 사업을 개시하는 것

(4) 관련예규

[법인, 서면인터넷방문상담2팀-742, 2005.05.30]

법인이 「조세특례제한법」 제6조 규정을 적용함에 있어 타인의 사업 승계시 창업으로 보는 요건은 종전 사업자가 생산하는 제품과 완전히 다른 제품을 생산하는 등 이종의 사업을 영위하는 경우에 창업으로 보는 것이나 종전 사업자가 생산하는 제품과 동일한 제품을 생산하는 동종의 사업을 영위하는 경우에는 창업에 해당하지 아니하는 것입니다.

19 창업에 따른 고용증대세액공제 인원수 계산주의

(1) 개요

신규사업자의 전년도 근로자 수의 계산은 조세특례제한법 시행령 규정에 의하여 창업의 경우에는 전년도 근로자수를 0으로 볼 수 있으나 사업의 인수 등 창업에 해당하지 아니하는 경우에는 인수한 사업자의 직전연도 근로자수를 인수로 보아야 한다.

(2) 주의사항 및 실무 Tip

창업으로 보지 않는 경우 고용증대세액공제 직전연도 근로자수를 0으로 볼 수 없어 고용증대세액공제 인원수 계산에 주의가 필요하다. 반대로 법인전환, 사업양수도 방식으로 종전 사업을 승계시킨 경우 폐업하는 사업장은 승계시킨 인원에 대해서는 감소인원으로

보지 않기 때문에 사후관리 계산에도 주의가 필요하다.

실무적으로 창업중소기업특별세액감면을 적용받을 때에는 창업요건을 잘 검토하나, 고용증대세액공제를 받을 때는 창업의 요건을 검토하지 않는 경우가 많은데 사업 첫해 고용증대세액공제를 적용받는 경우 창업의 요건을 검토하는 것이 필요하다.

(3) 관련법령

1) 조세특례제한법 시행령 제23조【고용창출투자세액공제】

⑬ 제7항 및 제8항을 적용할 때 해당 과세연도에 창업 등을 한 내국인의 경우에는 다음 각 호의 구분에 따른 수를 직전 또는 해당 과세연도의 상시근로자 수로 본다.

1. 창업(법 제6조 제10항 제1호부터 제3호까지의 규정에 해당하는 경우는 제외한다)한 경우의 직전 과세연도의 상시근로자 수 : 0

2. 법 제6조 제10항 제1호(합병·분할·현물출자 또는 사업의 양수 등을 통하여 종전의 사업을 승계하는 경우는 제외한다)부터 제3호까지의 어느 하나에 해당하는 경우의 직전 과세연도의 상시근로자 수 : 종전 사업, 법인전환 전의 사업 또는 폐업 전의 사업의 직전 과세연도 상시근로자 수

제3장

소득세

01 보험수입금액(공단부담금)집계 과오로 인한 종합소득세 과소신고주의

(1) 개요

2021년 병원수입금액 신고과정에서 '당해연도 보험수입금액'을 '21년 총보험수령액 (−) 20년 진료분 수령액 (+) 21년 진료분 미청구액'으로 계산하여야 함에도 21년 수령액을 4.4억 과다계상하고 21년 진료분 미청구액을 3.3억 과소계상하여 수입금액을 과소신고한 사례이다.

(2) 주의사항 및 실무상 Tip

의료업의 당기 보험수입금액 신고시 실제 병원의 집계표 등 보다는 보험공단에서 발행된 요양급여 지급내역서를 기준으로 하여야 한다. 내역서상의 당기수령액에서 전년도 수입금액 신고시 가산한 미청구액을 재계산하지 말고 그대로 차감하여야 한다. 비록 일부 실제와 차이가 있어도 다음연도에 자동적으로 정산되는 것으로 보아야 하고 과세관청도 이 자료를 가지고 검증하기 때문이다.

(3) 관련법령

1) 소득세법 시행령 제48조 【사업소득의 수입시기】

　　8. 인적용역의 제공

　　　용역대가를 지급받기로 한 날 또는 용역의 제공을 완료한 날 중 빠른 날

02 병의원 수입금액 산정시 공단부담금과 본인부담금, 비보험수입 등 수입금액 집계 방법

(1) 개요

납세자의 부가가치세, 소득세 신고과정에서 해당연도 공단부담금 수입금액 구조를 착각, 신용카드 매출 중 일부가 공단부담금에도 포함되는 것으로 집계, 보험수입 중 본인부담금(신용카드매출분), 비보험수입 중 신용카드 매출 일부가 누락되어 부가가치세, 종합소득세 과소신고한 사례이다.

(2) 주의사항 및 실무상 Tip

- 의료업의 총수입금액의 구성
= 건강보험 수입 + 의료급여 수입 + 자동차보험. 산재의료 수입 + 비급여 수입
+ 판매장려금 등 - 의료수입금액의확인방법

구분	내용	지급자	확인방법
의료보험 (요양급여)	건강보험공단에 요양급여 청구 (공단부담금+본인부담금)	건강보험공단	요양급여비용지급 내역통보서
의료보호 (의료급여)	국민기초생활보장법에 의한 수급자에게 지급	지방자치단체	요양급여비용지급 내역통보서
자동차 상해보험	자동차 사고환자에 지급	손해보험사 공제조합	보험금 지급내역서

구분	내 용	지 급 자	확인방법
건강위탁검진	일반생애검진, 영유아검진, 암검진 등	건강보험공단	검진비 지급내역서
접종	영유아접종, 노인인플루엔자 등	질병관리본부	국가 예방접종비용 지급내역
비급여	급여제외항목	환자	카드, 현금영수증, 현금 등
판매장려금, 기타	제약회사 등으로부터 판매실적에 따라 지급받음	제약회사 등	판매장려금 등 명세서
공단지원금 등	일자리안정자금 등	근로복지공단 등	지원금 지급명세서

(3) 관련법령

1) 부가가치세법 제16조【용역의 공급시기】

① 용역이 공급되는 시기는 다음 각 호의 어느 하나에 해당하는 때로 한다.

1. 역무의 제공이 완료되는 때

2. 시설물, 권리 등 재화가 사용되는 때

② 제1항에도 불구하고 할부 또는 조건부로 용역을 공급하는 경우 등의 용역의 공급시기는 대통령령으로 정한다.

03 사업자의 사업용 토지수용에 따라 수령한 영업손실보상금 누락에 따른 종합소득세 과소신고주의

(1) 개요

의뢰인의 2019년 귀속 종합소득세 확정신고 업무를 수행하는 과정에서 의뢰인이 토지수용에 따라 수령한 영업손실보상금을 누락하여 종합소득세가 과소신고했다.

(2) 주의사항 및 실무상 Tip

사업장이 수용 또는 양도됨으로 인하여 그와 관련하여 사업시행자로부터 지급받는 보상금은 그 내용이 양도소득세 과세대상이 되는 자산 등에 대한 대가보상금인 경우는 양도소득으로, 그 이외의 자산의 손실에 대한 보상이나 영업보상, 휴·폐업 보상, 이전보상 등 당해 사업과 관련하여 감소되는 소득이나 발생하는 손실 등을 보상하기 위하여 지급되는 손실보상금인 경우 총수입금액에 산입하여야 한다.

그러나 기계시설 등 이전이 불가한 자산에 대한 이전보상금, 폐기보상금, 사업용 자산이 아닌 자산에 대한 지장물 보상금 등은 사업용 유형자산 양도소득이 아니 거나, 사업용자산이라 하더라도 폐기처분이익에 해당하므로 소득세 과세대상이 아니다.

(3) 관련법령

1) 소득세법 제19조【사업소득】

① 사업소득은 해당 과세기간에 발생한 다음 각 호의 소득으로 한다.

20. 제160조 제3항에 따른 복식부기의무자가 차량 및 운반구 등 대통령령으로 정하는 사업용 유형자산을 양도함으로써 발생하는 소득. 다만, 제94조 제1항 제1호에 따른 양도소득에 해당하는 경우는 제외한다.

2) 소득세법 제27조【사업소득의 필요경비의 계산】

① 사업소득금액을 계산할 때 필요경비에 산입할 금액은 해당 과세기간의 총수입금액에 대응하는 비용으로서 일반적으로 용인되는 통상적인 것의 합계액으로 한다.

3) 소득세법 시행령 제55조【사업소득의 필요경비의 계산】

① 사업소득의 각 과세기간의 총수입금액에 대응하는 필요경비는 법 및 이 영에서

달리 정하는 것 외에는 다음 각 호에 규정한 것으로 한다.

7의2. 법 제160조 제3항에 따른 복식부기의무자(이하 "복식부기의무자"라 한다)가 사업용 유형자산의 양도가액을 총수입금액에 산입한 경우 해당 사업용 유형자산의 양도 당시 장부가액

4) 소득세법 제21조 【기타소득】
① 기타소득은 이자소득·배당소득·사업소득·근로소득·연금소득·퇴직소득 및 양도소득 외의 소득으로서 다음 각 호에서 규정하는 것으로 한다.

04 금융리스 원금상환분 필요경비 산입처리로 인한 과소 신고주의

(1) 개요

2017년, 2018년, 2019년 귀속 종합소득세 신고 과정에서 금융리스를 통해 구입한 의료장비를 운용리스로 착각, 원금상환분을 필요경비로 계상하여 소득세 과소신고한 사례이다.

(2) 주의사항 및 실무상 Tip

리스자산 중 본건의 경우인 금융리스 자산은 법인 자산으로서 감가 상각을 통하여 손금산입되고 금융리스 금액 중 지급이자 부분만 비용처리하며, 운용리스는 리스회사 소유자산으로 사업자의 임차자산이므로 감가상각없이 지급하는 운용리스 금액은 지급수수료 또는 지급임차료로서 전액 비용처리된다. 그러나 위 사건의 경우 자본적 지출을 당기 비용으로 처리한 것으로서 법 제67조 제1항 즉시상각의제에 해당되므로 당기 비용처리한 금액을 당기 감가상각에 해당하는 금액과 비교하여 차액이 발생하는 경우 이 차액만 필요경비 불산입되어야 한다.

(3) 관련법령

1) 소득세법 시행령 제67조 [즉시상각의제]

① 사업자가 감가상각자산을 취득하기 위하여 지출한 금액과 감가상각자산에 대한 자본적 지출에 해당하는 금액을 필요경비로 계상한 경우에는 이를 감가상각한 것으로 보아 상각범위액을 계산한다.

05 비과세 사업소득 계산착오(필요경비 과다계상)로 소득세 과소신고주의

(1) 개요

축산업 소득금액 계산시 닭의 경우 사육두수 15,000마리 까지의 소득금액은 비과세 대상에 해당하는데 이때 수입금액에서만 비과세 금액을 제외하고 필요경비는 전액 계상하여 소득금액을 과소신고 하였다.

(2) 주의사항 및 실무상 Tip

축산업의 경우 사육두수를 기준으로 비과세하는 경우, 전체 사육 두수의 수입금액과 소득금액에서 비과세 사육두수 비율 만큼 수입금액과 필요경비를 제외하여 소득세 신고하여야 하며, 추계신고시 추계소득에서, 기장신고시 기장 소득금액에서 제외하여야 한다. 이후 소득금액에서 1인당 3,000만원 비과세를 농가부업소득으로 다시 적용하여야 한다. 이때도 두수에 의한 비과세 및 3,000만원 소득금액 비과세 적용시 해당 수입금액도 제외하여야 한다. 따라서 소득세 신고서상 수입금액 및 소득금액의 기재, 기장의무, 성실신고 확인대상 수입금액도 비과세를 제외한 과세대상 수입금액과 소득금액을 기준으로 하여야 한다.

(3) 관련법령

1) 소득세법 제27조【사업소득의 필요경비의 계산】

   ① 사업소득금액을 계산할 때 필요경비에 산입할 금액은 해당 과세기간의 총수입금액에 대응하는 비용으로서 일반적으로 용인되는 통상적인 것의 합계액으로 한다.

2) 소득세법 제12조【비과세소득】

3) 소득세법 시행령 제9조【농어가부업소득의 범위】

   ① 법 제12조 제2호 다목에서 "대통령령으로 정하는 농어가부업소득"이란 농·어민이 경영하는 축산·고공품(藁工品)제조·민박·음식물판매·특산물제조·전통차제조 및 그 밖에 이와 유사한 활동에서 발생한 소득 중 다음 각 호의 소득을 말한다.

   1. 별표 1의 농가부업규모의 축산에서 발생하는 소득

■ 소득세법 시행령 [별표 1] <개정 2012.2.2>

<u>농가부업규모 축산의 범위</u>(제9조제1항제1호 관련)

가축별	규모	비고
젖 소	50마리	1. 성축을 기준으로 한다. 다만, 육성우의 경우에는 2마리를 1마리로 본다. 2. 사육두수는 매월 말 현황에 의한 평균 두수로 한다.
소	50마리	
돼 지	700마리	
산 양	300마리	
면 양	300마리	
토 끼	5,000마리	
닭	15,000마리	
오 리	15,000마리	
양 봉	100군	

   2. 제1호 외의 소득으로서 소득금액의 합계액이 연 3천만원 이하인 소득

06 온라인쇼핑몰 광고비 중복공제 주의 (카드/세금계산서)

(1) 개요

온라인 쇼핑몰에서 더 많은 유입수를 확보하고 상위 노출을 위해 효과적인 광고 운영이 필요하고 광고비 지출이 많은 업종에 해당한다. 광고비 전용카드(광고비 페이백)를 통해 충전을 하고 충전한 금액 범위 내에서 전략적으로 광고비를 사용한다.

(2) 주의사항 및 실무 Tip

대부분은 온라인 쇼핑몰 사업자는 카드로 광고비를 충전하는 경우 나이스페이 등 결제대행업체로 결제가 이루어지고 충전한 광고비를 사용하는 경우 지마켓, 쿠팡 등에서 세금계산서를 발행해준다. 세금계산서는 쿠팡에서 발급하고 카드는 나이스페이먼츠 등 결제대행업체로 명의로 발급되기 때문에 중복을 확인하기 어렵다.

실무적으로 광고비 충전은 50,000원, 100,000원, 500,000원 등 딱 떨어지는 금액으로 충전을 하는 경우가 대부분이기 때문에 나이스페이먼트, 토스 등 결제대행업체로부터 결제된 금액을 확인한다.

또한, 온라인 쇼핑몰의 경우 광고비전용카드를 사용하는 경우가 많이 있으므로 광고비를 결제하는 카드번호를 미리 받아두거나 광고비만 사용하는 카드번호를 확인하여 중복분을 확인한다.

(3) 관련법령

1) 조세특례제한법 제33조 【세금계산서 발급의무의 면제 등】
   ① 제32조에도 불구하고 세금계산서(전자세금계산서를 포함한다. 이하 같다)를 발급하기 어렵거나 세금계산서의 발급이 불필요한 경우 등 대통령령으로 정하는 경우에는 세금계산서를 발급하지 아니할 수 있다.
   ② 제32조에도 불구하고 대통령령으로 정하는 사업자가 제46조 제1항에 따른 신용카드매출전표 등을 발급한 경우에는 세금계산서를 발급하지 아니한다.

07 개인사업자 사업용고정자산 처분에 따른 매각손익확인

(1) 개요

복식부기의무자에 해당하는 개인사업자는 2018년 1월 1일 이후 발생한 사업용고정자산 처분액(양도소득에 해당하는 경우 제외)은 총수입금액에 산입하여야 한다.

(2) 주의사항 및 실무 Tip

복식부기의무자에 해당하는 개인사업자는 사업용고정자산 처분액은 총수입금액에 산입하여야 한다. 순액법으로 회계처리하는 경우 손익에 영향은 없으나 장부가액만큼 수입금액 누락이 된다. 따라서 장부가액만큼 익금산입과 손금산입이 필요하다.

복식부기의무자에 해당하는 개인사업자가 사업용고정자산을 처분하는 경우 총액법으로 회계처리하면 장부가액만큼 세무조정이 필요없고 수입금액 누락을 방지할 수 있다.

총 액 법 (수입 150, 비용 100, 이익 50)		순 액 법 (이익 50)	
(차) 현금 150	(대) 수입 150	(차) 누계액 100	(대) 자산 200
(차) 누계액 100	(대) 자산 200	(차) 현금 150	(대) 이익 50
(차) 비용 100			

(3) 관련법령

1) 소득세법 제19조 【사업소득】

　① 사업소득은 해당 과세기간에 발생한 다음 각 호의 소득으로 한다

　　20. 제160조 제3항에 따른 복식부기의무자가 차량 및 운반구 등 대통령령으로 정하는 사업용 유형자산을 양도함으로써 발생하는 소득. 다만, 제94조 제1항 제1호에 따른 양도소득에 해당하는 경우는 제외한다.

2) 소득세법 시행령 제62조 【감가상각액의 필요경비계산】

　② 제1항에서 "감가상각자산"이란 해당 사업에 직접 사용하는 다음 각 호의 어느

하나에 해당하는 자산(시간의 경과에 따라 그 가치가 감소되지 아니하는 것을 제외한다)을 말한다.

1. 다음 각 목의 어느 하나에 해당하는 유형자산

   가. 건물(부속설비를 포함한다) 및 구축물(이하 "건축물"이라 한다)

   나. 차량 및 운반구, 공구, 기구 및 비품

   다. 선박 및 항공기

   라. 기계 및 장치

   마. 동물과 식물

   바. 가목부터 마목까지의 규정과 유사한 유형자산

08 개인사업자가 차량을 매각할 경우 전자세금계산서 의무대상 여부 확인필요

(1) 개요

사업용 차량에 해당하면 부가가치세 매입세액공제 여부와 관계없이 사업자에게 차량 매매 시 세금계산서를 발행해야 한다.

(2) 주의사항 및 실무상 Tip

부가가치세 과세사업을 영위하는 사업자가 자기의 과세사업에 사용하던 사업용자산(음식점, 스크린골프장 같이 놓치기 쉬운 업종 주의)인 소형승용자동차를 매각하는 경우 자동차의 취득 시 매입세액공제 여부 및 공급받는 자의 매입세액공제 여부와 관계없이 재화의 공급에 해당되어 부가가치세가 과세되므로 세금계산서를 그 공급받는 자에게 교부하여야 한다(서면인터넷방문상담3팀-1561, 2005.09.16)

1) 국세청은 차량이 사업용인지 여부는 실질 사용용도에 따라 사실판단 할 사항(서면-2014-부가-22030)이라고 하나, 중고차매매상의 '비사업용사실확인서'에 의하면 취득 시 매입세액공제를 받았거나 종합소득세 신고 시 유형자산으로 등록하여 감가상

각을 했다면 사업용 차량에 해당하는 것으로 보며, 실무상 사업에 출자하여 고정자산 관리대장에 등재된 차량은 사업용으로 보아야 할 것으로 판단된다. 따라서 사업용차량 여부를 확인하기 위해 매매대상 차량의 구입당시 매입세액 공제 여부 및 고정자산 관리대장을 확인해야 한다.
2) 중고차매매상과 거래 시 사업상 고정자산으로 등록하지 않았고 감가상각비를 반영하지 않은 경우에는 '비사업용사실확인서'를 작성하게 되며, 중고차매매상에 세금계산서를 발행한다고 해서 중고차매매상이 부가가치세를 별도로 지급하지 않는다.
3) 면세사업에 사용하던 차량이라면 계산서를 발행한다.

(3) 관련법령

1) 부가가치세법 제9조 【재화의 공급】
   ① 재화의 공급은 계약상 또는 법률상의 모든 원인에 따라 재화를 인도(引渡)하거나 양도(讓渡)하는 것으로 한다.

09 기업업무추진비(접대비) 한도 착오계산으로 인한 가산세 주의

(1) 개요

부동산을 주업으로 하는 법인등에 별도 한도를 규정하고 있음에도 불구하고 접대비한도를 전액 적용함으로써 접대비 과다적용으로 인한 가산세가 발생할 수 있다. 또한 인적용역사업자(3.3%)에 대해서 국세청의 입장은 중소기업이 아닌 것으로 판단하고 있으므로 접대비한도에도 주의가 필요하다.

(2) 주의사항 및 실무 Tip

일반기업과 중소기업의 접대비 한도가 다르다는 것에 주의하여야 한다.
또한 일반접대비 한도의 50%금액으로 한도를 제한하고 있는 부동산법인에 대한 주의도 필요하다.

① 기본한도액
- 일반기업 : 1,200만원 * 해당 사업연도의 월수/12
- 중소기업 : 3,600만원 * 해당 사업연도의 월수/12

② 수입금액별 한도
- 100억원 이하 : 수입금액의 0.3%
- 100억원 초과~500억원 이하 : 수입금액의 0.2%
- 500억원 초과 : 수입금액의 0.03%

③ 제한 조건

다음의 조건을 모두 충족하는 법인은 한도가 일반기업의 50%로 제한된다.
- 지배주주가 보유한 주식의 합계가 법인의 총 주식의 50%를 초과할 것
- 부동산 임대업이 주된 사업이거나 이자배당소득이 매출액의 70%를 초과할 것
- 상시근로자수가 5명 미만인 것

(3) 관련법령

1) 법인세법 제25조【기업업무추진비의 손금불산입】

⑤ 제4항을 적용할 때 부동산임대업을 주된 사업으로 하는 등 대통령령으로 정하는 요건에 해당하는 내국법인의 경우에는 같은 항 각 호의 금액의 합계액의 100분의 50을 초과하는 금액은 해당 사업연도의 소득금액을 계산할 때 손금에 산입하지 아니한다.

10 오피스텔 신축분양자에 대한 부동산매매업 매매차익 예정신고 누락주의

(1) 개요

부동산매매업의 경우 잔금수령일 등으로부터 2개월 이내에 예정신고를 해야 하지만 국민주택규모 이하의 주거용 오피스텔이므로 예정신고대상이 아닌 것으로 착오하여 예정신고 무신고가산세가 부과된 사례이다.

(2) 주의사항 및 실무상 Tip

법인과 달리 개인사업자는 부동산 매매차익을 종합소득세로 납부하더라도 양도소득세와 동일하게 예정신고하여야 한다. 따라서 토지를 개발하여 분할 매매하는 기획부동산, 상가, 오피스텔 등 각종 건물의 신축판매 등의 경우에는 매매차익 예정신고를 하여야 한다. 다만 이때 주택신축판매는 국민주택규모 유무와 관계없이 신고대상이 아니다.

이때 주택유무는 사실상의 용도가 아닌 공부상의 주택을 기준으로 하여야 하므로 주거용 오피스텔도 신고대상에 해당하며, 동일연도 월별로 소득금액을 합산하여 예정신고 산출세액을 계산하되, 이전 월의 기신고 소득금액 합산은 납세자의 선택사항이다.

따라서 가산세 부과시 확정신고 산출세액이 아닌 매월별 소득금액에 대한 산출세액을 기준으로 하여하며, 2018년 이후 확정신고 분부터 모든 세목의 예정신고 누락에 대해서 확정신고를 하는 경우 예정신고 무신고, 신고불성실 가산세가 50% 경감된다.

(3) 관련법령

1) 소득세법 제64조 [부동산매매업자에 대한 세액 계산의 특례]
2) 소득세법 제69조 [부동산매매업자의 토지등 매매차익예정신고와 납부]
   ① 부동산매매업자는 토지 또는 건물(이하 "토지등"이라 한다)의 매매차익과 그 세액을 매매일이 속하는 달의 말일부터 2개월이 되는 날까지 대통령령으로 정하는 바에 따라 납세지 관할 세무서장에게 신고하여야 한다. 토지등의 매매차익이 없거나 매매차손이 발생하였을 때에도 또한 같다.

11 원천징수세액 안분계산 미적용 : 학원강사 등이 전속계약을 맺은 경우 수입금액과 원천징수세액 안분 미적용 주의

(1) 개요

학원강사가 ㈜OOOO와 6년에 걸친 전속계약을 맺고 수행한 계약금에 대해서 계약기간에 따라 안분한 금액을 각 과세기간에 수입한 것으로 계상하였으나 원천징수세액에 대해서는 안분계산을 미적용하여 전액 기납부세액으로 공제하여 종합소득세를 과소 신고된 사례이다.

(2) 주의사항 및 실무상 Tip

인적용역 사업자의 수년에 걸친 전속계약의 경우 전속계약기간에 나누어 수입금액 신고할 수 있으나 이때 기납부된 원천징수세액도 신고하는 수입금액에 비례하여 공제하여야 한다. 즉 해당 수입금액에 대응되는 원천징수 세액을 공제하여야 한다.

(3) 관련법령

1) 소득세법 시행령 제48조【사업소득의 수입시기】

　8. 용역대가를 지급받기로 한 날 또는 용역의 제공을 완료한 날 중 빠른 날. 다만, 연예인 및 직업운동선수 등이 계약기간 1년을 초과하는 일신전속계약에 대한 대가를 일시에 받는 경우에는 계약기간에 따라 해당 대가를 균등하게 안분한 금액을 각 과세기간 종료일에 수입한 것으로 하며, 월수의 계산은 해당 계약기간의 개시일이 속하는 달이 1개월 미만인 경우에는 1개월로 하고 해당 계약기간의 종료일이 속하는 달이 1개월 미만인 경우에는 이를 산입하지 아니한다.

(4) 관련예규

1) 소득세과-377, 2010.03.25.

　사업소득이 있는 직업운동선수가 일시에 원천징수된 전속계약금에 대한 종합소득 과세표준확정신고를 함에 있어 기납부세액으로 공제하는 원천징수세액은 해당연도의 종합소득과세표준에 산입된 사업소득에 대한 소득세 원천징수세액을 말하는 것이다.

12. 외부조정 신고대상을 자기조정으로 신고함으로써 세액감면 배제 및 가산세 적용

(1) 개요

외부조정대상자가 조특법에 따라 중소기업특별세액감면을 적용하면서 외부조정계산서를 제출하였어야 하나, 종합소득세 확정신고 전자 제출하면서 입력시 신고유형을 착오로 자기조정으로 선택하고 자기조정계산서가 제출되어 무신고자로 간주되어 세액감면이 부인되고 가산세가 발생한 사례이다.

(2) 주의사항 및 실무상 Tip

외부조정계산서 첨부대상은 먼저 전년도 수입금액을 기준으로 판단하고, 전년도 수입금액으로 내부조정대상이라 하더라도 전년도 추계결정, 전년도 사업개시자, 조특법에 의하여 세액공제 감면을 받는 사업자는 외부조정 계산서를 첨부하여야 한다. 따라서 복식부기의무자는 대부분 외부조정계산서 첨부대상이며, 세무사가 기장하는 업체임에도 내부조정하는 것은 많은 문제점이 발생할 수 있다.

또한 실제 외부조정하였으나 전산 신고하는 과정에서 내부조정으로 잘못 체크된 경우에는 업무 착오임을 적극적으로 주장하여야 한다.

(쟁점 사건의 경우 무신고자로 보고 과세되었으나 무신고자는 세액감면이 부인 되고 추계결정되지 않았다면 세액공제는 가능한데도 고용증대와 사회보험료 세액공제를 부인한 것은 세법 적용에 잘못이 있는 것으로 보입니다)

(3) 관련법령

1) 소득세법 제70조 【종합소득과세표준 확정신고】

④ 종합소득 과세표준확정신고를 할 때에는 그 신고서에 다음 각 호의 서류를 첨부하여 납세지 관할 세무서장에게 제출하여야 한다. 이 경우 제160조 제3항에 따른 복식부기의무자가 <u>제3호</u>에 따른 서류를 제출하지 아니한 경우에는 종합소득 과세표준확정신고를 하지 아니한 것으로 본다.

3. 사업소득금액을 제160조 및 제161조에 따라 비치·기록된 장부와 증명서류

에 의하여 계산한 경우에는 기업회계기준을 준용하여 작성한 재무상태표·손익계산서와 그 부속서류, 합계잔액시산표(合計殘額試算表) 및 대통령령으로 정하는 바에 따라 작성한 조정계산서.

⑥ 소득금액의 계산을 위한 세무조정을 정확히 하기 위하여 필요하다고 인정하여 제160조 제3항에 따른 복식부기의무자로서 대통령령으로 정하는 사업자의 경우 제4항 제3호에 따른 조정계산서는 다음 각 호의 어느 하나에 해당하는 자로서 대통령령으로 정하는 조정반에 소속된 자가 작성하여야 한다.

2) 소득세법 시행령 제131조【조정계산서】
① 법 제70조 제4항 제3호 본문의 조정계산서(이하 이 조에서 "조정계산서"라 한다)는 수입금액 및 필요경비의 귀속시기, 자산·부채의 취득 및 평가 등 소득금액을 계산할 때 법과 기업회계의 차이를 조정하기 위하여 작성하는 서류로서 기획재정부령으로 정하는 서류로 한다.

3) 소득세법 시행령 제131조의2【외부세무조정 대상사업자의 범위】

13 법인세무조사 후 인정상여처분에 따른 소득세 신고누락에 따른 과세 및 가산세 주의

(1) 개요

법인세 세무조사후 상여처분 금액에 대한 소득금액변동통지서를 수령하고 해당연도 연말정산을 하였으나 소득세법 시행령 제134조에 의하여 종합소득세 추가신고를 했어야 하나 이를 하지 않아 종합소득세 과세 및 가산세가 발생하였다.

(2) 주의사항 및 실무상 Tip

법인세 세무조사후 상여, 배당처분 등이 발생시 소득금액 변동통지서를 받은날 지급한 것으로 보고 받은 달의 다음달 10일까지 해당 사업연도 근로소득 연말정산을 다시 하여 근로소득세 신고납부하고 만약 타소득으로 인하여 해당 연도에 확정신고를 하였으면 다시 받은 달의 다음다음달 말일까지 확정신고 납부하여야 한다. 이때 연말 정산시는 근로소득의 종류에서 인정상여에 입력 하여야 하며, 원천세 반기납부는 적용되지 않는다. 또한 근로소득 연말정산 및 확정신고시 이는 수정신고가 아닌 추가신고에 해당하므로 일체의 신고불성실, 납부불성실 가산세가 적용되지 않는다.

(3) 관련법령

1) 소득세법 시행령 제134조 【추가신고】

① 종합소득 과세표준확정신고기한이 지난 후에 「법인세법」에 따라 법인이 법인세 과세표준을 신고하거나 세무서장이 법인세 과세표준을 결정 또는 경정하여 익금에 산입한 금액이 배당·상여 또는 기타소득으로 처분됨으로써 소득금액에 변동이 발생함에 따라 종합소득 과세표준확정신고 의무가 없었던 자, 세법에 따라 과세표준확정신고를 하지 아니하여도 되는 자 및 과세표준확정신고를 한 자가 소득세를 추가 납부하여야 하는 경우 해당 법인(제192조 제1항 단서에 따라 거주자가 통지를 받은 경우에는 그 거주자를 말한다)이 같은 항에 따른 소득금액변동통지서를 받은 날(「법인세법」에 따라 법인이 신고함으로써 소득금액이 변동된 경우에는 그 법인의 법인세 신고기일을 말한다)이 속하는 달의 다음다음 달 말일까지 추가신고한 때에는 법 제70조 또는 제74조의 기한까지 신고한 것으로 본다.

14 여러개의 사업장이 있는 성실신고 사업자의 소득세 신고시 성실신고확인서를 사업장마다 작성하여야 하나, 하나만 작성하는 실수 주의

(1) 개요

2개 이상의 사업장을 가진 사업자로서 사업장별로 구분 장부기록하고 성실신고확인서도 각각 제출하여야 한다. 또한 하나의 사업장이라 할지라도 사업소득과 부동산임대업 소득이 함께 있는 경우에는 그 소득별로 구분하여 회계처리하고 성실신고확인서도 각각 제출하여야 한다.

(2) 주의사항 및 실무 Tip

성실신고확인서의 작성제출은 장부의 비치 기록 단위별로 작성 제출하는 것을 원칙으로 하고 있다. 부동산임대소득에 대한 구분기장을 한 경우와, 2개 이상의 사업장을 구분기장한 경우에는 성실신고확인서를 여러개 첨부하여야 했는지 검토가 필요하다.

(3) 관련법령

1) 소득세법 제70조의2 【성실신고확인서 제출】

   ① 성실한 납세를 위하여 필요하다고 인정되어 수입금액이 업종별로 대통령령으로 정하는 일정 규모 이상의 사업자(이하 "성실신고확인대상사업자"라 한다)는 제70조에 따른 종합소득과세표준 확정신고를 할 때에 같은 조 제4항 각 호의 서류에 더하여 제160조 및 제161조에 따라 비치·기록된 장부와 증명서류에 의하여 계산한 사업소득금액의 적정성을 세무사 등 대통령령으로 정하는 자가 대통령령으로 정하는 바에 따라 확인하고 작성한 확인서(이하 "성실신고확인서"라 한다)를 납세지 관할 세무서장에게 제출하여야 한다.

2) 소득세법 제160조 【장부의 비치·기록】

   ④ 제1항이나 제2항의 경우에 사업소득에 부동산임대업에서 발생한 소득이 포함되어 있는 사업자는 그 소득별로 구분하여 회계처리하여야 한다. 이 경우에 소득별로 구분할 수 없는 공통수입금액과 그 공통수입금액에 대응하는 공통경비는 각 총수입금액에 비례하여 그 금액을 나누어 장부에 기록한다.

   ⑤ 둘 이상의 사업장을 가진 사업자가 이 법 또는 「조세특례제한법」에 따라 사업장별로 감면을 달리 적용받는 경우에는 사업장별 거래 내용이 구분될 수 있도록 장부에 기록하여야 한다.

15. 현금영수증 의무발행대상자에 대한 현금영수증 가맹 여부 체크 필요

(1) 개요

현금영수증 의무발행대상자 계속적으로 확대되고 있으며 종합소득세 신고안내상 현금영수증 미가맹에 따른 불이익이 정교하게 반영되므로 현금영수증 가맹여부를 적시에 확인하는 것이 매우 중요하다.

(2) 주의사항 및 실무상 Tip

현금영수증 가맹의무는 ① 현금영수증 의무발행업종을 영위하는 사업자(사업개시일로부터 60일 이내 가입)와 ② 소비자상대업종을 영위하는 사업자로서 직전연도 수입금액이 2,400만원 이상인 사업자(다음연도 3월 31일까지 가입)로 이원화 되어 있다.

현금영수증 가맹의무를 이행하지 않는 경우에는 현금영수증 미가맹 가산세, 추계과세 시 단순경비율 적용 배제, 창업중소기업 세액감면 및 중소기업 특별세액감면 등 배제되는 불이익을 받게 되므로 반드시 기한 내 현금영수증 가맹의무를 이행해야 한다.

1) 현금영수증 가맹의무가 있는 경우에는 우편 및 카카오톡 등으로 사업자에게 계속해서 안내를 한다.
2) 현금영수증 가입의무가 있는 사업자가 홈택스에서 사업자등록을 신청하는 경우, 의무가입대상 여부를 안내하고 현금영수증 가맹점 가입도 동시에 신청할 수 있다.
(2024. 05. 30. 시행)

〈2024. 06. 18. 국세청 보도자료 일부 발췌〉

[그림12] 사업자등록 신청시 현금영수증 가맹점 가입신청 방법

☐ **사업자등록 신청 시 「현금영수증 가맹점 가입신청」방법**

　○ 업종에 따른 가맹의무 확인하여 가맹점 가입 "여"로 체크하고 사업자
　　등록 신청하면 사업자등록이 완료된 다음날 가맹점 가입 처리

　　(경로) 홈택스 > 국세증명·사업자등록·세금관련 신청/신고 > 사업자등록 신청·정정·휴
　　폐업 > 개인/법인 사업자등록 신청

　1) **의무발행업종**을 영위하는 **개인사업자**

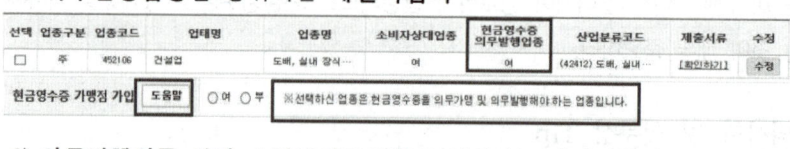

　2) **의무발행업종 외의 소비자상대업종**을 영위하는 **개인사업자**

　3) **소비자상대업종**을 영위하는 **법인사업자**

　3) 현금영수증 가맹대상이 되면 홈택스 조회 방법1)

　　(경로)국세청홈택스(www.hometax.go.kr) - 상단 메뉴 중 오른쪽 [세무대리/납세관리]

---

1) [사업자 기본사항 조회]에서는 현금영수증 가맹여부, [현금영수증 가산세 및 가맹점 가입의무 현황 조회]
　에서는 현금영수증가맹점 가입의무 현황(의무발생대상/가입기한/가맹일) 및 가산세(미가맹/발급거부/미발
　급) 확인이 가능함.

[그림13] 홈택스에서 현금영수증 가산세 및 가입의무 조회

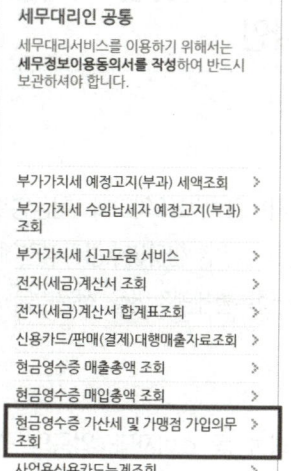
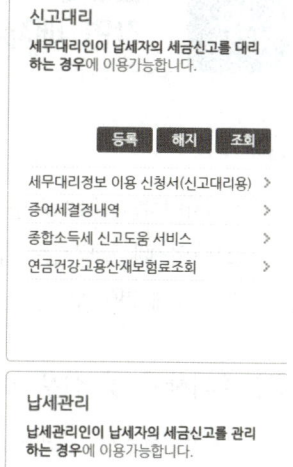

(3) 관련법령

1) 소득세법 제162조의3【현금영수증가맹점 가입·발급의무 등】

① 주로 사업자가 아닌 소비자에게 재화 또는 용역을 공급하는 사업자로서 업종·규모 등을 고려하여 대통령령으로 정하는 요건에 해당하는 사업자는 그 요건에 해당하는 날부터 60일(수입금액 등 대통령령으로 정하는 요건에 해당하는 사업자의 경우 그 요건에 해당하는 날이 속하는 달의 말일부터 3개월) 이내에 신용카드단말기 등에 현금영수증 발급장치를 설치함으로써 현금영수증가맹점으로 가입하여야 한다.

2) 법인세법 제117조의2【현금영수증가맹점 가입·발급의무 등】[2]

① 주로 사업자가 아닌 소비자에게 재화나 용역을 공급하는 사업자로서 업종 등을

---

2) 법인사업자는 규모와 업종에 관계없이 소비자 상대업종인 경우 요건(사업개시일)에 해당하는 날이 속하는 달의 말일부터 3개월 이내에 현금영수증 가맹점으로 가입해야 함.

109

고려하여 대통령령으로 정하는 요건에 해당하는 법인은 그 요건에 해당하는 날이 속하는 달의 말일부터 3개월 이내에 현금영수증가맹점으로 가입하여야 한다

16 현금영수증 의무가맹점 미가맹시 중소기업특별세액감면 배제확인

(1) 개요

소비자대상업종(소득세법 시행령 별표3의2)와 현금영수증의무발행업종(소득세법 시행령 별표3의3)에 해당하는 업종의 경우 현금영수증가맹점에 가입해야 한다. 가입기한을 하루라도 늦게 가입하면 중소기업특별세액감면을 적용받을 수 없다.

(2) 주의사항 및 실무 Tip

음식점, 헬스장, 온라인쇼핑몰 등 소비자대상업종의 경우 카드단말기, PG사 등을 사용하는 경우 자동으로 가입되기 때문에 신경쓸 필요가 없으나, 인테리어업체, 건축공사마무리업 등 하도급을 받는 건설업의 경우 소비자와 거래를 하지 않아 카드단말기를 설치하지 않아 현금영수증 가맹점으로 가입하지 않는 경우 미가맹으로 중소기업특별세액감면을 받을 수 없다. 또한 미가맹으로 알게되는 시점이 다음 해 5월 종합소득세 신고안내문을 통해 확인을 하고 바로 가입을 하더라도 다음해는 지연가맹으로 또 한번 중소기업특별세액감면을 받을 수 없게된다.

현금영수증 의무가맹점 대상인지 홈택스에서 확인이 가능하고, 홈택스 아이디 패스워드로 거래처의 현금영수증 가맹점에 가입할 수 있다. 매년 현금영수증의무가입대상이 늘어나고 있어 거의 모든 업종이 현금영수증 의무발행업종에 해당 하는 것 같다. 거래처 수임시 모든 업체를 현금영수증가맹점에 가입하는 것도 좋을 것 같다.

[그림14] 현금영수증 가맹의무 대상확인 방법

전자(세금)계산서 현금영수증·신용카드 - 현금영수증(가맹점) - 가맹점 매출 조회 - 현금영수증 가산세 및 가맹점 가입의무 조회 순으로 클릭한다.

[그림15] 현금영수증 가맹점 가입방법

전자(세금)계산서 현금영수증·신용카드 – 현금영수증(가맹점) – 발급 – 현금영수증 건별 발급 순으로 클릭한다.

한국표준산업분류표상 실내건축 및 건축공사마무리업에 해당하는 업종코드

아래의 업종은 건설 하도급업체들로 사업자와 거래를 함에도 현금영수증 의무가입업종에 해당하니 주의가 필요하다.

종 류	업종코드	내 용
도장공사업	452129	전문직별 건설업자가 건물, 구축물 및 구조물 등의 도장공사를 수행하는 산업활동을 말한다.
도배, 실내장식 및 내장목공사업	452105 452106 452107	건물 및 구조물의 도장공사, 건물 내부의 도배·실내 장식공사 및 내장 목공사를 전문적으로 수행하는 산업활동을 말한다.

종 류	업종코드	내 용
유리 및 창고공사업	452102	전문직별 건설업자가 각종 유리공사 및 창호공사를 전문적으로 수행하는 산업활동을 말한다.
미장, 타일 및 방수 공사업	452101	전문직별 도급 건설업자가 건축물의 벽면 및 바닥의 미장공사, 방수공사 및 타일공사를 수행하는 산업활동을 말한다.
건물용 금속공작물 설치 공사업	452121	전문직별 건설업자가 건축물을 완성 및 마무리하는 과정에서 각종 금속공작물을 설치하는 산업활동을 말한다.
그 외 기타 건축 마무리 공사업	452200	전문직별 건설업자가 건축물의 완성 또는 마무리하는 단계에서 수행하는 기타 전문 건설 산업활동을 말한

(3) 관련법령

1) 조세특례제한법 제128조【추계과세 시 등의 감면배제】

　④ 사업자가 다음 각 호의 어느 하나에 해당하는 경우에는 해당 과세기간의 해당 사업장에 대하여 조세특례제한법 제7조 중소기업특별세액감면을 적용하지 아니한다.

　　2. 「소득세법」 제162조의3 제1항 또는 「법인세법」 제117조의2 제1항에 따라 현금영수증가맹점으로 가입하여야 할 사업자가 이를 이행하지 아니한 경우

17 사업용계좌 미신고로 인한 가산세 및 창업중소기업 세액감면 배제사례

(1) 개요

개인사업자의 사업용계좌 개설 신고는 복식부기 의무자로 전환된 과세기간 개시일부터 6개월 이내 사업용 계좌를 관할 세무서에 신고했어야 하나, 무신고로 가산세가 부과되었고 이로 인해 창업 중소기업 세액감면도 배제되는 사례가 있다.

(2) 주의사항 및 실무상 Tip

개인 복식부기의무자는 복식부기의무에 해당하는 과세기간의 개시일 (사업개시와 동시에 복식부기의무자에 해당되는 전문자격사 등의 경우에는 다음 과세기간 개시일)부터 6개월 이내에 사업용계좌를 사업장 관할 세무서에 신고하 여야 한다(2023년 수입금액을 기준으로 2024년부터 복식부기의무가 적용될 때 2024. 6. 30.까지 계좌개설신고 하여야 하며, 이를 2024년 귀속 확정신고는 2025.6.30로 오해하면 안된다).

만약 미개설(현금영수증 포함)하거나 미사용 시 가산세 (0.2%) 해당되고 조특법상 각종 감면(창업감면등)이 배제된다.

사업용계좌, 현금영수증 개설 및 가입은 확정신고 또는 성실신고확인 기간중이라 개설신고를 놓칠 수가 있으므로, 세무사의 경우 기장수임하고 신규로 사업자 등록시 복식부기의무와 상관없이 무조건 신용카드, 현금영수증, 사업용계좌 개설 및 등록하는 것이 안전한 것으로 보인다(이 경우 감면은 배제되지만 세액공제는 가능하다).

(3) 관련법령

1) 소득세법 제81조의8 【사업용계좌 신고·사용 불성실 가산세】

　① 사업자가 다음 각 호의 어느 하나에 해당하는 경우에는 다음 각 호의 구분에 따른 금액을 가산세로 해당 과세기간의 종합소득 결정세액에 더하여 납부하여야 한다.

　　1. 제160조의5 제1항 각 호의 어느 하나에 해당하는 경우로서 사업용계좌를 사용하지 아니한 경우 : 사업용계좌를 사용하지 아니한 금액의 1천분의 2

2. 제160조의5 제3항에 따라 사업용계좌를 신고하지 아니한 경우(사업장별 신고를 하지 아니하고 이미 신고한 다른 사업장의 사업용계좌를 사용한 경우는 제외한다) : 다음 각 목의 금액 중 큰 금액

가. 다음 계산식에 따라 계산한 금액

$$가산세 = A \times \frac{B}{C} \times 1천분의 2$$

A : 해당 과세기간의 수입금액
B : 미신고기간(과세기간 중 사업용계좌를 신고하지 아니한 기간으로서 신고기한의 다음 날부터 신고일 전날까지의 일수를 말하며, 미신고기간이 2개 이상의 과세기간에 걸쳐 있으면 각 과세기간별로 미신고기간을 적용한다)
C : 365(윤년에는 366으로 한다)

나. 제160조의5 제1항 각 호에 따른 거래금액의 합계액의 1천분의 2
② 제1항에 따른 가산세는 종합소득산출세액이 없는 경우에도 적용한다.

2) 조세특례제한법 제128조【추계과세 시 등의 감면배제】
④ 사업자가 다음 각 호의 어느 하나에 해당하는 경우에는 해당 과세기간의 해당 사업장에 대하여 제6조, 제7조, 제12조 제1항·제3항, 제12조의2, 제31조 제4항·제5항, 제32조 제4항, 제62조 제4항, 제63조 제1항, 제63조의2 제1항, 제64조, 제66조부터 제68조까지, 제85조의6 제1항·제2항, 제96조, 제96조의2, 제96조의3, 제99조의9 제2항, 제99조의11 제1항, 제99조의12, 제102조, 제104조의24 제1항, 제121조의8, 제121조의9 제2항, 제121조의17 제2항, 제121조의20 제2항, 제121조의21 제2항, 제121조의22 제2항, 제121조의33 제2항을 적용하지 아니한다. 다만, 사업자가 제1호 또는 제2호의 의무 불이행에 대하여 정당한 사유가 있는 경우에는 그러하지 아니하다.

1. 「소득세법」 제160조의5 제3항에 따라 사업용계좌를 신고하여야 할 사업자가 이를 이행하지 아니한 경우

2. 「소득세법」 제162조의3 제1항 또는 「법인세법」 제117조의2 제1항에 따라 현금영수증가맹점으로 가입하여야 할 사업자가 이를 이행하지 아니한 경우

3. 「소득세법」 제162조의2 제2항 및 「법인세법」 제117조에 따른 신용카드가맹

점으로 가입한 사업자 또는 「소득세법」 제162조의3 제1항 또는 「법인세법」 제117조의2에 따라 현금영수증가맹점으로 가입한 사업자가 다음 각 목의 어느 하나에 해당하는 경우로서 그 횟수·금액 등을 고려하여 대통령령으로 정하는 때에 해당하는 경우

    가. 신용카드에 의한 거래를 거부하거나 신용카드매출전표를 사실과 다르게 발급한 경우

    나. 현금영수증의 발급요청을 거부하거나 사실과 다르게 발급한 경우

18 사업용계좌 미신고로 인한 가산세 및 창업중소기업 세액감면 배제 사례

(1) 개요

개인사업자의 사업용계좌 개설 신고는 복식부기 의무자로 전환된 과세기간 개시일부터 6개월 이내 사업용 계좌를 관할 세무서에 신고했어야 하나, 무신고로 가산세가 부과 되었고 이로 인해 창업 중소기업 세액감면도 배제되는 사례가 발생한다.

(2) 주의사항 및 실무 Tip

개인 복식부기의무자는 복식부기의무에 해당하는 과세기간의 개시일(사업개시와 동시에 복식부기의무자에 해당되는 전문자격사 등의 경우에는 다음 과세기간 개시일)부터 6개월 이내에 사업용계좌를 사업장 관할 세무서에 신고하여야 한다.

2023년 수입금액을 기준으로 2024년부터 복식부기의무가 적용될 때 2024. 6.30.까지 계좌개설신고 하여야 하며, 이를 2024년 귀속 확정신고하는 2025. 6.30로 오해하면 안된다.

만약 미개설(현금영수증 포함)하거나 미사용시 가산세 (0.2%) 해당되고 조특법상 각종 감면(창업감면등)이 배제된다(이 경우 감면은 배제되지만 세액공제는 가능함).

사업용계좌, 현금영수증 개설 및 가입은 확정신고 또는 성실신고확인 기간중이라 개설신고를 놓칠수가 있으므로, 기장수임하고 신규로 사업자 등록시 복식부기 의무와 상관

없이 무조건 신용카드, 현금영수증, 사업용계좌 개설 및 등록하는 것이 안전할 것으로 보인다.
- 매년 6월 중에 거래처 명단을 출력하여 사업용계좌 개설 신고 여부를 확인한다. 이때 기장료가 발생하고 있지 않은 거래처(거래처의 서브업체) 신고대리 등의 업체들이 누락되기 쉬우므로 명단 작성에 주의를 기울인다.
- 신규업체 기장수임시에는 수임업체 체크리스트에 반드시 사업용계좌개설 신고를 체크하도록 한다.
- 현금영수증은 의무가맹 업종이 아니더라도, 신규수임시 가맹신청을 하도록 안내하며, 매년 홈택스상 수임업체 기본사항 조회를 통하여 현금영수증 가맹여부를 확인하여 안내를 할 수있도록 한다.

(3) 관련법령

1) 소득세법 제160조의5 【사업용계좌의 개설 · 사용의무 등】

① 복식부기의무자는 사업과 관련하여 재화 또는 용역을 공급받거나 공급하는 거래의 경우 다음 각 호의 어느 하나에 해당하는 때에는 대통령령이 정하는 사업용계좌(이하 "사업용계좌"라 한다)를 사용하여야 한다(2006.12.30. 신설).

1. 거래의 대금을 금융기관을 통하여 결제하거나 결제받는 때(2006.12.30. 신설)

2. 인건비 및 임차료를 지급하거나 지급받는 때. 다만, 인건비를 지급하거나 지급받는 거래 중에서 거래상대방의 사정으로 사업용계좌를 사용하기 어려운 것으로서 대통령령으로 정하는 거래는 제외한다(2007.12.31. 개정).

제81조의8 【사업용계좌 신고 · 사용 불성실 가산세】

① 사업자가 다음 각 호의 어느 하나에 해당하는 경우에는 다음 각 호의 구분에 따른 금액을 가산세로 해당 과세기간의 종합소득 결정세액에 더하여 납부하여야 한다.

1. 제160조의5 제1항 각 호의 어느 하나에 해당하는 경우로서 사업용계좌를 사용하지 아니한 경우 : 사업용계좌를 사용하지 아니한 금액의 1천분의 2

2. 제160조의5 제3항에 따라 사업용계좌를 신고하지 아니한 경우(사업장별 신고를 하지 아니하고 이미 신고한 다른 사업장의 사업용계좌를 사용한 경우는 제외한다) : 다음 각 목의 금액 중 큰 금액

가. 다음 계산식에 따라 계산한 금액

나. 제160조의5 제1항 각 호에 따른 거래금액의 합계액의 1천분의 2

② 제1항에 따른 가산세는 종합소득산출세액이 없는 경우에도 적용한다.

19 주업종코드가 잘못 기재되어 세무상 불이익을 받게되는 사례

(1) 개요

소비자 대상업종이 아닌 도매업자가 소매업으로 업종코드를 받거나, 실질 건설업에 해당됨에도 기타서비스업으로 업종코드가 부여되어 있는 경우 현금영수증 미가맹가산세 대상 또는 소득률 저조 또는 기장의무판단 오류 등의 문제가 발생한다.

(2) 실수 사례별 주의사항 및 실무 Tip

- 세무대리인에 자문 없이 세무서에서 직접 사업자등록 신청하는 과정에서 적정한 주업종코드가 아닌 엉뚱한 업종코드를 부여받고도 그 사실을 인지하지 못한 채 사업을 지속하는 경우가 많다. 따라서 신규로 개업을 한 사업자를 수임하거나, 사업을 유지한지는 오래되었으나 세무대리를 처음 의뢰하여 신규로 수임 하게되는 사업자의 경우 반드시 주업종코드를 확인하여야 한다.

  ① 현금영수증 미가맹에 따른 가산세 및 단순경비율 배제 및 중소기업특별세액감면 및 창업중소기업 세액감면 배제사례 : 소비자 대상업종이 아님에도 불구하고 주업종코드가 소비자대상업종으로 되어있는 경우, 소득세 신고안내문상 현금영수증 미가맹 대상자로 분류되어 단순경비율 배제 및 감면배제되는 경우가 발생할 수 있다. 물론 이러한 경우 실질에 따라 업종코드를 변경하고 수정신고하여 바로잡아 신고 가능하지만, 불필요한 시간낭비를 막기 위해서 수임단계에서 확인이 필요하다.

  ② 주업종코드가 잘못 기재되어 〈소득율 저조〉 경고를 받는 사례 : 실질이 아닌 업종코드로 인해 실질 소득율 보다 현저하게 높은 평균소득율이 적용되어있는 사업

장의 경우, 실제 업종코드를 찾아 변경해주는 것만으로도 적정소득율 적용할 수 있다.

③ 주업종코드가 잘못되어 〈기장의무〉 판단시 오류 발생 사례 : 화물운송업으로 분류되어야 할 업종을 기타서비스업으로 분류하거나, 건설업으로 분류되는 업종을 서비스업으로 분류하는 사례가 많다. 이 경우 기장의무 판단에 영향을 미치므로 주의가 필요하다.

(3) 관련법령

1) 소득세법 제162조의3 【현금영수증가맹점 가입·발급의무 등】
   ① 주로 사업자가 아닌 소비자에게 재화 또는 용역을 공급하는 사업자로서 업종·규모 등을 고려하여 대통령령이 정하는 요건에 해당하는 사업자는 그 요건에 해당하는 날부터 3개월 이내에 현금영수증가맹점으로 가입하여야 한다.

2) 소득세법 제160조 【장부의 비치·기장】
   ③ 제2항의 규정에 의한 대통령령이 정하는 일정규모 미만의 사업자는 이를 "간편장부대상자"라 하고, 간편장부대상자외의 사업자는 이를 "복식부기의무자"라 한다.

---

20 중소기업 기준 검토표 작성 오류로 인한 중소기업 특별세액감면 적용 실수 사례

(1) 개요

중소기업 특별세액감면은 〈중소기업기본법 시행령 별표3〉에 의하여 업종과 매출액을 기준으로 소기업 중기업을 구분하여 해당여부에 따라 세액감면을 적용한다. 해당업종은 소기업 규모의 매출액 이하에만 중소기업 특별세액감면이 적용되어야 함에도 매출액 기준 소기업 판단을 놓쳐서 중소기업특별세액감면을 잘못 적용하는 사례가 있으므로 주의가 필요하다.

(2) 주의사항 및 실무 Tip

기업의 매출액은 매년 변동이 있기 때문에 한번 중소기업특별세액감면을 적용하였다 할지라도 다음해에는 적용되지 않을 수 있다. 매년 받아오던 감면이기 때문에 크게 신경쓰지 않고 매출액으로 인한 소기업판단을 놓칠 수 있으므로 주의가 필요하다.

법인세 소득세 신고서 작성시 프로그램에서 〈중소기업기준검토표〉를 필수적으로 작성하도록 하며, 작성시 매출액 규모로 소기업 판단하는 칸을 비워두고 저장하는 실수가 발생하지 않도록 반드시 금액이 적정하게 작성되어있는지 확인하도록 한다.

[그림16] 세무사랑- 중소기업기준검토표 작성화면

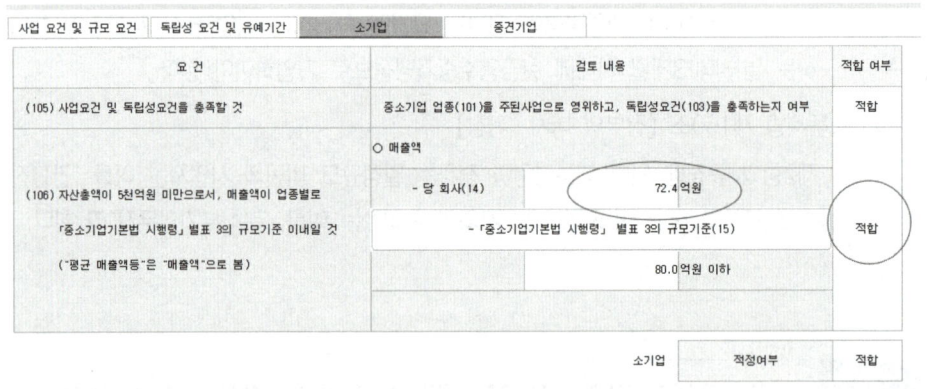

(3) 관련법령

조세특례제한법 제7조 【중소기업에 대한 특별세액감면】

① 중소기업 중 다음 제1호의 감면 업종을 경영하는 기업에 대해서는 2025년 12월 31일 이전에 끝나는 과세연도까지 해당 사업장에서 발생한 소득에 대한 소득세 또는 법인세에 제2호의 감면 비율을 곱하여 계산한 세액상당액(제3호에 따라 계산한 금액을 한도로 한다)을 감면한다. 다만, 내국법인의 본점 또는 주사무소가 수도권에 있는 경우에는 모든 사업장이 수도권에 있는 것으로 보고 제2호에 따른 감면 비율을 적용한다.

[그림17] 별표3 중소기업기본법 시행령

「중소기업기본법 시행령」 별표 3 소기업 규모기준 ("평균매출액등"은 "매출액"으로 봄)

해당 기업의 주된 업종	분류기호	규모기준
1. 식료품 제조업	C10	평균매출액등 120억원 이하
2. 음료 제조업	C11	
3. 의복, 의복액세서리 및 모피제품 제조업	C14	
4. 가죽, 가방 및 신발 제조업	C15	
5. 코크스, 연탄 및 석유정제품 제조업	C19	
6. 화학물질 및 화학제품 제조업 (의약품 제조업은 제외한다)	C20	
7. 의료용 물질 및 의약품 제조업	C21	
8. 비금속 광물제품 제조업	C23	
9. 1차 금속 제조업	C24	
10. 금속가공제품 제조업(기계 및 가구 제조업은 제외한다)	C25	
11. 전자부품, 컴퓨터, 영상, 음향 및 통신장비 제조업	C26	
12. 전기장비 제조업	C28	
13. 그 밖의 기계 및 장비 제조업	C29	
14. 자동차 및 트레일러 제조업	C30	
15. 가구 제조업	C32	
16. 전기, 가스, 증기 및 공기조절 공급업	D	
17. 수도업	E36	

해당 기업의 주된 업종	분류기호	규모기준
18. 농업, 임업 및 어업	A	평균매출액등 80억원 이하
19. 광업	B	
20. 담배 제조업	C12	
21. 섬유제품 제조업 (의복 제조업은 제외한다)	C13	
22. 목재 및 나무제품 제조업 (가구 제조업은 제외한다)	C16	
23. 펄프, 종이 및 종이제품 제조업	C17	
24. 인쇄 및 기록매체 복제업	C18	
25. 고무제품, 및 플라스틱제품 제조업	C22	
26. 의료, 정밀, 광학기기 및 시계 제조업	C27	
27. 그 밖의 운송장비 제조업	C31	
28. 그 밖의 제품 제조업	C33	
29. 건설업	F	
30. 운수업 및 창고업	H	
31. 금융 및 보험업	K	
32. 도매 및 소매업	G	평균매출액등 50억원 이하
33. 정보통신업	J	
34. 수도, 하수 및 폐기물 처리, 원료재생업(수도업은 제외한다)	E (E36 제외)	평균매출액등 30억원 이하
35. 부동산업	L	
36. 전문·과학 및 기술 서비스업	M	
37. 사업시설관리, 사업지원 및 임대 서비스업	N	
38. 예술, 스포츠 및 여가 관련 서비스업	R	
39. 산업용 기계 및 장비 수리업	C34	평균매출액등 10억원 이하
40. 숙박 및 음식점업	I	
41. 교육 서비스업	P	
42. 보건업 및 사회복지 서비스업	Q	
43. 수리(修理) 및 기타 개인 서비스업	S	

* 해당 업종의 분류 및 분류부호는 「통계법」 제22조에 따라 통계청장이 고시한 한국표준산업분류에 따른다.
* 위 표 제27호에도 불구하고 철도 차량 부품 및 관련 장치물 제조업(C31202) 중 철도 차량용 의자 제조업, 항공기용 부품 제조업(C31322) 중 항공기용 의자 제조업의 규모 기준은 평균매출액등 120억원 이하로 한다.

21. 중소기업특별세액감면을 적용하거나 추계신고 시 감가상각의제 적용주의

(1) 개요

종합소득세과세표준 확정신고 시 사업에 출자한 사업용자산이 있는지 확인하지 않고 중소기업특별세액감면을 적용하거나 추계소득금액 계산서를 제출하는 경우가 많다.

(2) 주의사항 및 실무상 Tip

사업에 출자한 사업용자산이 있는 경우, 종합소득과세표준 확정신고 추계에 의한 소득금액으로 종합소득세 신고를 하면 건축물을 제외한 감가상각자산에 대하여 감가상각비를 계산하여 필요경비로 계상한 것으로 보며 중소기업특별세액감면을 적용하면 건물을 포함한 감각상각자산에 대한 감가상각비를 계산하여 필요경비로 계상하여야 한다.

중소기업특별세액감면을 적용하거나 추계소득금액 계산서 제출 시 감가상각의 의제는 아래와 같이 적용된다.

구 분	건물 포함 여부	예 외
추계소득금액 계산서 제출	제외	소득세법 시행령 제68조 제2항
중소기업특별세액감면 적용	포함	소득세법 시행령 제68조 제1항

- 사업용자산(특히, 부동산)이 있거나 이익이 적어서 감가상각을 하지 않는 거래처는 중소기업특별세액감면 적용의 실익이 있는 지 반드시 검토를 해야 한다.
- 감가상각비를 손금으로 계상하지 아니한 법인이 감가상각의 의제규정을 적용받지 아니하기 위하여 당초 신고시 적법하게 신청된 「조세특례제한법」에 의한 감면을 임의로 취소하고 「국세기본법」 제45조의 규정에 따라 법인세 과세표준과 세액을 수정신고할 수 없다.
- 2011.01.01. 이후 개시하는 사업연도부터 감가상각 의제상각액은 강제 신고조정 사항임(서면-2016-법인-4594, 2016.11.02.).

(3) 관련법령

1) 소득세법 시행령 제68조 【감가상각의 의제】

   ① 해당 과세기간의 소득에 대하여 소득세가 면제되거나 감면되는 사업을 경영하는 사업자가 소득세를 면제받거나 감면받은 경우에는 제62조, 제63조, 제63조의2, 제63조의3, 제64조부터 제67조까지, 제70조, 제71조 및 제73조에 따라 감가상각자산에 대한 감가상각비를 계산하여 필요경비로 계상하여야 한다.

   ② 해당 과세기간의 소득에 대하여 법 제70조 제4항 제6호에 따른 추계소득금액계산서를 제출하거나 법 제80조 제3항 단서에 따라 소득금액을 추계조사결정하는 경우에는 제62조, 제63조, 제63조의2, 제63조의3, 제64조부터 제67조까지, 제70조, 제71조 및 제73조에 따라 감가상각자산(건축물은 제외한다)에 대한 감가상각비를 계산하여 필요경비로 계상한 것으로 본다.

22 주택임대사업자 종합소득세 감면에 따른 감가상각의제확인

(1) 개요

일정한 요건을 충족한 임대주택의 경우 임대소득에 대하여 종합소득세를 감면해주는데 이 경우 감가상각의제 규정이 적용됨에 주의가 필요하다.

(2) 주의사항 및 실무 Tip

종합소득세 감면을 받는 경우 감가상각자산에 대해 감가상각의제가 적용되므로 종합소득세 감면액으로 인해 줄어드는 종합소득세와 감면으로 인해 감가상각의제가 적용되어 양도소득세 증가분과 비교하여 감면을 받을지 판단하는 게 좋다.

주택임대소득이 연간 2천만원 이하인 경우 분리과세를 적용받을 수 있다. 2천만원 이하의 분리과세를 적용받는 경우 또는 종합과세대상이라도 다른 합산과세 대상 소득이 크지 않은 경우 감면으로 인해 감소하는 종합소득세 보다 감면으로 증가되는 양도소득세 증가액이 더 큰 경우가 많아 감면을 받지 않는게 유리하다.

(3) 관련법령

1) 소득세법 제97조 【양도소득의 필요경비 계산】

   ③ 제2항에 따라 필요경비를 계산할 때 양도자산 보유기간에 그 자산에 대한 감가상각비로서 각 과세기간의 사업소득금액을 계산하는 경우 필요경비에 산입하였거나 산입할 금액이 있을 때에는 이를 제1항의 금액에서 공제한 금액을 그 취득가액으로 한다.

2) 소득세법 시행령 제68조 【감가상각의 의제】

   ① 해당 과세기간의 소득에 대하여 소득세가 면제되거나 감면되는 사업을 경영하는 사업자가 소득세를 면제받거나 감면받은 경우에는 법령에 정한 방법에 따라 감가상각비를 계산하여 필요경비로 계상하여야 한다.

(4) 관련예규

1) 사전법규재산 2021-856(2022.01.27.)

   「소득세법」제97조 제3항에 따른 "감가상각비로서 각 과세기간의 사업소득금액을 계산하는 경우 필요경비에 산입하였거나 산입할 금액"에는 같은 법 시행령 제68조에 따라 감가상각한 것으로 의제된 감가상각비 상당액이 포함되는 것입니다.

---

23 수도권 과밀억제권역 밖 이전 관련 세액감면 적용오류: 공장 이전 시점 이후의 소득에 대해서만 세액감면적용대상

(1) 개요

사업자는 2021년 8월 경기도 안양시 소재 사업장을 충북 청주시 오송산업단지로 이전했다.

조특법 제63조(수도권 과밀억제권역 밖으로 공장이전하는 중소기업에 대한 세액감면)에 따라 공장을 이전한 이후 발생하는 지방공장의 소득에 대하여만 세액감면을 적용하여야 함에도 신고착오로 2021년도에 발생한 소득금액 전액에 대하여 세액감면(약 2억 4천만 원)을 적용하여 2021년 귀속 종합소득세를 과소신고한 사례이다.

(2) 주의사항 및 실무상 Tip

공장이전감면(제63조), 법인본사이전감면(제63조의2)의 경우 이전일 이후 최초로 소득이 발생한 연도부터 감면이 되며, 이때 이전 후 첫 사업연도 감면의 경우 이전일 이후의 소득에 대해서만 감면이 되므로 이전 전 소득과 이전 후 소득을 구분계산하여야 하며, 이전 전과 이전 후 동일한 업종에 대해서만 감면이되며 이전일 이후 추가된 업종에 대해서 공장이전감면이 적용되지 않는다.

공장이전 전후 소득에 대하여 구분 경리하여 공장이전 후 소득만 공장이전 세액감면을 적용하고 공장이전 전 소득에 대해서는 중소기업특별세액감면을 적용해야한다.

(3) 관련법령

1) 조세특례제한법 제63조 【수도권 밖으로 공장을 이전하는 기업에 대한 세액감면 등】
   ① 제1호 각 목의 요건을 모두 갖춘 내국인(이하 이 조에서 "공장이전기업"이라 한다)이 공장을 이전하여 2025년 12월 31일까지 사업을 개시하는 경우에는 이전 후의 공장에서 발생하는 소득에 대하여 제2호의 구분에 따라 소득세 또는 법인세를 감면한다. 다만, 대통령령으로 정하는 부동산업, 건설업, 소비성서비스업, 무점포판매업 및 해운중개업을 경영하는 내국인인 경우에는 그러하지 아니하다.
2) 조세특례제한법 제63조의2 【수도권 밖으로 본사를 이전하는 법인에 대한 세액감면 등】

---

24 법인세 100%감면받는 법인으로부터 수령한 배당금에 대한 배당세액공제 오류주의

(1) 개요

배당소득에 대하여 종합소득세를 신고하면서 배당가산 및 배당세액공제(11%)를 적용 하였으나 배당소득이 발생된 법인은 조특법 제63조의2(지방이전 법인세 감면)에 의하여

법인세 100% 감면 받았으므로 배당세액공제의 대상이 되지 않는데도 이를 적용하여 소득세를 과소 신고납부하였다.

(2) 주의사항 및 실무상 Tip

배당가산 및 세액공제(11%)는 법인에 대한 법인세 과세와 개인에 대한 배당소득세 과세로 인한 이중과세를 조절해 주기 위한 납세자에게 유리한 제도이므로 법인세가 과세(100%감면)되지 않는 법인의 소득을 재원으로 배당한 경우에는 배당가산 및 세액공제 대상이 되지 않는다.

(배당가산 제외대상 : 최저한세가 적용되지 않는 법인세 100% 감면대상인 공장 및 법인 본사 지방 이전 소득에 대한 배당, 외국법인으로부터 받는 배당, 투자 신탁수익의 분배금, 법인세가 과세되지 않는 동업기업배당의 동업자 및 출자 공동사업자의 손익 분배금 등)

(3) 관련법령

1) 소득세법 제56조【배당세액공제】

① 거주자의 종합소득금액에 제17조 제3항 각 호 외의 부분 단서가 적용되는 배당소득금액이 합산되어 있는 경우에는 같은 항 각 호 외의 부분 단서에 따라 해당 과세기간의 총수입금액에 더한 금액에 해당하는 금액을 종합소득 산출세액에서 공제한다.

④ 제1항을 적용할 때 배당세액공제의 대상이 되는 배당소득금액은 제14조 제2항의 종합소득과세표준에 포함된 배당소득금액으로서 이자소득등의 종합과세기준금액을 초과하는 것으로 한다.

2) 소득세법 제14조【과세표준의 계산】

① 거주자의 종합소득 및 퇴직소득에 대한 과세표준은 각각 구분하여 계산한다.

② 종합소득에 대한 과세표준(이하 "종합소득과세표준"이라 한다)은 제16조, 제17조, 제19조, 제20조, 제20조의3, 제21조, 제24조부터 제26조까지, 제27조부터 제29조까지, 제31조부터 제35조까지, 제37조, 제39조, 제41조부터 제46조까지, 제46조의2, 제47조 및 제47조의2에 따라 계산한 이자소득금액, 배당소득금액, 사업소득금액, 근로소득금액, 연금소득금액 및 기타소득금액의 합계액에서 제

50조, 제51조, 제51조의3, 제51조의4 및 제52조에 따른 공제를 적용한 금액으로 한다.

3) 소득세법 제17조【배당소득】

① 배당소득은 해당 과세기간에 발생한 다음 각 호의 소득으로 한다.

③ 배당소득금액은 해당 과세기간의 총수입금액으로 한다. 다만, 제1항 제1호, 제2호, 제3호 및 <u>제4호에 따른 배당소득</u> 중 다음 각 호의 어느 하나에 해당하는 배당을 제외한 분(分)과 제1항 제5호에 따른 배당소득 중 대통령령으로 정하는 배당소득에 대해서는 해당 과세기간의 총수입금액에 그 배당소득의 100분의 10에 해당하는 금액을 더한 금액으로 한다.

4.「조세특례제한법」제132조에 따른 최저한세액(最低限稅額)이 적용되지 아니하는 법인세의 비과세·면제·감면 또는 소득공제(「조세특례제한법」외의 법률에 따른 비과세·면제·감면 또는 소득공제를 포함한다)를 받은 법인 중 대통령령으로 정하는 법인으로부터 받은 배당소득이 있는 경우에는 그 배당소득의 금액에 대통령령으로 정하는 율을 곱하여 산출한 금액

4) 소득세법 시행령 제27조의3【법인세의 면제 등을 받는 법인 등】

① <u>법 제17조 제3항 제4호</u>에서 "대통령령으로 정하는 법인"이란 다음 각 호의 어느 하나에 해당하는 법인을 말한다.

2.「조세특례제한법」<u>제63조의2</u>·제121조의2·제121조의4·제121조의8 또는 제121조의9의 규정을 적용 받는 법인

부가가치세

01 부동산 양도시 건물분 부가가치세를 잘못 안내하여 납세자가 부당한 세금납부 주의

(1) 개요

양도소득세 및 부가가치세 신고시에 장부가액 상당액으로 양도할 것으로 착오하여 장부가액 상당액으로 건물분 세금계산서를 발행하여 실제 건물가액보다 적게 발행된바, 부가가치세 과소신고 및 세금계산서가 미발행 되었으며 위와 같은 경우 부가가치세는 건물 매수인이 부담하는 바, 납세자측이 매수인으로부터 세액을 받지 못하는 손해가 발생했다.

(2) 주의사항 및 실무상 Tip

부가가치세법상 사업의 포괄양도양수는 재화의 공급으로 보지 않아 부가가치세를 납부하지 않아도 된다.

포괄 양도양수계약시 주의사항 및 실무상 Tip

1. 계약서에 포괄양도양수 계약이라고 기재
2. 양도 및 양수자 모두 일반 과세자이어야함. 간이과세자 안됨.
   (일반과세자전환 필요)
3. 양도 시점에 양도인, 양수인 간 업종의 동일성이 유지되어야 함(계약 이후 업종 변경은 가능함).
4. 포괄양도양수 계약 이후 세금계산서를 발행하면 안됨.

사업을 포괄양도하는 경우 사업양수자의 대리납부 제도

사업의 포괄양도(이에 해당하는지 여부가 분명하지 아니한 경우를 포함한다)에 따라 그 사업을 양수받은 자는 그 대가를 지급하는 때에 그 대가를 받은 자로부터 부가가치세를 징수하여 그 대가를 지급하는 날이 속하는 달의 다음 달 25일까지 사업장 관할 세무서장에게 납부할 수 있다.

☞ 효과 : 이와 같이 사업양수자가 대리납부하면 사업의 포괄양도도 재화의 공급으로 보며, 사업양수자가 대리납부한 세액을 그 사업양수자의 매입세액으로 공제할 수 있다.

[그림18] 세무사랑-부가가치세대리납부신고서(사업양수자용)

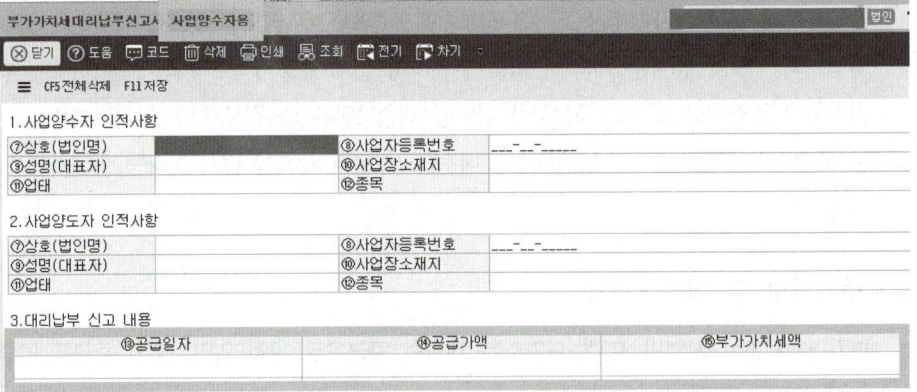

[그림19] 세무사랑 – '사업양도자'의 부가가치세신고서 상 기납부세액

구분				정기신고금액		
				금액	세율	세액
과세표준및매출세액	과세	세금계산서발급분	1		10/100	
		매입자발행세금계산서	2		10/100	
		신용카드·현금영수증발행분	3		10/100	
		기타(정규영수증외매출분)	4			
	영세	세금계산서발급분	5		0/100	
		기타	6		0/100	
	예정신고누락분		7			
	대손세액가감		8			
	합계		9		㉮	
매입세액	세금계산서수취분	일반매입	10			
		고정자산매입	11			
	예정신고누락분		12			
	매입자발행세금계산서		13			
	그 밖의 공제매입세액		14			
	합계(10+11+12+13+14)		15			
	공제받지못할매입세액		16			
	차감계 (15-16)		17		㉯	
납부(환급)세액(매출세액㉮-매입세액㉯)					㉰	
경감공제세액	그 밖의 경감·공제세액		18			
	신용카드매출전표등 발행공제등		19			
	합계		20		㉱	
예정신고미환급세액			21		㉲	
사업양수자의 대리납부 기납부세액			23		㉳	
가산세액계			25		㉴	
차감.가감하여 납부할세액(환급받을세액)(㉰-㉱-㉲-㉳-㉴+㉵)			26			
총괄납부사업자가 납부할 세액(환급받을 세액)						

(3) 관련법령

1) 부가가치세법 제29조【과세표준】

　⑨ 사업자가 토지와 그 토지에 정착된 건물 또는 구축물 등을 함께 공급하는 경우에는 건물 또는 구축물 등의 실지거래가액을 공급가액으로 한다. 다만, 다음 각 호의 어느 하나에 해당하는 경우에는 대통령령으로 정하는 바에 따라 안분계산한 금액을 공급가액으로 한다.

　　1. 실지거래가액 중 토지의 가액과 건물 또는 구축물 등의 가액의 구분이 불분명한 경우

2. 사업자가 실지거래가액으로 구분한 토지와 건물 또는 구축물 등의 가액이 대통령령으로 정하는 바에 따라 안분계산한 금액과 100분의 30 이상 차이가 있는 경우. 다만, 다른 법령에서 정하는 바에 따라 가액을 구분한 경우 등 대통령령으로 정하는 사유에 해당하는 경우는 제외한다.

2) 부가가치세 시행령 제64조【토지와 건물 등을 함께 공급하는 경우 건물 등의 공급가액 계산】

① 법 제29조 제9항 각 호 외의 부분 단서 및 같은 항 제2호 본문에 따른 안분계산한 금액은 다음 각 호의 구분에 따라 계산한 금액으로 한다.

  1. 토지와 건물 또는 구축물 등에 대한 「소득세법」 제99조에 따른 기준시가가 모두 있는 경우 : 공급계약일 현재의 기준시가에 따라 계산한 가액에 비례하여 안분(按分) 계산한 금액. 감정평가가액이 있는 경우에는 그 가액에 비례하여 안분 계산한 금액으로 한다.

  2. 토지와 건물등 중 어느 하나 또는 모두의 기준시가가 없는 경우로서 감정평가가액이 있는 경우 : 그 가액에 비례하여 안분 계산한 금액. 다만, 감정평가액이 없는 경우에는 장부가액(장부가액이 없는 경우에는 취득가액)에 비례하여 안분 계산한 후 기준시가가 있는 자산에 대해서는 그 합계액을 다시 기준시가에 의하여 안분 계산한 금액으로 한다.

  3. 제1호와 제2호를 적용할 수 없거나 적용하기 곤란한 경우 : 국세청장이 정하는 바에 따라 안분하여 계산한 금액

② 법 제29조 제9항 제2호 단서에 따라 다음 각 호의 어느 하나에 해당하는 경우에는 건물등의 실지거래가액을 공급가액으로 한다. 〈신설 2022.2.15〉

  1. 다른 법령에서 정하는 바에 따라 토지와 건물등의 가액을 구분한 경우
  2. 토지와 건물등을 함께 공급받은 후 건물 등을 철거하고 토지만 사용하는 경우

02 건물 매각분(증여) 수기 세금계산서를 신고 누락하여 부가가치세 과소신고주의

(1) 개요

2020년 7월 25일, 납세자의 2020년 제1기 부가가치세 신고 과정에서 건물 매출(증여)분 수기 세금계산서를 신고해야 했으나, 관련 서류를 다른 서류 파일에 편철, 건물 매출 세금계산서(공급가액 000,000원)를 신고 누락하여 부가가치세 과소신고한 사례이다.

(2) 주의사항 및 실무상 Tip

종이(수기)로 발급이 되다 보니 직접 거래처를 만나서 전달하거나, 우편으로 전달을 해야 한다.

종이이다 보니 분실의 가능성이 있으며, 상대방의 수신 여부를 확인하기 어렵다는 단점이 있다.

종이세금계산서의 경우 발행 후 10년간 의무적으로 보관을 하여야 한다.

그러므로 전자 세금계산서를 발행하여 누락이 없도록 한다.

(3) 관련법령

1) 부가가치세법 제9조【재화의 공급】

   ① 재화의 공급은 계약상 또는 법률상의 모든 원인에 따라 재화를 인도(引渡)하거나 양도(讓渡)하는 것으로 한다.

03 건물매각분 신고 누락(법령 착오 적용)으로 인한 부가가치세 과소신고주의

(1) 개요

18년 2기 부가가치세 신고과정에서 양도일 전 모텔 폐업한 사실에만 주목, 폐업시 잔존재화 간주 공급 규정에 의거 잔존 재화(건물 + 비품) 000,000원만 부가가치세를 과소신고한 사례이다. (건물 매각분 과소 신고)

(2) 주의사항 및 실무상 Tip

사업자가 자기의 과세사업에 사용하던 건물을 증여하는 경우, 사업의 양도를 제외 하고는 당초 매입세액의 공제 여부와 관계없이 재화의 공급에 해당한다.

* 부동산 양도시 폐업시 잔존재화인지, 사업의 양도인지, 재화의 공급인지 여부를 사전에 반드시 판단해야 한다.

(3) 관련법령

1) 부가가치세법 제10조 【재화 공급의 특례】

⑤ 사업자가 자기생산·취득재화를 자기의 고객이나 불특정 다수에게 증여하는 경우(증여 하는 재화의 대가가 주된 거래인 재화의 공급에 대한 대가에 포함되는 경우는 제외 한다)는 재화의 공급으로 본다. 다만, 사업자가 사업을 위하여 증여하는 것으로서 대통령령으로 정하는 것은 재화의 공급으로 보지 아니한다(2013.06.07. 개정).

  1. 사업을 위하여 대가를 받지 아니하고 다른 사업자에게 인도하거나 양도하는 견본품

  2. 「재난 및 안전관리 기본법」의 적용을 받아 특별재난지역에 공급하는 물품

  3. 제61조 제2항 제9호 나목에 따른 자기적립마일리지 등으로만 전부를 결제받고 공급하는 재화

⑥ 사업자가 폐업할 때 자기생산·취득재화 중 남아 있는 재화는 자기에게 공급하는 것 으로 본다. 제8조 제1항 단서에 따라 사업 개시일 이전에 사업자등록을 신청

한 자가 사실상 사업을 시작하지 아니하게 되는 경우에도 또한 같다(2013.06. 07. 개정)
2) 부가가치세 시행령 제20조【사업을 위한 증여로서 재화의 공급으로 보지 아니하는 것의 범위】
3) 법 제10조 제5항 단서에서 "대통령령으로 정하는 것"이란 다음 각 호의 어느 하나에 해당하는 것을 증여하는 것을 말한다.
   1. 사업을 위하여 대가를 받지 아니하고 다른 사업자에게 인도하거나 양도하는 견본품
   2. 「재난 및 안전관리 기본법」의 적용을 받아 특별재난지역에 공급하는 물품
   3. 제61조 제2항 제9호 나목에 따른 자기적립마일리지 등으로만 전부를 결제받고 공급하는 재화

04 건물 증여에 대한 세금계산서 지연발급/지연수취

(1) 개요

건물을 증여할 경우 증여도 재화의 공급에 대하여 부가가치세 문제가 발생하는데 납세자가 세금계산서를 발행하지 아니하였다가 세금계산서 발급기한이 도과한 이후 세금계산서를 발급하여 납세자에게 부가가치세 가산세가 발생하였다.

(2) 주의사항 및 실무상 Tip

사업의 포괄양도양수규정을 검토해서 불이익을 당하지 않도록 해야 한다.

(3) 관련법령

1) 부가가치세법 제10조【재화 공급의 특례】
   ⑨ 다음 각 호의 어느 하나에 해당하는 것은 재화의 공급으로 보지 아니한다.
      2. 사업을 양도하는 것으로서 대통령령으로 정하는 것. 다만, 제52조 제4항에 따라 그 사업을 양수받는 자가 대가를 지급하는 때에 그 대가를 받은 자로부터 부가가치세를 징수하여 납부한 경우는 제외한다.

2) 부가가치세법 제15조【재화의 공급시기】

3) 부가가치세법 제17조【재화 및 용역의 공급시기의 특례】

(4) 관련예규

1) (재삼46014-1315,1998.07.14)

증여계약 후 부동산에 가등기, 가처분등기를 하였을 경우 증여재산취득여부 ; 부동산을 증여받은 경우 그 증여재산 취득시기는 소유권이전등기접수일임.

2) (재소비46015-259, 2000.08.19)

부동산의 공급시기는 당해 건물이 이용가능하게 된 때임 ; 이용가능하게 되는 때라 함은 원칙적으로 소유권이전등기일을 말하나, 사용·수익 등 이용을 제한하고 있는 경우 실제로 사용·수익이 가능한 날임.

3) (부가46015-3503, 2000.10.17)

부동산 임대업자가 토지를 제외한 건물 일부만을 증여할 경우 매입세액 공제여부 및 과세표준 계산 ; 부동산의 일부를 증여하는 경우 부가가치세 과세표준은 당해 증여하는 부동산의 시가임.

4) (서면3팀-3192, 2006.12.20)

사업용 건물 등을 증여시 세금계산서 교부여부 ; 사업자가 사업용 부동산을 타인에게 증여하는 경우에는 부가가치세가 과세되는 것이며, 부가가치세법 시행령 제50조 제1항의 규정에 의한 시가를 과세표준으로 하는 것임.

5) (부가46015-3501, 2000.10.17)

공동사업 출자지분의 증여시 재화의 공급에 해당하여 부가가치세가 과세되는지 여부 ; 갑과 을이 부동산임대업을 공동으로 영위하는 경우로서 甲의 출자지분을 갑의 아들인 병이 증여 받아 을과 계속하여 공동사업을 영위하는 경우 재화의 공급에 해당되지 않음.

05 재건축정비사업자의 매도청구권에 의해 부동산(상가) 양도시에는 건물분에 대해 과세매출로 보아 부가가치세를 신고납부확인

(1) 개요

재건축정비사업자의 매도청구권에 의해 부동산 (상가)이 양도되는 경우, 건물에 대해서는 과세매출로 하여 부가가치세를 신고하여야 하나, 사업포괄양수도 및 토지수용에 해당하는 것으로 보아 면세로 판단한 바, 부가가치세가 과소신고 되었다.

(2) 주의사항 및 실무상 Tip

부가가치세법상 사업의 포괄양도양수는 재화의 공급으로 보지 않아 부가가치세를 납부하지 않아도 되나, 재건축정비사업자의 매도청구권에 의해 상가를 양도하는 경우 건물분에 대해서는 과세매출로 보아야함에 유의해야 한다.

(3) 관련법령

1) 부가가치세법 제9조 【재화의 공급】
   ① 재화의 공급은 계약상 또는 법률상의 모든 원인에 따라 재화를 인도(引渡)하거나 양도(讓渡)하는 것으로 한다.
   ② 제1항에 따른 재화의 공급의 범위에 관하여 필요한 사항은 대통령령으로 정한다. 부가가치세법 시행령 제18조 【재화 공급의 범위】
   ③ 제1항 제4호에도 불구하고 다음 각 호의 어느 하나에 해당하는 것은 재화의 공급으로 보지 않는다.
      1. 「국세징수법」 제66조에 따른 공매(같은 법 제67조에 따른 수의계약에 따라 매각하는 것을 포함한다)에 따라 재화를 인도하거나 양도하는 것
      2. 「민사집행법」에 따른 경매(같은 법에 따른 강제경매, 담보권 실행을 위한 경매와 「민법」·「상법」 등 그 밖의 법률에 따른 경매를 포함한다)에 따라 재화를 인도하거나 양도하는 것
      3. 「도시 및 주거환경정비법」, 「공익사업을 위한 토지 등의 취득 및 보상에 관한

법률」 등에 따른 수용절차에서 수용대상 재화의 소유자가 수용된 재화에 대한 대가를 받는 경우

4. 「도시 및 주거환경정비법」 제64조 제4항에 따른 사업시행자의 매도청구에 따라 재화를 인도하거나 양도하는 것

06 부동산임대업 폐업시 부가가치세 기한 후 신고 및 건물분 세금계산서 미발행 주의

(1) 개요

부동산임대업을 하고 있는 납세자는 2018년 서울 강동구 소재 납세자 소유의 [***부동산]이라는 상호의 부동산 임대사업장을 토지와 건물을 일괄하여 매수인에게 인도일 2018년 11월 23일로 하는 부동산 매매 계약을 체결하였다.

[***부동산]의 폐업일은 2018년 11월 21일이나 2018년 12월 31일 폐업신고 후, 본래 신고기한 2018년 12월 25일을 지난 2019년 1월 4일에 2018년 2기 부가가치세 기한후 신고한 사례이다.

(2) 주의사항 및 실무상 Tip

부동산양도시 폐업시 잔존재화인지, 사업의 양도인지, 재화의 공급인지 여부를 사전에 반드시 판단해야 한다.

(3) 관련법령

1) 부가가치세법 제49조 【확정신고와납부】

① 사업자는 각 과세기간에 대한 과세표준과 납부세액 또는 환급세액을 그 과세기간이 끝난 후 25일(폐업하는 경우 제5조 제3항에 따른 폐업일이 속한 달의 다음 달 25일) 이내에 대통령령으로 정하는 바에 따라 납세지 관할 세무서장에게 신고하여야 한다.

(4) 관련예규

1) 부가-0730, 2017.03.27.【부동산임대업 폐업시 유형별 과세방법】
   ① 임대용 건물 폐업시 사안에 따라 과세방법이 다르며, 어떤 경우이냐에 따라 세액 차이가 크므로 판단에 특히 유의하여야 함.
   ② 즉, 당해 부동산 양도를 잘 판단하여 처리하여야 함.
      ㉠ 재화의공급(법 제9조 ①)으로 볼 것인지-실가 과세
      ㉡ 폐업시 잔존재화(법 제10조⑥)로 볼 것인지-시행령 제66조② 산식으로 계산
      ㉢ 사업의 양도(법 제10조⑨ 2호)로 볼 것인지-세액 없음.

07 부동산매매업자가 단기임대하던 부동산을 임대업자에게 양도하는 경우 포괄양도양수 여부확인

(1) 개요

납세자는 부동산매매업자로서 단기 임대하던 부동산을 임대업자에게 양도하는 경우는 사업의 포괄양도양수에 해당하지 아니하나, 부동산을 포괄양도양수 후 세금계산서를 발급하지 아니한 바, 추가적인 부가가치세 및 가산세(세금 계산서 지연발급, 세금계산서합계표 미제출, 신고불성실, 납부지연)가 발생한 사례이다.

(2) 주의사항 및 실무상 Tip

재화의 공급으로 보지 아니하는 사업의 양도
1) 부가가치세법 제10조 ⑨ 2호
   사업장별로 그 사업에 관한 모든 권리와 의무를 포괄적으로 승계시키는 것 단, 미수금, 미지급금, 해당 사업과 직접 관련이 없는 토지 건물 등에 관한 것 (법인세법 시행령 제49조①에 따른 자산)을 포함하지 아니하고 승계시킨 경 우에도 사업의 양도로 봄(부가가치세법 시행령 제23조).

2) 사업의 양도에 해당하는 사례(통칙 10-23-1)

① 개인인 사업자가 법인설립을 위하여 사업장별로 그 사업에 관한 모든 권리와 의무를 포괄적으로 현물출자하는 경우

② 과세사업과 면세사업을 겸영하는 사업자가 사업장별로 과세사업에 관한 모든 권리와 의무를 포괄적으로 양도하는경우

③ 둘 이상의 사업장이 있는 사업자가 그 중 하나의 사업장에 관한 모든 권리와 의무를 포괄적으로 양도하는 경우

4) 사업의 양도에 해당되지 아니하는 사례(집행기준 10-23-2)

① 사업과 직접 관련이 있는 토지와 건물을 제외하고 양도하는 경우

② 부동산매매업자 또는 건설업자가 일부 부동산 또는 일부 사업장의 부동산을 매각하는 경우

③ 종업원 전부, 기계설비 등을 제외하고 양도하는 경우

(3) 관련법령

1) 부가가치세법 시행규칙 제2조 【사업의 범위】

② 건설업과 부동산업 중 재화를 공급하는 사업으로 보는 사업에 관한 영 제3조 제2항 에서 '기획재정부령으로 정하는 사업'이란 다음 각 호의 어느 하나에 해당하는 사업을 말한다(2013.06.28 개정)

1. 부동산 매매(주거용 또는 비거주용 건축물 및 그 밖의 건축물을 자영건설하여 분양·판매하는 경우를 포함한다) 또는 그 중개를 사업목적으로 나타내어 부동산을 판매하는 사업

(4) 관련예규

1) 부가-848, (2013.09.17.)

부동산매매업을 영위하는 사업자가 미분양으로 인하여 일시적으로 상가를 임대하면서 별도로 부동산임대업 사업자등록을 하고 부가가치세를 신고 납부하던 중 당해 상가가 분양된 경우에는 당초 부동산매매업을 영위하는 사업장의 명의로 세금계산서를 발급 하는 것임.

2) 서면3팀-924, (2008.05.09.)

건물을 신축하여 판매할 것을 사업목적으로 하는 사업자가 당해 신축건물에서 일시적으로 임대업을 영위하다가 당해 건물을 임대업자에게 양도한 경우 사업의 포괄양도에 해당하지 아니함.

⇒ 임대건물 이외 건물신축판매업에 관한 모든 권리와 의무도 승계되어야 사업양도로 인정됨.

08 명의신탁으로 인한 소유권이전등기말소시 포괄양도양수 여부확인

(1) 개요

납세자는 21년 11월, 명의신탁으로 인한 소유권이전등기말소 처분 과정(소유권이 대표에서 업체로 원상회복됨)에서 부가가치세 신고 과정에서 건물 매출신고를 누락하여 부가가치세 과소신고한 사례이다.

(2) 관련법령

1) 신탁재산의 소유권 이전에 대한 특례
2) 부가가치세법 제10조【재화공급의 특례】

⑧ 「신탁법」 제10조에 따라 위탁자의 지위가 이전되는 경우에는 기존 위탁자가 새로운 위탁자에게 신탁재산을 공급한 것으로 본다. 다만, 신탁재산에 대한 실질적인 소유권의 변동이 있다고 보기 어려운 경우로서 대통령령으로 정하는 경우에는 신탁재산의 공급으로 보지 아니한다.

⑨ 다음 각 호의 어느 하나에 해당하는 것은 재화의 공급으로 보지 아니한다.

1. 재화를 담보로 제공하는 것으로서 대통령령으로 정하는 것

2. 사업을 양도하는 것으로서 대통령령으로 정하는 것. 다만, 제52조 제4항에 따

라 그 사업을 양수받는 자가 대가를 지급하는 때에 그 대가를 받은 자로부터 부가가치세를 징수하여 납부한 경우는 제외한다.
3. 법률에 따라 조세를 물납(物納)하는 것으로서 대통령령으로 정하는 것
4. 신탁재산의 소유권 이전으로서 다음 각 목의 어느 하나에 해당하는 것
   가. 위탁자로부터 수탁자에게 신탁재산을 이전하는 경우
   나. 신탁의 종료로 인하여 수탁자로부터 위탁자에게 신탁재산을 이전하는 경우
   다. 수탁자가 변경되어 새로운 수탁자에게 신탁재산을 이전하는 경우

09 오피스텔 신축판매 · 분양업 부가가치세 과세주의

(1) 개요

오피스텔 신축판매 · 분양하는 경우, 주택으로 보지 않고 업무시설로 보아 국민주택 규모 이하인지 여부와 관계없이 부가가치세 과세대상에 해당한다.

(2) 주의사항 및 실무 Tip

조세특례제한법 106조는 국민주택 규모 이하의 주택의 공급에 대해 면세를 적용하는데 오피스텔은 주택법상 준주택으로 분류되어 면세를 적용받을 수 없다.

그동안 주거용 오피스텔의 경우 주거용으로 사용하면 그 실제 용도를 기준으로 주택에 해당한다는 심판례, 고법판례 등이 있어 실무상 혼란이 있었으나 최종적으로 대법원판례가 확정되어 실제 용도와 관계없이 공부상 용도가 업무시실인 오피스텔에 해당하면 그 규모에 관계없이 부가가치세 과세대상에 해당한다.

(3) 관련법령

1) 조세특례제한법 제106조【부가가치세의 면제 등】
   ① 다음 각 호의 어느 하나에 해당하는 재화 또는 용역의 공급에 대해서는 부가가치세를 면제한다.

4. 대통령령으로 정하는 국민주택 및 그 주택의 건설용역(대통령령으로 정하는 리모델링 용역을 포함한다)

2) 주택법 제2조 【정의】
1. "주택"이란 세대(世帶)의 구성원이 장기간 독립된 주거생활을 할 수 있는 구조로 된 건축물의 전부 또는 일부 및 그 부속토지를 말하며, 단독주택과 공동주택으로 구분한다.
4. "준주택"이란 주택 외의 건축물과 그 부속토지로서 주거시설로 이용가능한 시설 등을 말하며, 그 범위와 종류는 대통령령으로 정한다.

(4) 관련판례

1) 대법2020두44749 (2021.01.28.)

오피스텔은 공급 당시 관련 법령에 따른 '오피스텔'의 요건을 충족하고 공부상 용도 역시 '업무시설'이므로, 그 규모가 주택법에 따른 국민주택 규모 이하인지 여부나 사실상 주거의 용도로 사용될 수 있는 구조와 기능을 갖추었고 실제로 주거의 용도로 사용되었는지 여부 등과 관계없이 이 사건 면세조항의 '국민주택'에 해당한다고 볼 수 없다.

2) 조심2019인1457 (2019.08.08.)

그동안 이 건의 쟁점과 유사한 '공부상의 용도가 업무시설인 오피스텔의 공급이 「조세특례제한법」제106조 제1항 제4호에 따른 국민주택의 공급에 해당하여 부가가치세의 면제가 적용되는지 여부'에 대하여 납세자와 과세관청 간에 세법해석상 견해의 대립이 있었고, 이러한 견해의 대립이 납세의무자의 관련 법률에 대한 부지 또는 오해의 범위를 넘는 것이어서 면세적용 여부에 대한 결정이 엇갈리다가 조세심판관합동회의 결정으로 '오피스텔의 공급이 위 국민주택의 공급에 해당하지 아니하는 것'으로 판단한 점 등에 비추어 청구인이 정상적으로 신고·납부의무를 이행할 것을 기대하는 것은 무리여서 그 의무해태를 탓할 수 없는 정당한 사유가 있었다 할 것이므로 토지 등 매매차익 예정신고와 부가가치세의 무신고 또는 신고누락과 관련된 가산세는 부과하지 아니하는 것이 타당하다고 판단됨.

3) 조심2023인606 (2023.07.27.)

공부상의 용도가 업무시설인 오피스텔의 공급이 「조세특례제한법」 제106조 제1항 제4호에 따른 국민주택의 공급에 해당하여 부가가치세의 면제가 적용되는지 여부'에 대하여 2017.12.20. 조세심판관합동회의 결정으로 '오피스텔의 공급이 위 국민주택의 공급에 해당하지 아니하는 것'으로 판단(조심 2017서991, 2017.12.20.)하였는바, 위 합동회의 결정이 이루어진 2017.12.20. 이후에는 납세자는 정상적으로 부가가치세(2017년 2기분 이후)를 신고·납부하여야 할 것인 점 등에 비추어, 2018년 제1기 및 제2기 부가가치세를 신고·납부함에 있어 쟁점오피스텔이 「조세특례제한법」 제106조 제1항 제4호에서 부가가치세 면제대상으로 규정한 국민주택에 포함되지 않는다는 점을 알지 못하였으므로 가산세를 감면하여야 한다는 취지의 청구주장은 받아들이기 어려운 것으로 판단된다.

10 다중주택을 신축하여 판매하는 경우 과세사업자에 해당됨에도 부가가치세 신고가 아닌 사업장현황신고주의

(1) 개요

납세자가 다중주택을 신축하여 판매하는 경우 과세사업자에 해당되나 면세사업자에 해당된다고 착오하고 부가가치세 신고를 대신 사업장현황 신고를 했다.

(2) 주의사항 및 실무상 Tip

다중주택의 경우는 국민주택 규모 해당여부는 1동 전체의 전용면적을 기준으로 판단한다. 단독주택의 경우도 마찬가지로 1동 전체의 전용면적을 기준으로 판단한다.

국민주택을 건축하는 자로부터 직접 도급받아 공급하는 경우뿐만 아니라 하도급을 받아 공급하는 경우에도 부가가치세가 면세되며, 발주자로부터 자재를 인도받아 건설 용역을 제공하거나 노무용역만을 하도급 받아 제공하는 경우도 면세 대상이다.

(3) 관련법령

1) 조세특례제한법 시행령 제51조의2 【자기관리부동산투자회사 등에 대한 과세특례】
   ③ 법 제55조의2 제4항에서 "대통령령으로 정하는 규모"란 「주택법」에 따른 국민주

택 규모(기획재정부령이 정하는 다가구주택의 경우에는 가구당 전용면적을 기준으로 한 면적을 말한다)를 말한다.

④ 법 제55조의2 제5항 제1호 및 제2호에서 "대통령령으로 정하는 규모 이하의 주택"이란 각각 다음 각 호의 구분에 따른 주택을 말한다.

1. 법 제55조의2 제5항 제1호의 경우 : 주택의 연면적(공동주택의 경우 전용면적)이 85제곱미터 이하인 주택

(4) 관련예규

【서면3팀-2078, 2006.09.08.】
부가가치세가 면제되는 국민주택이라 함은 「조세특례제한법 시행령」 제51조의2 제3항에 규정된 규모 이하의 주택을 말하는 것으로 「건축법 시행령」 별표1에 규정된 다중주택의 경우 국민 주택규모의 주택 해당여부는 1동 전체의 전용면적을 기준으로 판단하는 것임.

11 건설허가는 다중주택이나 실질은 다가구주택으로 부가가치세 신고가 아닌 사업장 현황신고

(1) 개요

납세자는 다중주택을 신축하여 판매하고자했고, 건설허가는 다중주택이나 납세자가 신축하고자 하는 주택의 실질은 다가구주택이고 각 호실의 면적이 국민주택규모 이하로 면세사업자에 해당되어 별도 사업자등록없이 기존면세사업자를 사용하면 된다고 판단한 후, 납세자의 2018년 및 2019년 귀속 매출 및 매입금액에 대한 부가가치세 신고 대신 사업자현황 신고만 한 사례가 발생했다.

(2) 주의사항 및 실무상 Tip

다중주택이란, 주택법 상 단독주택으로 분류되며, 다수의 세입자가 구분된 호실에 거주하되, 개별 호실에는 취사 시설이 설치되지 않고 공동 주방을 사용하는 구조를 말한다. 현실에서는 많은 다중주택 소유자들이 개별 호실에 취사 시설등 설치하여 독립적인 주

거 공간으로 운영하고 있다.

이런 경우에는 단독주택이나, 실제로는 공동주택으로 의제 될 수 있으며, 이로 인하여 양도소득세 비과세 혜택을 받기 어렵다.

(3) 관련법령

1) 조세특례제한법 시행규칙 제20조 【다가구주택의 정의】

영제51조의2 제3항에서 "기획재정부령이 정하는 다가구주택"이라 함은 「건축법 시행령」 별표1 제1호 다목에 해당하는 것을 말한다. 이 경우 한 가구가 독립하여 거주할 수 있도록 구획된 부분을 각각 하나의 주택으로 본다.

다. 다가구주택 : 다음의 요건을 모두 갖춘 주택으로서 공동주택에 해당하지 아니하는 것을 말한다.

1) 주택으로 쓰는 층수(지하층은 제외한다)가 3개 층 이하일 것. 다만, 1층의 전부 또는 일부를 필로티 구조로 하여 주차장으로 사용하고 나머지 부분을 주택(주거 목적으로 한정한다) 외의 용도로 쓰는 경우에는 해당 층을 주택의 층수에서 제외한다.

2) 1개 동의 주택으로 쓰이는 바닥면적의 합계가 660제곱미터 이하일 것

3) 19세대(대지 내 동별 세대수를 합한 세대를 말한다) 이하가 거주할 수 있을 것

12 수영장 이용료를 영리 단체로 보지 않고 면세로 착각하여 매출신고 누락 주의

(1) 개요

부가가치세 신고 과정에서 관련 법령 [부가가치세법 제26조(재화 또는 용역의 공급에 대한 면세), 부가가치세법 통칙12-0-6(지방자치단체 등으로부터 위탁을 받은 시설의 관리운영) 등을 면밀히 숙지하여 면세매출, 과세매출을 구분 하여 신고했어야 하나, 수영장 이용료를 면세로 착각하고, 이를 매출 신고 누락했다. 여기서 납세자의 잉여금 관리

규정 (잉여금 발생시 20% 감가상각비 적립, 나머지 잉여금은 시설 개·보수에 우선 사용 등)이 엄격하여 영리 단체로 보지 않았고, 이에 따라 수영장 이용료는 당연 면세로 착각하였다.

(2) 주의사항 및 실무상 Tip

통계청장이 고시하는 한국표준 산업분류표에 규정된 '기타 스포츠시설 운영업'(9113)을 영위하는 경우 부가가치세법 시행령 제46조 제3호에 따라 부가가치세가 과세된다. 청소년 수련시설인 수영장으로 청소년 복지와 보호를 주된 사업으로 하는 단체로 청소년이 아닌 자에게 제공하는 용역(일반인들로부터 받은 강습료 등)은 청구 법인의 고유목적사업에 해당하지 아니하므로 실비여부와 관계없이 부가가치세가 과세되므로 면밀히 검토해야 한다.

(3) 관련법령

1) 부가가치세법 제26조【재화 또는 용역의 공급에 대한 면세】

   ① 다음 각 호의 재화 또는 용역의 공급에 대하여는 부가가치세를 면제한다.

      6. 교육 용역으로서 대통령령으로 정하는 것

      19. 국가, 지방자치단체 또는 지방자치단체조합이 공급하는 재화 또는 용역으로서 대통령령으로 정하는 것

   ② 제1항에 따라 면세되는 재화 또는 용역의 공급에 통상적으로 부수되는 재화 또는 용역의 공급은 그 면세되는 재화 또는 용역의 공급에 포함되는 것으로 본다.

2) 부가가치세법 시행령 제36조【면세하는 교육 용역의 범위】

   ① 법 제26조 제1항 제6호에 따른 교육 용역은 다음 각 호의 어느 하나에 해당하는 시설 등에서 학생, 수강생, 훈련생, 교습생 또는 청강생에게 지식, 기술 등을 가르치는 것으로 한다.

      1. 주무관청의 허가 또는 인가를 받거나 주무관청에 등록되거나 신고된 학교, 학원, 강습소, 훈련원, 교습소 또는 그 밖의 비영리단체

      2. 「청소년활동진흥법」 제10조 제1호에 따른 청소년수련시설

3) 부가가치세법 시행령 제46조【국가, 지방자치단체 또는 지방자치단체조합이 공급하는 재화 또는 용역으로서 면세하는 것의 범위】

법 제26조 제1항 제19호에 따른 국가, 지방자치단체 또는 지방자치단체조합이 공급하는 재화 또는 용역은 다음 각 호의 재화 또는 용역을 제외한 것으로 한다.

3. 부동산임대업, 도매 및 소매업, 음식점업·숙박업, 골프장 및 스키장 운영업, 기타 스포츠시설 운영업. 다만, 다음 각 목의 어느 하나에 해당하는 경우는 제외한다.

13 금융리스차량의 매각(승계처리)시 세금계산서 발행 여부 확인

(1) 개요

납세자는 21년 08월말경 리스차량이기에 세금계산서 발행의무가 없다 판단하였고, 납세자는 21년 09월 세금계산서 발행없이 차량을 매각하고 부가가치세 예정신고한 사례이다.

(2) 주의사항 및 실무상 Tip

(가) 리스이용자가 변경되는 경우의 처리

① 금융리스의 경우(부가-1517, 2011.12.05 ; 서면3팀-1057, 2007.04.09.)
리스이용자가 새로운 리스이용자에게 해당 리스자산을 넘겨주는 것은 자산의 양도 ⇒ 부가가치세 과세, 세금계산서 교부

② 운용리스의 경우(법규과-1124, 2013.10.15 ; 서면3팀-585, 2004.03.24.)
리스이용자가 새로운 리스이용자에게 해당 리스자산을 넘겨주는 것은 재화의 공급에 해당하지 아니합니다.
다만, 새로운 리스이용자에게 대가를 받고 임차인의 지위를 양도하는 경우 그 대가에 대하여는 부가가치세가 과세됩니다(부가-1203. 2017.05.31.)

(나) 리스계약이 해지되는 경우의 처리

① 금융리스의 경우

리스자산을 사용하다가 채무불이행 등으로 리스계약이 해지되어 시설대여업자 에게 리스자산을 반환하는 것은 재화의 공급에 해당 ⇒ 세금계산서 발급 시설대여업자가 반환받은 리스자산을 다시 매각하는 경우에는 계산서를 발급 (부가-4694, 2016.09.20)

② 운용리스의 경우

리스자산을 사용하다가 시설대여 계약이 해지되어 당해 리스자산을 반환하는 것은 임대차용 자산을 반환하는 것이므로 세금계산서를 발급하지 아니합니다. 또한 계산서 발급대상 거래에도 해당하지 아니합니다(서면2팀-1658, 2005.10.17.)

(3) 관련법령

1) 부가가치세법 제9조【재화의 공급】

① 재화의 공급은 계약상 또는 법률상의 모든 원인에 따라 재화를 인도하거나 양도하는 것으로 한다.

(4) 관련예규

1) 서면부가 2016-4694(2016.09.20.)

사업자가 여신전문금융업법에 따른 시설대여업자로부터 금융리스 조건으로 리스자산을 임차하고 리스자산의 공급자로부터 직접 인도받아 사업에 사용하다가 사업자의 채무불이행 등으로 리스계약이 해지되어 리스자산이 시설대여업자에게 반환되는 경우재화의 공급에 해당하며, 시설대여업자가 반환받은 리스자산을 다시 매각하는 경우에는 계산서를 발급하여야 하는 것임.

| 14 | 직전연도 공급가액 미파악으로 인한 전자세금계산서 발급시기 착오에 의한 가산세 부과 사례 |

(1) 개요

부동산 매각, 부가가치세신고(22년2기)과정에서 해당업체의 토지, 건물가액안분계산, 세금계산서발행, 부가가치세 신고서 제출등 관련업무 전반에 대해 요청받았으나, 관련 법령[부가가치세법 제32조②, 제34조②(세금계산서 발급시기)] 미숙지 및 착오(1.전자세금계산서 발급의무 미인지, 2. 공급시기 속한 과세기간 (7월~12월)내 발급하면 되는 것으로 착각)일으켜, 전자세금계산서 발급의무 기한인 22년 11월 10일 내 발급 누락하여 전자세금계산서 미발급 사례이다.

직전연도 매출내역 미파악으로 인하여 전자세금계산서 의무발급 대상이 된 줄 모르고, 전자세금계산서 발급 의무기한인 22년 11월 10일내에 발급 하여야 했으나, 누락하여 전자세금계산서 미발급 가산세가 발생하였다.

- 22년 7월부터 직전연도 과세분과 면세분 공급가액의 합계액 2억원 이상 개인 사업자 발급의무화 됨.
- 납세자의 직전연도 매출액이 2억원대인 것을 인지 못함.

(2) 주의사항 및 실무상 Tip

1. 직전년도 매출액(2024.07.01.부터는 8천만원 이상) 파악을 잘해서 전자세금계산서 발급의무자인지 확인한다.
2. 매출은 무조건 전자세금계산서 발행을 권고하는 것이 실수를 최소화할 수 있다.

(3) 관련법령

1) 부가가치세법 제32조 【세금계산서 등】

② 법인사업자와 대통령령으로 정하는 개인사업자는 제1항에 따라 세금계산서를 발급하려면 대통령령으로 정하는 전자적 방법으로 세금계산서(이하 "전자세금계산서"라 한다)를 발급 하여야 한다.

2) 부가가치세법 시행령 제68조 【전자세금계산서의 발급 등】
  ① 법 제32조 제2항에서 "대통령령으로 정하는 개인사업자"란 직전 연도의 사업장별 재화 및 용역의 공급가액(면세공급가액을 포함한다. 이하 이 조에서 같다)의 합계액이 8천 만원 이상인 개인사업자(그 이후 직전 연도의 사업장별 재화 및 용역의 공급가액이 8천만원 미만이 된 개인사업자를 포함하며, 이하 이 조에서 "전자세금계산서 의무발급 개인사업자"라 한다)를 말한다.

[그림20] 전자세금계산서 의무발급 대상자 및 의무기간

■ 전자세금계산서 의무발급 대상자 및 의무기간
◆ 법인사업자는 2011.1월부터, 개인사업자는 직전 연도 사업장별 재화 및 용역의 공급가액 규모에 따라 2012.1월부터 발급의무를 시행하고 있음
  ◐ 전자세금계산서 발급의무 시행 연혁

시행연월	내 용
2010.1	전자세금계산서 제도 도입
2011.1	법인사업자 발급의무화
2012.1	직전연도 공급가액 10억원 이상 개인사업자 발급의무화
2014.7	직전연도 공급가액 3억원 이상 개인사업자 발급의무화
2019.7	직전연도 과세분과 면세분 공급가액의 합계액 3억원 이상 개인사업자 발급의무화
2022.7	직전연도 과세분과 면세분 공급가액의 합계액 2억원 이상 개인사업자 발급의무화
2023.7	직전연도 과세분과 면세분 공급가액의 합계액 1억원 이상 개인사업자 발급의무화
2024.7	직전연도 과세분과 면세분 공급가액의 합계액 8천만원 이상 개인사업자 발급의무화

◆ 개인사업자의 전자발급 의무기간
  - (정기신고) 사업장별 재화 및 용역의 공급가액(과·면세) 합계액이 의무발급 기준금액 이상인 해의 다음 해 제2기 과세기간부터 계속하여 발급의무 적용

기준연도	의무발급 기준금액	전자발급 의무기간	전자발급 의무통지
2020년	3억원	2021.7.1.~2022.6.30.	2021.5.31.
2021년	2억원	2022.7.1.~2023.6.30.	2022.5.31.
2022년	1억원	2023.7.1.~계속	2023.5.31.
2023년	8천만원	2024.7.1.~계속	2024.5.31.

  → 의무발급 과세기간 개시 1개월 전까지 통지서를 수령하지 못한 경우 통지서를 수령한 날이 속하는 달의 다음 다음달 1일부터 의무 발급 ('18.2.13.이후 통지분부터)

  - (수정신고 등) 사업장별 재화 및 용역의 공급가액(과·면세) 합계액이 수정신고 또는 경정·결정(이하 "수정신고 등")으로 의무발급 기준금액 이상이 된 경우 수정신고 등을 한 날이 속하는 과세기간의 다음 과세기간부터 계속하여 발급의무
  (예시) '22년 연간 공급가액(과·면세)이 9천만원인 개인사업자가 '23.8월 공급가액(과·면세) 3천만원 증액 수정신고시 '24.1.1.부터 계속하여 전자세금계산서 발급의무 적용

[그림21] 전자세금계산서 의무발급 대상자, 의무기간 및 발행 판단 기준

■ **전자계산서 의무발급 대상자 및 의무기간**

◆ **전자계산서 의무발급 대상자**
- **(2015.7.1.부터)** 법인사업자 및 직전연도의 사업장별 재화 및 용역의 공급가액의 합계액이 3억원 이상 개인사업자(전자세금계산서 발급의무자)
- **(2016.1.1.부터)** 직전 과세기간의 총수입금액이 10억원 이상인 개인사업자
- **(2017.1.1.부터)** 전전 과세기간의 총수입금액이 10억원 이상인 개인사업자
- **(2019.7.1.부터)** 직전 과세기간의 총수입금액이 3억원 이상인 개인사업자
- **(2022.7.1.부터)** 직전 과세기간의 총수입금액이 2억원 이상인 개인사업자
- **(2023.7.1.부터)** 직전 과세기간의 총수입금액이 1억원 이상인 개인사업자
- **(2024.7.1.부터)** 직전 과세기간의 총수입금액이 8천만원 이상인 개인사업자

◆ 직전 과세기간의 총수입금액 8천만원 이상은 부가가치세 과세 공급가액 및 면세 수입금액의 합계액을 기준으로 판단함

구분	총수입 금액	과세 공급가액	면세분 수입금액	전자계산서 발급의무 여부
사례1	8천만원	8천만원	-	발급의무 ○ (총수입금액이 8천만원 이상)
사례2	8천만원	-	8천만원	발급의무 ○ (총수입금액이 8천만원 이상)
사례3	8천만원	0.5억원	0.3억원	발급의무 ○ (총수입금액이 8천만원 이상)

◆ **개인사업자의 전자발급 의무기간**
- **(정기신고)** 사업장별 총수입금액이 의무발급 기준금액 이상이 된 과세기간의 다음 과세기간의 7월 1일부터 계속하여 발급의무 적용

기준연도	의무발급 기준금액	전자발급 의무기간
2020년	3억원	2021.7.1.~2022.6.30.
2021년	2억원	2022.7.1.~2023.6.30.
2022년	1억원	2023.7.1.~계속
2023년	8천만원	2024.7.1.~계속

- **(수정신고 등)** 사업장별 총수입금액이 수정신고 또는 경정·결정(이하 "수정신고 등")으로 의무발급 기준금액 이상이 된 경우 수정신고 등을 한 날이 속하는 과세기간의 다음 과세기간부터 계속하여 발급의무
  (예시) '22년 연간 총수입금액이 9천만원인 개인사업자가 '23.8월 총수입금액 3천만원 증액 수정신고시 '24.1.1.부터 계속하여 전자계산서 발급의무 적용

15 본지점간 유류이동 관련 세금계산서 지연발급(지연수취)에 따른 사고사례

(1) 개요

2022년 6월경 납세자는 본, 지점 유류이동 관련 세금계산서 발급여부에 대해, 관련법령 [부가가치세법 제10조 3항(재화공급의특례)] 미숙지로 자금의 이동이 없으니, 세금계산서 발급하지 않아도 된다고 판단하였다.

그러나 본, 지점간 총괄납부 승인신청을 하지 않아, 본지점간 유류이동은 재화의 공급으로 보고 세금계산서를 발급했어야 한다.

(2) 주의사항 및 실무상 Tip

부가가치세법 중 간주공급(판매목적 타 사업장 반출)시에는 모회사 자회사 간에도 세금계산서 수수가 필수적이다.

위 과정이 번거롭다면, 선제적으로 사업자단위과세사업자 또는 총괄납부를 미리 신청하여야 한다.

(3) 관련법령

1) 부가가치세법 제10조【재화공급의 특례】

　③ 사업장이 둘 이상인 사업자가 자기의 사업과 관련하여 생산 또는 취득한 재화를 판매할 목적으로 자기의 다른 사업장에 반출하는 것은 재화의 공급으로 본다. 다만, 다음 각 호의 어느 하나에 해당하는 경우는 재화의 공급으로 보지 아니한다.

　　1. 사업자가 제8조 제3항 후단에 따른 사업자 단위 과세 사업자로 적용을 받는 과세 기간에 자기의 다른 사업장에 반출하는 경우

　　2. 사업자가 제51조에 따라 주사업장 총괄 납부의 적용을 받는 과세기간에 자기의 다른 사업장에 반출하는 경우. 다만, 제32조에 따른 세금계산서를 발급하고 제48조 또는 제49조에 따라 관할 세무서장에게 신고한 경우는 제외한다.

2) 부가가치세법 제51조【주사업장 총괄 납부】

　① 사업장이 둘 이상인 사업자(사업장이 하나이나 추가로 사업장을 개설하려는 사업자를 포함한다)가 대통령령으로 정하는 바에 따라 주된 사업장의 관할 세무서장에게 주사업장 총괄 납부를 신청한 경우에는 대통령령으로 정하는 바에 따라 납부할 세액을 주된 사업장에서 총괄하여 납부할 수 있다.

16 매출처별 세금계산서 누락으로 인한 부가가치세 및 종합소득세 과소신고주의

(1) 개요

부가가치세(2021년 1기확정) 및 종합소득세(2021년 귀속) 신고과정에서 매출처별 세금계산서 (13억)집계 누락으로 인해 2021년 제1기 확정 부가가치세 신고시 매출세액 1.3억(13억 × 10%), 2021년 귀속 소득세 신고시 소득금액 0.63억(매출13억-인건비 12.37억)과소 신고되어 가산세가 부과되었다.

(2) 관련법령

1) 부가가치세법 제60조 【가산세】

〈세금계산서 미발급가산세〉

② 사업자가 다음 각 호의 어느 하나에 해당하면 각 호에 따른 금액을 납부세액에 더하거나 환급세액에서 뺀다. 이 경우 제1호 또는 제2호가 적용되는 부분은 제3호부터 제5호까지를 적용하지 아니하고, 제5호가 적용되는 부분은 제3호 및 제4호를 적용하지 아니한다. 〈개정 2014.12.23, 2016.12.20, 2018.12.31., 2019.12.31.〉

2. 제34조에 따른 세금계산서의 발급시기가 지난 후 해당 재화 또는 용역의 공급 시기가 속하는 과세기간에 대한 확정신고 기한까지 세금계산서를 발급하지 아니한 경우 그 공급가액의 2퍼센트. 다만, 다음 각 목의 어느 하나에 해당하는 경우에는 그 공급가액의 1퍼센트로 한다.

가. 제32조 제2항에 따라 전자세금계산서를 발급하여야 할 의무가 있는 자가 전자세금 계산서를 발급하지 아니하고 제34조에 따른 세금계산서의 발급 시기에 전자세금계산서 외의 세금계산서를 발급한 경우

〈합계표 미제출 가산세〉

⑥ 사업자가 다음 각 호의 어느 하나에 해당하면 각 호에 따른 금액을 납부세액에 더하거나 환급세액에서 뺀다. 다만, 제54조 제1항에 따라 제출한 매출처별 세금계산서합계표의 기재사항이 착오로 적힌 경우로서 사업자가 발급한 세금계산서에

따라 거래사실이 확인되는 부분의 공급가액에 대하여는 그러하지 아니하다.
〈개정 2016.12.20〉

1. 제54조 제1항 및 제3항에 따른 매출처별 세금계산서합계표를 제출하지 아니한 경우에는 매출처별 세금계산서합계표를 제출하지 아니한 부분에 대한 공급가액의 0.5퍼센트

1) 국세기본법 제47조의2 【무신고가산세】

① 납세의무자가 법정신고기한까지 세법에 따른 국세의 과세표준 신고(예정신고 및 중간신고를 포함하며, 「교육세법」제9조에 따른 신고 중 금융·보험업자가 아닌 자의 신고와 「농어촌특별세법」 및 「종합부동산세법」에 따른 신고는 제외한다)를 하지 아니한 경우에는 그 신고로 납부하여야 할 세액(이 법 및 세법에 따른 가산세와 세법에 따라 가산하여 납부하여야 할 이자 상당 가산액이 있는 경우 그 금액은 제외하며, 이하 "무신고납부세액"이라 한다)에 다음 각 호의 구분에 따른 비율을 곱한 금액을 가산세로 한다. 〈개정 2016.12.20, 2019.12.31〉

1. 부정행위로 법정신고기한까지 세법에 따른 국세의 과세표준 신고를 하지 아니한 경우 : 100분의 40(역외거래에서 발생한 부정행위인 경우에는 100분의 60)

2. 제1호 외의 경우 : 100분의 20

2) 국세기본법 제47조의4 【납부지연가산세】

① 납세의무자(연대납세의무자, 납세자를 갈음하여 납부할 의무가 생긴 제2차 납세의무자 및 보증인을 포함한다)가 법정납부기한까지 국세(「인지세법」 제8조 제1항에 따른 인지세는 제외한다)의 납부(중간예납·예정신고납부·중간신고납부를 포함한다)를 하지 아니하거나 납부하여야 할 세액보다 적게 납부(이하 "과소납부"라 한다)하거나 환급받아야 할 세액보다 많이 환급(이하 "초과환급"이라 한다)받은 경우에는 다음 각 호의 금액을 합한 금액을 가산세로 한다.
〈개정 2018.12.31, 2019.12.31, 2020.12.29〉

1. 납부하지 아니한 세액 또는 과소납부분 세액(세법에 따라 가산하여 납부하여야 할 이자 상당 가산액이 있는 경우에는 그 금액을 더한다) × 법정납부기한의 다음 날부터 납부일까지의 기간(납부고지일부터 납부고지서에 따른 납부기한까지의 기간은 제외한다) × 금융회사 등이 연체대출금에 대하여 적용하는 이자율 등을 고려하여 대통령령으로 정하는 이자율(령27조의4 - 10만분의 22)

2. 법정납부기한까지 납부하여야 할 세액(세법에 따라 가산하여 납부하여야 할 이자 상당 가산액이 있는 경우에는 그 금액을 더한다) 중 납부고지서에 따른 납부 기한까지 납부하지 아니한 세액 또는 과소납부분 세액 × 100분의 3 (국세를 납부고지서에 따른 납부기한까지 완납하지 아니한 경우에 한정한다)

17 세금계산서 오류 발행으로 인한 부가가치세 과소신고

(1) 개요

2021년 제1기 부가가치세 확정 신고 과정에서 거래업체 입금 내역 수령 및 전자 세금계산서 발행여부를 판단했으나, 관련 법령(부가가치세법 제34조 세금계산서 발급시기 ①, ③) 미숙지 및 착오 [공급시기가 속한 과세기간(1월~6월) 내 발행만 하면 되는 것으로 착각] 일으켰다.

(2) 관련법령

1) 부가가치세법 제34조 【세금계산서 발급시기】

① 세금계산서는 사업자가 제15조 및 제16조에 따른 재화 또는 용역의 공급시기에 재화 또는 용역을 공급받는 자에게 발급하여야 한다.

② 제1항에도 불구하고 사업자는 제15조 또는 제16조에 따른 재화 또는 용역의 공급 시기가 되기 전 제17조에 따른 때에 세금계산서를 발급할 수 있다.

③ 제1항에도 불구하고 다음 각 호의 어느 하나에 해당하는 경우에는 재화 또는 용역의 공급일이 속하는 달의 다음 달 10일(그 날이 공휴일 또는 토요일인 경우에는 바로 다음 영업일을 말한다)까지 세금계산서를 발급할 수 있다. 〈개정 2023. 12.31.〉

4. 거래처별로 달의 1일부터 말일까지의 공급가액을 합하여 해당 달의 말일을 작성 연월일로 하여 세금계산서를 발급하는 경우

5. 거래처별로 달의 1일부터 말일까지의 기간 이내에서 사업자가 임의로 정한 기

간의 공급가액을 합하여 그 기간의 종료일을 작성 연월일로 하여 세금계산서를 발급 하는 경우

6. 관계 증명서류 등에 따라 실제거래사실이 확인되는 경우로서 해당 거래일을 작성 연월일로 하여 세금계산서를 발급하는 경우

2) 부가가치세법 제15조 【재화의 공급시기】

① 재화가 공급되는 시기는 다음 각 호의 구분에 따른 때로 한다. 이 경우 구체적인 거래 형태에 따른 재화의 공급시기에 관하여 필요한 사항은 대통령령으로 정한다.

1. 재화의 이동이 필요한 경우 : 재화가 인도되는 때

2. 재화의 이동이 필요하지 아니한 경우 : 재화가 이용가능하게 되는 때

3. 제1호와 제2호를 적용할 수 없는 경우 : 재화의 공급이 확정되는 때

② 제1항에도 불구하고 할부 또는 조건부로 재화를 공급하는 경우 등의 재화의 공급 시기는 대통령령으로 정한다.

3) 부가가치세법 제16조 【용역의 공급시기】

① 용역이 공급되는 시기는 다음 각 호의 어느 하나에 해당하는 때로 한다.

1. 역무의 제공이 완료되는 때

2. 시설물, 권리 등 재화가 사용되는 때

② 제1항에도 불구하고 할부 또는 조건부로 용역을 공급하는 경우 등의 용역의 공급 시기는 대통령령으로 정한다.

4) 부가가치세법 제17조 【재화 및 용역의 공급시기의 특례】

① 사업자가 제15조 또는 제16조에 따른 재화 또는 용역의 공급시기(이하 이 조에서 "재화 또는 용역의 공급시기"라 한다)가 되기 전에 재화 또는 용역에 대한 대가의 전부 또는 일부를 받고, 그 받은 대가에 대하여 제32조에 따른 세금계산서 또는 제36조에 따른 영수증을 발급하면 그 세금계산서 등을 발급하는 때를 각각 그 재화 또는 용역의 공급시기로 본다.

② 사업자가 재화 또는 용역의 공급시기가 되기 전에 제32조에 따른 세금계산서를 발급하고 그 세금계산서 발급일부터 7일 이내에 대가를 받으면 해당 세금계산서를 발급한 때를 재화 또는 용역의 공급시기로 본다.

③ 제2항에도 불구하고 다음 각 호의 어느 하나에 해당하는 경우에는 재화 또는 용역 을 공급하는 사업자가 그 재화 또는 용역의 공급시기가 되기 전에 제32조에 따른 세금계산서를 발급하고 그 세금계산서 발급일부터 7일이 지난 후 대가를 받더라도 해당 세금계산서를 발급한 때를 재화 또는 용역의 공급시기로 본다.

1. 거래 당사자 간의 계약서·약정서 등에 대금 청구시기(세금계산서 발급일을 말한다)와 지급시기를 따로 적고, 대금 청구시기와 지급시기 사이의 기간이 30일 이내인 경우
2. 재화 또는 용역의 공급시기가 세금계산서 발급일이 속하는 과세기간 내(공급받는 자가 제59조 제2항에 따라 조기환급을 받은 경우에는 세금계산서 발급일부터 30일 이내)에 도래하는 경우

④ 사업자가 할부로 재화 또는 용역을 공급하는 경우 등으로서 대통령령으로 정하는 경우의 공급시기가 되기 전에 제32조에 따른 세금계산서 또는 제36조에 따른 영 수증을 발급하는 경우에는 그 발급한 때를 각각 그 재화 또는 용역의 공급시기로 본다.

5) 부가가치세법 제18조【재화의 수입시기】

재화의 수입시기는 「관세법」에 따른 수입신고가 수리된 때로 한다.

18 경정청구 신고기한 주의

(1) 개요

다중주택의 2017년 2기분 부가가치세 과세예고통지와 관련해서, 다중주택의 2017년 1기분 부가가치세 경정청구기한(2022.07.25.)이내에 경정을 청구하지 않고 2022.08.31. 경정을 청구하여, 관할세무서에서 다중주택의 2017년 1기분 부가가치세 경정 청구에 대해 기한 경과로 "경정청구 기각"을 결정함으로 인해, 다중주택을 운영했던 납세자가 다중주택 신축판매 건물분에 대한 부가가치세과세에 대응하는 부가가치세 매입세액 43,226,810원을 환급 받지 못하는 상황이 초래되어 발생한 사례이다.

(2) 주의사항 및 실무상 Tip

1) 경정청구기한 : 법정신고기한이 지난 후 5년 이내
   ① 경정청구를 받은 세무서장은 그 청구를 받은 날부터 2개월 이내에 과세표준 및 세액을 결정 또는 경정하거나 그러할 이유가 없다는 뜻을 그 청구를 한 자에게 통지하여야 한다(국세기본법 제45조의2 ③).
   ② 청구를 한 자가 2개월 이내에 아무런 통지를 받지 못한 경우에는 통지를 받기 전이라도 그 2개월이 되는 날의 다음날부터 이의신청, 심사청구, 심판청구 또는 감사원법에 따른 심사청구를 할 수 있다.

   경정청구 거부 및 2개월 이내 통지를 받지 못한 경우 → 불복청구 가능

(3) 관련법령

1) 국세기본법 제45조의2 【경정 등의 청구】
   ① 과세표준신고서를 법정신고기한까지 제출한 자 및 제45조의3 제1항에 따른 기한 후 과세표준신고서를 제출한 자는 다음 각 호의 어느 하나에 해당할 때에는 최초신고 및 수정신고한 국세의 과세표준 및 세액의 결정 또는 경정을 법정신고기한이 지난 후 5년 이내에 관할 세무서장에게 청구할 수 있다. 다만, 결정 또는 경정으로 인하여 증가된 과세표준 및 세액에 대하여는 해당 처분이 있음을 안 날(처분의 통지를 받은 때에는 그 받은 날)부터 90일 이내(법정신고기한이 지난 후 5년 이내로 한정한다)에 경정을 청구할 수 있다.
   1. 과세표준신고서 또는 기한 후 과세표준신고서에 기재된 과세표준 및 세액(각 세법에 따라 결정 또는 경정이 있는 경우에는 해당 결정 또는 경정 후의 과세표준 및 세액을 말한다)이 세법에 따라 신고하여야 할 과세표준 및 세액을 초과할 때
   2. 과세표준신고서 또는 기한 후 과세표준신고서에 기재된 결손금액 또는 환급세액(각 세법에 따라 결정 또는 경정이 있는 경우에는 해당 결정 또는 경정 후의 결손금액 또는 환급세액을 말한다)이 세법에 따라 신고하여야 할 결손금액 또는 환급세액에 미치지 못할 때
   ② 과세표준신고서를 법정신고기한까지 제출한 자 또는 국세의 과세표준 및 세액의

결정을 받은 자는 다음 각 호의 어느 하나에 해당하는 사유가 발생하였을 때에는 제1항에서 규정하는 기간에도 불구하고 그 사유가 발생한 것을 안 날부터 3개월 이내에 결정 또는 경정을 청구할 수 있다.

1. 최초의 신고·결정 또는 경정에서 과세표준 및 세액의 계산 근거가 된 거래 또는 행위 등이 그에 관한 제7장에 따른 심사청구, 심판청구, 「감사원법」에 따른 심사청구에 대한 결정이나 소송에 대한 판결(판결과 같은 효력을 가지는 화해나 그 밖의 행위를 포함한다)에 의하여 다른 것으로 확정되었을 때

2. 소득이나 그 밖의 과세물건의 귀속을 제3자에게로 변경시키는 결정 또는 경정이 있을 때

3. 조세조약에 따른 상호합의가 최초의 신고·결정 또는 경정의 내용과 다르게 이루어졌을 때

4. 결정 또는 경정으로 인하여 그 결정 또는 경정의 대상이 된 과세표준 및 세액과 연동된 다른 세목(같은 과세기간으로 한정한다)이나 연동된 다른 과세기간(같은 세목으로 한정한다)의 과세표준 또는 세액이 세법에 따라 신고하여야 할 과세표준 또는 세액을 초과할 때

5. 제1호부터 제4호까지와 유사한 사유로서 대통령령으로 정하는 사유가 해당 국세의 법정신고기한이 지난 후에 발생하였을 때

19 매출세액 귀속시기 착오로 인한 부가가치세 과소신고 주의

(1) 개요

납세자가 건물 매도분에 대한 매출 세금계산서를 소유권 등기 이전일이 속한 2021년 12월 귀속분으로 발급하여야 하나, 잔금 수령일이 속한 2022년 03월 귀속분으로 발급하여 2021년 2기 확정 부가가치세가 과소 신고한 사례이다.

(2) 주의사항 및 실무상 Tip

※ 가산세의 감면 내용 점검

(3) 관련법령

1) 부가가치세법 제15조【재화의 공급시기】

   재화가 인도/이용가능/공급확정되는 때로, 부동산의 공급시기는 당해 건물이 이용가능하게 된 때임.

2) 부가가치세법 제60조【가산세】

   〈세금계산서 미발급가산세〉

   ② - 2. 제34조에 세금계산서 미발급 가산세 공급가액의 2퍼센트.

   세금계산서의 발급시기에 전자세금계산서 외의 세금계산서를 발급한 경우 1퍼센트

   〈합계표 미제출 가산세〉

   ⑥ - 1. 매출처별 세금계산서합계표를 제출하지 아니한 부분에 대한 공급가액의 0.5퍼센트

3) 국세기본법 제47조의2【무신고가산세】①

   1. 부정행위로 법정신고기한까지 세법에 따른 국세의 과세표준 신고를 하지 아니한 경우 : 100분의 40(역외거래에서 발생한 부정행위인 경우에는 100분의 60)

   2. 제1호 외의 경우 : 100분의 20

4) 국세기본법 제47조의4【납부지연가산세】①

   1. 납부하지 아니한 세액 또는 과소납부분 세액 × 법정납부기한의 다음 날부터 납부일 까지의 기간 × 이자율 10만분의 22

   3. 법정납부기한까지 납부하여야 할 세액(과소납부분 세액) × 100분의 3

5) 국세기본법 제48조【가산세 감면 등】②

   1. 〈수정신고의 감면〉

      가. 법정신고기한이 지난 후 1개월 이내에 수정신고한 경우 : 해당 가산세액의 100분의 90에 상당하는 금액

      나. 법정신고기한이 지난 후 1개월 초과 3개월 이내에 수정신고한 경우 : 해당 가산세액의 100분의 75에 상당하는 금액

다. 법정신고기한이 지난 후 3개월 초과 6개월 이내에 수정신고한 경우 : 해당 가산세액의 100분의 50에 상당하는 금액

라. 법정신고기한이 지난 후 6개월 초과 1년 이내에 수정신고한 경우 : 해당 가산세액의 100분의 30에 상당하는 금액

마. 법정신고기한이 지난 후 1년 초과 1년 6개월 이내에 수정신고한 경우 : 해당 가산세액의 100분의 20에 상당하는 금액

바. 법정신고기한이 지난 후 1년 6개월 초과 2년 이내에 수정신고한 경우 : 해당 가산세액의 100분의 10에 상당하는 금액

6) 국세기본법 제48조【가산세 감면 등】②

2. 〈기한후 신고의 감면〉

가. 법정신고기한이 지난 후 1개월 이내에 기한 후 신고를 한 경우 : 해당 가산세액의 100분의 50에 상당하는 금액

나. 법정신고기한이 지난 후 1개월 초과 3개월 이내에 기한 후 신고를 한 경우 : 해당 가산세액의 100분의 30에 상당하는 금액

다. 법정신고기한이 지난 후 3개월 초과 6개월 이내에 기한 후 신고를 한 경우 : 해당 가산세액의 100분의 20에 상당하는 금액

(4) 관련예규

1) 소비46015-259, (2000.08.19.)

건물양도시 잔금청산일 이전에 소유권 이전 등기를 한 경우 공급시기 ; 이용가능하게 되는 때라 함은 원칙적으로 소유권이전등기일을 말하나, 사용·수익 등 이용을 제한하고 있는 경우 실제로 사용·수익이 가능한 날임

20 결제대행사, 플랫폼사업자 등의 매출누락으로 인한 부가가치세, 소득세과소신고주의

(1) 개요

납세자의 부가가치세 확정신고 업무를 수행하는 과정에 결제대행사 일부 매출금액을 누락하여 부가가치세를 신고하여 부가가치세 과소신고 및 소득세 과소신고로 본세 및 가산세가 발생한 사례이다.

(2) 주의사항 및 실무상 Tip

결제 방법 등과 관계없이 부가가치세법상 재화의 공급에 해당하면 부가가치세 신고납부 시 과세표준에 포함하여 신고하여야 한다.
업종별 결제대행업체 매출, 플랫폼 매출 발생 시 매출누락에 유의해야 한다.

(3) 관련법령

1) 부가가치세법 제9조 【재화의 공급】
   ① 재화의 공급은 계약상 또는 법률상의 모든 원인에 따라 재화를 인도(引渡)하거나 양도(讓渡)하는 것으로 한다.

21 제조업 등 신용카드 등 발행세액공제 배제주의

(1) 개요

주로 사업자가 아닌 자에게 재화 또는 용역을 공급하고 세금계산서 발급시기에 신용카드매출전표 등을 발행하면 발급금액의 1.3%를 납부세액에서 공제한다.

(2) 주의사항 및 실무 Tip

실무적으로 영수증발급대상자를 말하므로 제조업, 도매업, 건설업 등은 신용카드매출전표를 발행하더라도 공제받을 수 없다.

(3) 관련법령

1) 부가가치세법 제46조【신용카드 등의 사용에 따른 세액공제 등】

① 제1호에 해당하는 사업자가 부가가치세가 과세되는 재화 또는 용역을 공급하고 제34조 제1항에 따른 세금계산서의 발급시기에 제2호에 해당하는 거래증빙서류(이하 이 조에서 "신용카드매출전표등"이라 한다)를 발급하거나 대통령령으로 정하는 전자적 결제수단에 의하여 대금을 결제받는 경우에는 제3호에 따른 금액을 납부세액에서 공제한다.

1. 사업자 : 다음 각 목의 어느 하나에 해당하는 사업자

   가. 주로 사업자가 아닌 자에게 재화 또는 용역을 공급하는 사업으로서 대통령령으로 정하는 사업을 하는 사업자(법인사업자와 직전 연도의 재화 또는 용역의 공급가액의 합계액이 대통령령으로 정하는 금액을 초과하는 개인사업자는 제외한다)

   나. 제36조 제1항 제2호에 해당하는 간이과세자

2. 거래증빙서류 : 다음 각 목의 어느 하나에 해당하는 서류

   가. 「여신전문금융업법」에 따른 신용카드매출전표

   나. 「조세특례제한법」 제126조의3에 따른 현금영수증

   다. 그 밖에 이와 유사한 것으로 대통령령으로 정하는 것

3. 공제금액(연간 500만원을 한도로 하되, 2026년 12월 31일까지는 연간 1천만원을 한도로 한다) : 발급금액 또는 결제금액의 1퍼센트(2026년 12월 31일까지는 1.3퍼센트로 한다)

(4) 관련예규

1) 사전법령부가-1137 (2020.12.31.)

또한 제품을 제조하여 전자상거래 방식으로 소비자에게 판매하고 신용카드매출전표를 발행하는 경우 신용카드 등 발급에 따른 세액공제를 받을 수 없다.

통계청 표준산업분류표에 따르면 제조한 제품을 소매형태로 판매하더라도 제조업으로 보고 있으므로 신용카드 등 발행세액공제를 받을 수 없음에 주의해야 한다.

실무적으로 제조업 등이 신용카드·현금영수증으로 결제를 받는 경우는 많이 없으나 오픈마켓 등 온라인쇼핑몰의 경우 대부분 신용카드 등으로 결제를 받고 그 금액이 크고 중요하다.

22 인적용역 면세요건 명확화에 따른 부가가치세 과세검토

(1) 개요

개인이 인적·물적 시설없이 독립적으로 공급하는 저술·만화 등 부가가치세법 시행령 제42조 1호에 해당하는 인적용역에 대해서는 부가가치세를 면세한다.

(2) 주의사항 및 실무 Tip

유튜버, 웹툰작가 등 인적용역 소득자가 근로자를 고용하지 아니하고 외주용역(프리랜서)를 제공받는 경우 인적시설을 갖추었는지에 대해 판단하기 어려운 부분을 명확화 했다고 볼 수 있다.

실무적으로 웹툰작가의 경우 어시스트를 고용하고, 유튜버는 편집자 등을 고용하는 경우가 많이 있고 외주용역으로 보아 3.3% 원천징수로 신고하는 경우가 많이 있다. 웹툰작가의 어시스트 고용, 유튜버의 편집자 고용은 주된 업무에 대해 타인으로부터 노무 등을 제공받는 경우에 해당하여 부가가치세 과세사업자로 전환이 필요하다.

[그림22] 면세사업자에서 과세사업자로 전환 방법

국세증명·사업자등록 세금관련 신청/ 신고 - 개인사업자등록 신청 - 세법개정에 의한 면세에서 과세로 사업자 전환 순으로 클릭한다.

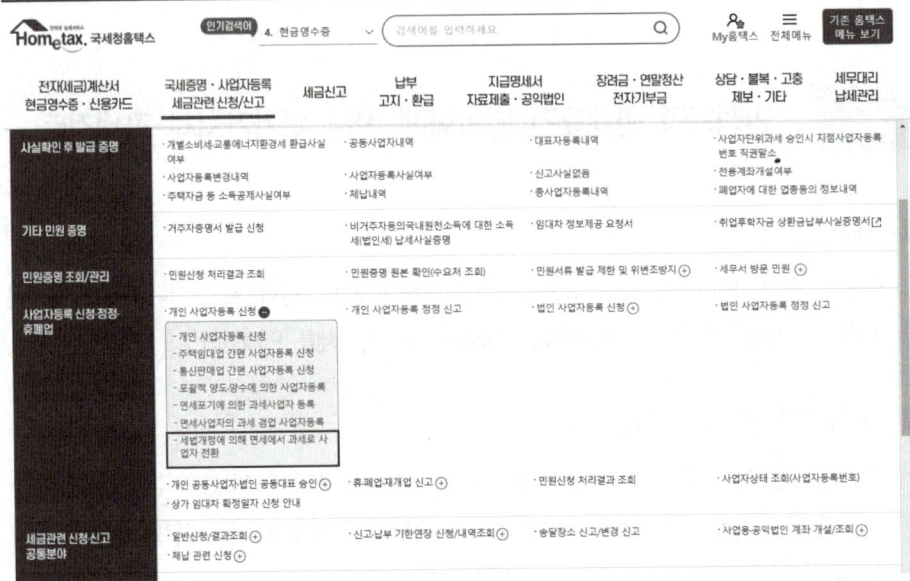

(3) 관련법령

1) 부가가치세법 시행령 42조 [제34270호, 2024.02.29.] 개정안

종 전	개 정
☐ 개인의 인적용역에 대한 부가가치세 면제	☐ 면세요건 명확화
○ (대상) 저술·음악·무용·배우·가수·감독·직업운동가 등	○ (좌 동)
○ (요건) 개인이 물적 시설 없이 근로자를 고용하지 않을 것	○ 개인이 물적 시설 없이 근로자를 고용하지 아니하거나 <u>고용 외의 형태로 해당 용역의 주된 업무에 대해 타인으로부터 노무 등을 제공받지 아니할 것</u>

(4) 관련예규

1) 재부가-472(2007.06.20.)

독립적인 용역제공자가 업무보조원을 고용한 경우, 주된 용역업무에 직접적으로 관련있는 용역제공 또는 주된 용역제공에 필수적으로 부수되는 업무보조는 과세이나, 업무보조원이 수행하는 업무가 주된 용역제공에 필수적으로 부수되는 업무에 해당하지 않는 경우에는 면세인 것이며, 이 경우 주된 용역에 필수적인지 여부는 사실판단할 사항임.

보험설계사의 보조자가 하는 일중에서 보험모집과 직접 관련 있는 보험안내상담(홍보포함), 보험청약서 작성지원, 보험증권 전달 등이 ① 업무용 차량의 운전 ② 보험회사가 제공하는 각종 보험관련 안내자료 관리, ③ 보험설계사의 지시에 의해 고객에 대한 보험상품 등의 안내자료 작성, ④ 출력 및 복사 등의 단순 사무노동, ⑤ 우편물 수발업무, ⑥ 보험설계사의 스케줄 관리 등 제반 비서업무만을 수행하는 경우는 보험설계사의 주업무인 보험모집에 필수적으로 부수되는 업무로 볼 수 없는 것임.

23 의제매입세액 공제 착오 계산으로 인한 부가가치세 과소신고주의

(1) 개요

납세자의 부가가치세 신고과정에서 의제매입세액 공제한도 및 공제세액 계산 착오로 부가가치세 과소신고하였다.

공제한도 과세표준에 과세매출만 포함시켜야 했으나, 면세매출까지 포함시켜 한도, 대상세액이 과다 공제되었다.

(2) 주의사항 및 실무상 Tip

주로 음식점업, 식료품제조업자 등[과세사업자]이 원재료[면세품]를 매입할 경우 부가가치세를 공제받지 못하는 불이익을 완화하기 위해 의제매입세액 공제 특례 조항을 두고 있다. 법령의 제정 취지를 염두에 두고 공제한도 및 세액 계산에 주의하자.

[그림23] 세무사랑-부가가치세-의제매입세액공제신고서

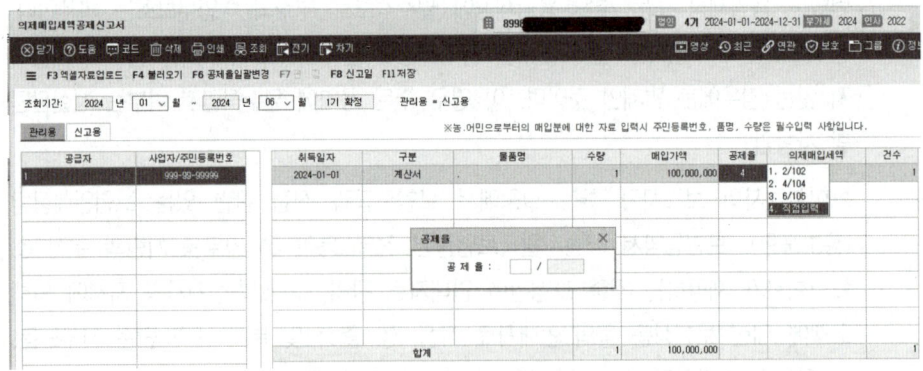

(3) 관련법령

1) 부가가치세법 제42조 【면세농산물등 의제매입세액 공제특례】
   ① 사업자가 제26조 제1항 제1호 또는 제27조 제1호에 따라 부가가치세를 면제받

아 공급받거나 수입한 농산물·축산물·수산물 또는 임산물(이하 "면세농산물등"이라 한다)을 원재료로 하여 제조·가공한 재화 또는 창출한 용역의 공급에 대하여 부가가치세가 과세되는 경우에는 면세농산물등을 공급받거나 수입할 때 매입세액이 있는 것으로 보아 면세농산물 등의 가액(대통령령으로 정하는 금액을 한도로 한다)에 다음 표의 구분에 따른 율을 곱하여 계산한 금액을 매입세액으로 공제할 수 있다.

구분		율
1. 음식점업	가. 「개별소비세법」 제1조제4항에 따른 과세유흥장소의 경영자	102분의 2
	나. 가목 외의 음식점을 경영하는 사업자 중 개인사업자	108분의 8 (과세표준 2억원 이하인 경우에는 2026년 12월 31일까지 109분의 9)
	다. 가목 및 나목 외의 사업자	106분의 6
2. 제조업	가. 과자점업, 도정업, 제분업 및 떡류 제조업 중 떡방앗간을 경영하는 개인사업자	106분의 6
	나. 가목 외의 제조업을 경영하는 사업자 중 「조세특례제한법」 제6조제1항에 따른 중소기업 및 개인사업자	104분의 4
	다. 가목 및 나목 외의 사업자	102분의 2
3. 제1호 및 제2호 외의 사업		102분의 2

② 제1항을 적용받으려는 사업자는 제48조 및 제49조에 따른 신고와 함께 대통령령으로 정하는 바에 따라 면세농산물등을 공급받은 사실을 증명하는 서류를 납세지 관할 세무서장에게 제출하여야 한다.

③ 제1항 및 제2항에서 규정한 사항 외에 면세농산물의 범위 등 면세농산물 등의 의제매입세액공제액 계산에 필요한 사항은 대통령령으로 정한다.

2) 부가가치세법 시행령 제84조【의제매입세액 계산】

② 법 제42조 제1항 표 외의 부분에서 "대통령령으로 정하는 금액"이란 해당 과세

기간에 해당 사업자가 면세농산물등과 관련하여 공급한 과세표준(이하 이 항에서 "과세표준"이라 한다)에 100분의 30(개인사업자에 대해서는 과세표준이 2억원 이하인 경우에는 100분의 50, 과세표준이 2억원 초과인 경우에는 100분의 40)을 곱하여 계산한 금액을 말한다. 다만, 2025년 12월 31일까지는 사업자별로 매입세액으로서 공제할 수 있는 금액의 한도를 다음 각 호의 구분에 따라 계산한 금액으로 한다.

24 중고자동차 부가가치세 매입세액 공제 특례 오류 적용주의

(1) 개요

인터넷 경매를 통해 취득한 중고자동차의 매입세액공제 적용시, 법령상 세금계산서를 발급할 수 없는 자 등(폐업)으로부터 취득한 중고차의 경우에만 매입세액 공제가 가능함에도 불구하고, 매입세액을 매출세액에서 공제하여 부가가치세를 과소신고한 사례이다.

(2) 주의사항 및 실무상 Tip

사업을 계속하고 있는 자로부터 중고자동차를 매입하는 경우에는 차종에 따라 매입세액 공제를 판단하면 되므로, 세금계산서를 발급할 수 없는 자 등으로부터 중고자동차를 매입하는 경우에만 매입세액공제 여부를 판단한다.

(3) 관련법령

1) 조세특례제한법 제108조【재활용폐자원등에 대한 부가가치세매입세액공제 특례】

   ① 재활용폐자원 및 중고자동차를 수집하는 사업자가 세금계산서를 발급할 수 없는 자 등 대통령령으로 정하는 자로부터 재활용폐자원을 2025년 12월 31일까지, 중고 자동차를 2025년 12월 31일까지 취득하여 제조 또는 가공하거나 이를 공급하는 경우에는 취득가액에 다음 각 호의 값을 곱하여 계산한 금액을 「부가가치세법」 제37조 제1항 및 같은 법 제38조에 따라 매출세액에서 매입세액으로 공제할 수 있다.

1. 재활용폐자원: 103분의 3. 다만, 2014년 1월 1일부터 2015년 12월 31일까지 취득하는 경우에는 105분의 5로 한다.

2. 중고자동차: 110분의 10

③ 제1항 및 제2항을 적용하는 경우 재활용폐자원 및 중고자동차를 수집하는 사업자의범위, 재활용폐자원 및 중고자동차의 범위, 매입세액 공제방법, 그 밖에 필요한 사항은 대통령령으로 정한다.

2) 조세특례제한법 시행령 제110조【재활용폐자원 등에 대한 부가가치세매입세액공제 특례】

① 법 제108조 제1항에서 "대통령령으로 정하는 자"란 부가가치세 과세사업을 영위하지 아니하는 자(면세사업과 과세사업을 겸영하는 경우를 포함한다)와 「부가가치세법」 제36조의2 제1항 또는 제2항에 따라 영수증 발급에 관한 규정이 적용되는 기간에 재화 또는 용역을 공급하는 간이과세자를 말한다(2021.02.17. 개정)

③ 법 제108조의 규정에 의하여 매입세액공제를 받을 수 있는 사업자의 범위는 다음과 같다(1998.12.31. 개정)

1. 「폐기물관리법」에 의하여 폐기물중간처리업허가를 받은 자(폐기물을 재활용하는 경 우에 한한다) 또는 폐기물재활용신고를 한 자(2005.02.19. 법명개정)

2. 「자동차관리법」에 따라 자동차매매업등록을 한 자(2010.02.18. 개정)

3. 「한국환경자원공사법」에 의한 한국환경자원공사(2005.02.19. 법명개정)

4. 제4항 제2호의 중고자동차를 수출하는 자(2010.02.18. 개정)

5. 기타 재활용폐자원을 수집하는 사업자로서 기획재정부령이 정하는 자(2008.02.29. 직제개정)

④ 법 제108조의 규정에 따라 매입세액공제를 받을 수 있는 재활용폐자원 및 중고자동차(이하 이 조에서 "재활용폐자원등"이라 한다)의 범위는 다음과 같다.

1. 재활용폐자원

가. 고철

나. 폐지

다. 폐유리

라. 폐합성수지

마. 폐합성고무

바. 폐금속캔

사. 폐건전지

아. 폐비철금속류

자. 폐타이어

차. 폐섬유

카. 폐유

2. 「자동차관리법」에 따른 자동차 중 중고자동차. 다만, 다음 각 목의 자동차는 제외한다.

가. 수출되는 중고자동차로서 「자동차등록령」 제8조에 따른 자동차등록원부에 기재된 제작연월일부터 같은 영 제32조에 따른 수출이행여부신고서에 기재된 수출신고수리일까지의 기간이 1년 미만인 자동차

나. 제1항에 따른 자가 해당 자동차 구입과 관련하여 「부가가치세법」 제38조에 따라 매입세액공제를 받은 후 중고자동차를 수집하는 사업자에게 매각한 자동차(제1항에 따른 자를 대신하여 그 밖의 다른 관계인이 해당 자동차 구입과 관련하여 매입세액공제를 받은 경우를 포함한다). 「부가가치세법」 제63조 제3항에 따라 간이과세자가 매입세액을 공제받은 경우는 제외한다.

⑤ 법 제108조의 규정에 의한 매입세액공제를 받고자 하는 자는 「부가가치세법」 제48조 또는 제49조에 따른 신고시 기획재정부령이 정하는 재활용폐자원 등의 매입세액공제신고서에 「소득세법」 제163조 또는 「법인세법」 제121조의 규정에 의한 매입처별계산서합계표 또는 영수증을 첨부하여 제출(국세정보통신망에 의한 제출을 포함한다)하여야 한다. 이 경우 재활용폐자원등의 매입세액공제신고서에 다음 각호의 사항이 기재되어 있지 아니하거나 그 거래내용이 사실과 다른 경우에는 매입세액을 공제하지 아니한다.

1. 공급자의 등록번호(개인의 경우에는 주민등록번호)와 명칭 및 대표자의 성명 (개인의 경우에는 그의 성명)

2. 취득가액

3. 삭제〈2003.12.30.〉

⑥ 제5항에 따른 매입세액의 공제에 관하여는 「부가가치세법 시행령」 제74조를 준용한다.

25 토지분 중개수수료 공통매입세액 안분계산 누락으로 인한 부가가치세 과소신고주의

(1) 개요

부가가치세 신고시 납세자[과세(상가) · 면세(토지)분양 겸영사업자]의 업종 특성을 감안하여 매입금액 중 과세분과 면세분에 공통으로 적용되는 부분을 구분 · 안분계산하여 신고해야 함에도 불구하고, 토지분 중개수수료 관련 공통매입세액 안분 계산 누락하였다.

상가매출의 중개수수료는 토지분, 건물분으로 안분, 토지분 중개수수료는 면세임을 감안하여 불공제 매입세액에 포함했어야 한다.

(2) 주의사항 및 실무상 Tip

상가매출뿐만 아니라 상가매입 시에도 법무사수수료, 중개수수료 등 취득시 발생하는 비용에 대해서는 공통매입세액안분대상임을 확인하고 부가가치세 신고 시에 적용해야 한다.

(3) 관련법령

1) 부가가치세법 제40조【공통매입세액의 안분】

사업자가 과세사업과 면세사업등을 겸영(兼營)하는 경우에 과세사업과 면세사업등에 관련된 매입세액의 계산은 실지귀속(實地歸屬)에 따라 하되, 실지귀속을 구분할 수 없는 매입세액(이하 "공통매입세액"이라 한다)은 총공급가액에 대한 면세공급가액의 비율 등 대통령령으로 정하는 기준(이하 "공통매입세액 안분기준"이라 한다)을 적용하여 대통령령으로 정하는 바에 따라 안분(按分)하여 계산한다.

2) 부가가치세법 시행령 제81조【공통매입세액 안분 계산】

① 법 제40조에 따라 과세사업과 면세사업 등을 겸영(兼營)하는 경우로서 실지귀속(實地歸屬)을 구분할 수 없는 매입세액(이하 "공통매입세액"이라 한다)이 있는 경우 면세사업 등에 관련된 매입세액은 인원 수 등에 따르는 등 기획재정부령으로 정하는 경우를 제외하고 다음 계산식에 따라 안분하여 계산한다. 다만, 예정신고를 할 때 에는 예정신고기간에 있어서 총공급가액에 대한 면세공급가액의 비율에 따라 안분하여 계산하고, 확정신고를 할 때에 정산한다.

26 건축물 철거 비용과 관련된 매입세액 과다공제 주의

(1) 개요

철거한 건축물에 대해서는 건축물의 취득 및 철거 비용과 관련된 매입세액에 대해서는 공제매입세액으로 인정되지 아니하며 이와 관련 예규2.에 따르면 건물 철거까지 상당기간 유지할 것을 요건으로 하였다.

납세자가 취득한 건축물에 대하여 매입세액 공제를 적용하여 조기환급 신고하였는데, 납세자가 취득일로부터 약 2개월 뒤 이 건축물을 철거함에 따라 매입세액 공제 적용대상이 아님을 통지받았다.

(2) 주의사항 및 실무상 Tip

취득 당시 철거 목적이 있었는지, 취득 이후에 임대업(또는 과세사업)에 공하였는지에 따라 판단 다툼이 많으며, 취득 당시 목적과 보유기간을 고려하여 토지관련매입세액에 해당하는지를 판단해야 한다.

(3) 관련법령

1) 부가가치세법 시행령 제80조【토지에 관련된 매입세액】

법 제39조 제1항 제7호에서 "대통령령으로 정하는 토지에 관련된 매입세액"이란 토지의 조성 등을 위한 자본적 지출에 관련된 매입세액으로서 다음 각 호의 어느 하나에 해당 하는 경우를 말한다.

1. 토지의 취득 및 형질변경, 공장부지 및 택지의 조성 등에 관련된 매입세액
2. 건축물이 있는 토지를 취득하여 그 건축물을 철거하고 토지만 사용하는 경우에는 철거한 건축물의 취득 및 철거 비용과 관련된 매입세액

(4) 관련예규

1. 건물을 신축할 목적으로 건물이 있는 토지를 일괄 매입하여 기존건물의 철거 전까지 일시적으로 임대하는 경우 기존건물의 취득과 관련한 매입세액은 매출세액에서 공제 할 수 없음 [불공제]
(부가-1320, 2011.10.24. ; 조심 2018서2250, 2019.06.13. - 8개월 임대)
2. 건물을 취득한 후 상당한 기간 동안 부가가치세 과세사업에 사용하다가 철거한 경우로서 철거한 건물의 취득가액과 관련된 매입세액은 토지의 자본적 지출에 관련된 매입세액 해당하지 않는 것임 [공제]

27 공통매입세액중 면세부분매입세액을 안분계산하지않고 전액적용하여 부가가치세 과소신고주의

(1) 개요

부가가치세신고서를 작성하는 과정에서 공통 매입세액중 면세 매입세액을 안분계산하지 않고 전액 매입공제 적용하여 부가가치세 신고하는 경우 부가가치세 과다 공제로 인하여 문제가 발생한다.

(2) 주의사항 및 실무 Tip

부가가치세 과세매출과 면세매출이 함께 있는 경우에는 반드시 공통매입세액 안분계산을 하여야 한다. 아래의 경우는 제외할 수 있다.

1) 해당과세기간의 총공급가액 중 면세공급가액이 5/100 미만인 경우
(공통매입세액이 5백만원 이상인 경우 제외)

2) 부가가치세법 시행령 제63조 ③ 3호가 적용되는 재화에 대한 매입세액공제는 공통매입세액안분계산을 생략할 수 있습니다(전액공제).

* 부가가치세법 시행령 제63조 ③ 3호 과세*면세공통사용재화 공급시 재화를 공급하는 날이 속하는 과세기간에 신규로 사업을 시작하여 직전과세기간이 없는 경우 부가가치세 신고서를 검토할 때 과세 면세 매출이 동시에 있는 경우에는 공통매입세액 안분내역이 있는지 반드시 검토하고, 특히 확정신고시에는 예정신고분과 함께 정산하여 계산되었는지 검토하도록 한다.

[그림24] 세무사랑-부가가치세신고-공제받지못할매입세액-공통매입세액정산내역

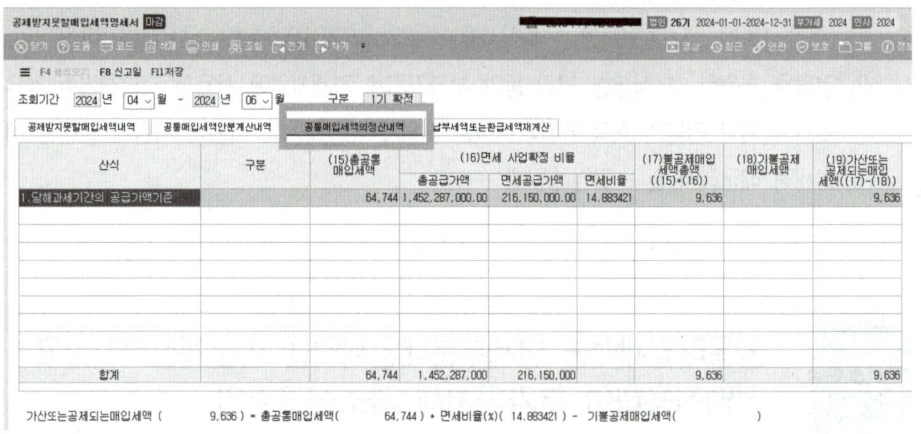

(3) 관련 법령

1) 부가가치세법 시행령 제81조【공통매입세액안분계산】

① 법 제40조에 따라 과세사업과 면세사업등을 겸영(兼營)하는 경우로서 실지귀속(實地歸屬)을 구분할 수 없는 매입세액(이하 "공통매입세액"이라 한다)이 있는 경우 면세사업등에 관련된 매입세액은 인원 수 등에 따르는 등 기획재정부령으로 정하는 경우를 제외하고 다음 계산식에 따라 안분하여 계산한다. 다만, 예정신고를 할 때에는 예정신고기간에 있어서 총공급가액에 대한 면세공급가액(면세사업등에 대한 공급가액과 사업자가 해당 면세사업등과 관련하여 받았으나 법 제29조의 과세표준에 포함되지 아니하는 국고보조금과 공공보조금 및 이와 유사한

금액의 합계액을 말한다. 이하 이 조부터 제83조까지의 규정에서 같다)의 비율에 따라 안분하여 계산하고, 확정신고를 할 때에 정산한다.

2) 부가가치세법 제40조【공통매입세액의 안분】

사업자가 과세사업과 면세사업등을 겸영(兼營)하는 경우에 과세사업과 면세사업 등에 관련된 매입세액의 계산은 실지귀속(實地歸屬)에 따라 하되, 실지귀속을 구분할 수 없는 매입세액(이하 "공통매입세액"이라 한다)은 총공급가액에 대한 면세공급가액의 비율 등 대통령령으로 정하는 기준(이하 "공통매입세액 안분기준"이라 한다)을 적용하여 대통령령으로 정하는 바에 따라 안분(按分)하여 계산한다.

28 공통매입세액 불공제분 계산 착오주의

(1) 개요

2019년도 1기, 2기 귀속 부가가치세를 신고하는 과정에서 납세자는 과/면세 겸영 건설업인바, 현장별로 공통매입세액 불공제분을 안분하여 적용하여야 하나, 총공급가액으로 안분계산하여 납세자의 2019년도 1기, 2기 귀속 부가가치세가 과소신고된 사례이다.

(2) 관련법령

1) 부가가치세법 제40조【공통매입세액의 안분】

사업자가 과세사업과 면세사업 등을 겸영(兼營)하는 경우에 과세사업과 면세사업등에 관련된 매입세액의 계산은 실지귀속(實地歸屬)에 따라 하되, 실지귀속을 구분할 수 없는 매입세액(이하 "공통매입세액"이라 한다)은 총공급가액에 대한 면세공급가액의 비율 등 대통령령으로 정하는 기준(이하 "공통매입세액 안분기준"이라 한다)을 적용하여 대통령령으로 정하는 바에 따라 안분(按分)하여 계산한다.

2) 부가가치세법 시행령 제81조【공통매입세액 안분 계산】제1항 및 제4항 규정

① 법 제40조에 따라 과세사업과 면세사업등을 겸영(兼營)하는 경우로서 실지귀속(實地歸屬)을 구분할 수 없는 매입세액(이하 "공통매입세액"이라 한다)이 있는 경우 면세사업등에 관련된 매입세액은 인원 수 등에 따르는 등 기획재정부령으로

정하는 경우를 제외하고 다음 계산식에 따라 안분하여 계산한다. 다만, 예정신고를 할 때에는 예정신고기간에 있어서 총공급가액에 대한 면세공급가액(면세사업등에 대한 공급가액과 사업자가 해당 면세사업등과 관련하여 받았으나 법 제29조의 과세표준에 포함되지 아니하는 국고보조금과 공공보조금 및 이와 유사한 금액의 합계액을 말한다. 이하 이 조부터 제83조까지의 규정에서 같다)의 비율에 따라 안분하여 계산하고, 확정신고를 할 때에 정산한다. 〈개정 2016.02.17., 2018.02.13., 2019.02.12.〉

$$\text{면세사업등에 관련된 매입세액} = \text{공통매입세액} \times \frac{\text{면세공급가액}}{\text{총공급가액}}$$

④ 제1항을 적용할 때 해당 과세기간 중 과세사업과 면세사업등의 공급가액이 없거나 그 어느 한 사업의 공급가액이 없는 경우에 해당 과세기간에 대한 안분 계산은 다음 각 호의 순서에 따른다. 다만, 건물 또는 구축물을 신축하거나 취득하여 과세사업과 면세사업등에 제공할 예정면적을 구분할 수 있는 경우에는 제3호를 제1호 및 제2호에 우선하여 적용한다.

1. 총매입가액(공통매입가액은 제외한다)에 대한 면세사업등에 관련된 매입가액의 비율

2. 총예정공급가액에 대한 면세사업등에 관련된 예정공급가액의 비율

3. 총예정사용면적에 대한 면세사업등에 관련된 예정사용면적의 비율

3) 부가가치세법 시행령 제82조 【공통매입세액의 정산】

사업자가 제81조 제4항에 따라 매입세액을 안분하여 계산한 경우에는 해당 재화의 취득으로 과세사업과 면세사업등의 공급가액, 과세사업과 면세사업등의 사용면적이 확정되는 과세기간에 대한 납부세액을 확정신고할 때에 다음 각 호의 계산식에 따라 정산한다. 다만, 예정신고를 할 때에는 예정신고기간에 있어서 총공급가액에 대한 면세공급가액의 비율, 총사용면적에 대한 면세 또는 비과세 사용면적의 비율에 따라 안분하여 계산하고, 확정신고를 할 때에 정산한다.

1. 제81조 제4항 제1호 및 제2호에 따라 매입세액을 안분하여 계산한 경우

$$\text{가산되거나 공제되는 세액} = \text{총공통매입세액} \times \left(1 - \frac{\text{과세사업과 면세사업등의 공급가액이 확정되는 과세기간의 면세공급가액}}{\text{과세사업과 면세사업등의 공급가액이 확정되는 과세기간의 총공급가액}}\right) - \text{이미 공제한 세액}$$

2. 제81조 제4항 제3호에 따라 매입세액을 안분하여 계산한 경우

$$\text{가산되거나 공제되는 세액} = \text{총공통매입세액} \times \left(1 - \frac{\text{과세사업과 면세사업등의 사용면적이 확정되는 과세기간의 면세사용면적}}{\text{과세사업과 면세사업등의 사용면적이 확정되는 과세기간의 총사용면적}}\right) - \text{이미 공제한 세액}$$

(3) 관련예규

1) (부가1265.2-1215, 1982.05.12.)

   건설업을 영위하는 사업자의 경우 공통매입세액안분계산은 사업장단위로 하되, 건설현장단위, 즉 용역의 수행장소별로 하며 각 사업장에 공통으로 사용되는 매입세액의 안분계산은 각 사업장의 공급가액의 합계액으로 계산을 하여야 한다.

2) (부가46015-4064, 2000.12.18.)

   부가가치세가 과세되는 수종의 사업과 면세되는 수종의 사업을 겸업하는 경우, 면세사업에 관련된 매입세액은 원칙적으로 실지귀속을 구분하여 계산하여야 하고, 실지귀속을 구분할 수 없는 공통매입세액은 안분계산하는 것임.

3) (부가46015-1007, 1997.05.08.)

   여러개의 사업장이 있는 사업자의 경우 공통매입세액의 안분계산은 사업장 단위로 하되 각 사업장에 공통으로 사용되는 매입세액은 각 사업장의 공급가액의 합계액으로 안분계산함.

29 오피스텔 취득해 부가가치세 환급 후, 주거용 전월세로 사용해 매입세액 불공제 적용 누락주의

(1) 개요

2017년 8월부터 납세자가 제출한 세금계산서 임대차계약서 등을 검토, 부가가치세 신고서를 작성하는 과정에서 사무실 임대차계약서가 아닌 오피스텔 전체의 주거용 전월세 임대계약서가 제출되는 점(오피스텔을 주거용 임대로 면세 적용하는 경우 매입세액 불공제되어, 당초 환급 받은 부가가치세 추징됨)감안, 기존 매입세액 공제를 불공제 처리하여 부가가치세 신고하여야 했으나, 불공제처리하지 않고 과소신고하였다.

(2) 주의사항 및 실무상 Tip

면세전용 재화의 공급으로 보아, 동 오피스텔을 상시 <u>주거용 임대로 실제 사용되는 날부터 25일 이내</u>에 부가가치세를 확정신고 납부하는 경우에는 <u>신고불성실가산세가 적용되지 아니</u>하는 것이다(서면3팀-85, 2005.01.18.).

(3) 관련예규

1) (시사무가 2016-0103, 2016.11.29. / 재소비 46015-36, 1996.02.17.)
   과세사업에서 면세사업으로 전환되는 경우에도 형식상 사업자등록에 대한 폐업신고를 하게되나, 해당 사업의 법적 취급만이 달라지는 것인 바, 부가가치세법상 폐업으로 볼 수는 없으므로 폐업시 잔존재화가 아닌 면세전용한 것으로 보아야 함

2) 최초로 상시 주거용으로 임대하는 시 점에 폐업, 면세전용과세(신고) - 당초부터 면세사업자로 보아 매입세액불공제, 초과환급신 고가산세 및 환급불성실 가산세를 부과한다는 해석(부가-3617, 2018.05.14.)은 2021.09.28. 예규삭제로 정비됨(면세전용 시점에 면세전용으로 과세)

30 수출기업의 수입물품에 대한 부가가치세 납부유예세액 (매입세액)차감 누락 사례

(1) 개요

납세자의 2020년, 2021년, 2022년 귀속 부가가치세 신고 과정에서 납세자 (수출기업)가 수입한 물품에 대한 부가가치세 납부유예세액을 집계, 반영해야 함에도 불구 하고, 부주의하게 이를 누락(매입세액 과다반영)하여 부가가치세 과소신고한 사례이다.

(2) 주의사항 및 실무상 Tip

수출 중소, 중견기업이 수입시 납부하는 부가가치세를 세무서에 부가가치세 정산 신고시까지 납부유예하여 자금부담을 완화하는 것이다.

수입 부가가치세 납부를 유예받은 중소사업자는 납세지 관할 세무서장에게 예정 신고 또는 확정신고 등을 할 때 그 납부가 유예된 세액을 공제대상 매입세액에서 차감하여야 한다.

이 경우 납세지 관할 세무서장에게 공제대상 매입세액에서 차감한 세액은 세관장 에게 납부한 것으로 본다.

(3) 관련법령

1) 부가가치세법 제50조【재화의 수입에 대한 신고·납부】

　제3조 제1항 제2호의 납세의무자가 재화의 수입에 대하여「관세법」에 따라 관세를 세관장 에게 신고하고 납부하는 경우에는 재화의 수입에 대한 부가가치세를 함께 신고하고 납부 하여야 한다.

2) 부가가치세법 제50조의2【재화의 수입에 대한 부가가치세 납부의 유예】

　① 세관장은 매출액에서 수출액이 차지하는 비율 등 대통령령으로 정하는 요건을 충족하는 중소·중견사업자(이하 이 조에서 "중소·중견사업자"라 한다)가 물품을 제조·가공하기 위한 원재료 등 대통령령으로 정하는 재화의 수입에 대하여 부가가치세의 납부유예를 미리 신청하는 경우에는 제50조에도 불구하고 해당 재화를 수입할 때 부가가치세의 납부를 유예할 수 있다.

② 제1항에 따라 납부를 유예받은 중소·중견사업자는 납세지 관할 세무서장에게 제48조에 따른 예정신고 또는 제49조에 따른 확정신고 등을 할 때 대통령령으로 정하는 바에 따라 그 납부가 유예된 세액을 정산하거나 납부하여야 한다. 이 경우 납세지 관할 세무서장에게 납부한 세액은 세관장에게 납부한 것으로 본다. (2016.12.20. 개정)

③ 세관장은 제1항에 따라 부가가치세의 납부가 유예된 중소·중견사업자가 국세를 체납 하는 등 대통령령으로 정하는 사유에 해당하는 경우에는 그 납부의 유예를 취소할 수 있다. 이 경우 세관장은 해당 중소·중견사업자에게 그 취소 사실을 통지하여야 한다.

④ 제1항부터 제3항까지의 규정에 따른 납부유예의 신청 절차, 납부유예 기간 및 그 밖에 납부유예에 필요한 사항은 대통령령으로 정한다.

3) 부가가치세법 시행령 제91조의2【재화의 수입에 대한 부가가치세 납부 유예】

① 법 제50조의2 제1항에서 "매출액에서 수출액이 차지하는 비율 등 대통령령으로 정하는 요건을 충족하는 중소·중견사업자"란 다음 각 호의 요건을 모두 충족하는 중소·중견사업자(이하 이 조에서 "중소·중견사업자"라 한다)를 말한다.

1. 직전 사업연도에 「조세특례제한법 시행령」 제2조에 따른 중소기업 또는 같은 영 제6조의4 제1항에 따른 중견기업에 해당하는 법인(「조세특례제한법」 제6조 제3항 제2호에 따른 제조업을 주된 사업으로 경영하는 기업에 한정한다)일 것

2. 직전 사업연도에 법 제21조에 따라 영세율을 적용받은 재화의 공급가액의 합계액이 다음 각 목에 해당할 것

   가. 직전 사업연도에 「조세특례제한법 시행령」 제2조에 따른 중소기업인 경우 : 직전 사업연도에 공급한 재화 또는 용역의 공급가액의 합계액에서 수출액이 차지하는 비율이 30퍼센트 이상이거나 수출액이 50억원 이상일 것

   나. 직전 사업연도에 「조세특례제한법 시행령」 제6조의4 제1항에 따른 중견기업인 경우 : 직전 사업연도에 공급한 재화 또는 용역의 공급가액의 합계액에서 수출액이 차지하는 비율이 30퍼센트 이상일 것

3. 제3항에 따른 확인 요청일 현재 다음 각 목의 요건에 모두 해당할 것

   가. 최근 3년간 계속하여 사업을 경영하였을 것

나. 최근 2년간 국세(관세를 포함한다. 이하 이 조에서 같다)를 체납(납부고지서에 따른 납부기한의 다음 날부터 15일 이내에 체납된 국세를 모두 납부한 경우는 제외한다)한 사실이 없을 것

다. 최근 2년간 「조세범처벌법」 또는 「관세법」 위반으로 처벌받은 사실이 없을 것

라. 최근 2년간 법 제50조의2 제3항에 따라 납부유예가 취소된 사실이 없을 것

31 간이과세자의 부가가치세 신고시 자주하는 실수 사례

(1) 개요

세금계산서를 발행할 수 있는 간이와 세금계산서를 발행 할 수 없는 간이로 간이과세자가 세분화 됨에 따라, 간이과세자의 부가가치세 신고에 유의가 필요하다.

(2) 실수사례별 주의사항 실무 Tip

1) 세금계산서를 발행한 간이과세자의 부가가치세 예정신고 누락

   간이과세자의 부가가치세 신고의무는 01.01.-12.31. 과세기간을 다음해 1.25까지 신고함이 원칙이다. 다만, 예정신고기간(01.01.-6.30.) 사이에 세금계산서를 발행하였다면 예정신고를 하여야 함에도 불구하고 예정고지서상에 금액을 납부하고 신고하지 아니하는 실수가 발생할 수 있음에 유의하여야 한다. 또한, 예정신고시 공급대가 4,800만원 미만에 해당하는 경우 납부세액이 발생하지 않으므로, 다음해 1월에 한꺼번에 많은 세액이 발생한다는 사실을 납세자에게 설명할 필요가 있다.

2) 일반과세자가 더 유리함에도 간이과세포기 신고를 하지 아니한 경우

   일반과세자와 간이과세자간 과세유형 전환은 전년도 매출액을 기준으로 과세관청에 의하여 별도의 신청없이 변경통지 하도록 되어있다. 일반적으로는 간이과세를 적용 받는 것이 유리한 경우도 많지만, 간이과세는 의제매입세액이 불가하며, 환급이 되지 아니하고, 10% 매입세액이 불가하는 점에서 일반과세 유형이 납세자에게 유리한 경우도 있다. 또한 간이과세로 전환시 재고납부세액이 발생하는 경우에도 유불리를 판

단할 필요가 있다. 간이과세 포기신고 및 적용신고시에는 여러 가지를 종합적으로 판단하여야 한다.

3) 간이과세 포기신고 기한과 간이과세적용신고 기한은 다르다.

간이과세 포기신고 기한은 적용받으려는 달의 전달 마지막날 까지이다. 따라서 간이과세포기신고는 과세기간 중에도 가능하다. 반면 간이과세 포기신고 후 요건이 충족되어 간이과세를 다시 적용받고자 신고하는 간이과세 적용신고는 과세기간 개시 10일 전까지 신고하여야 한다. 기한이 경과하여 신고하는 경우 6개월이 지나 새로 시작하는 과세기간부터 적용되니 신고기한에 유의하여야 한다.

- 국세청 홈택스에서 제공하는 부가가치세 세액 비교 계산기를 이용하여 비교해보는 것도 도움이 된다.

[그림25] 홈택스-부가가치세 세액비교 화면

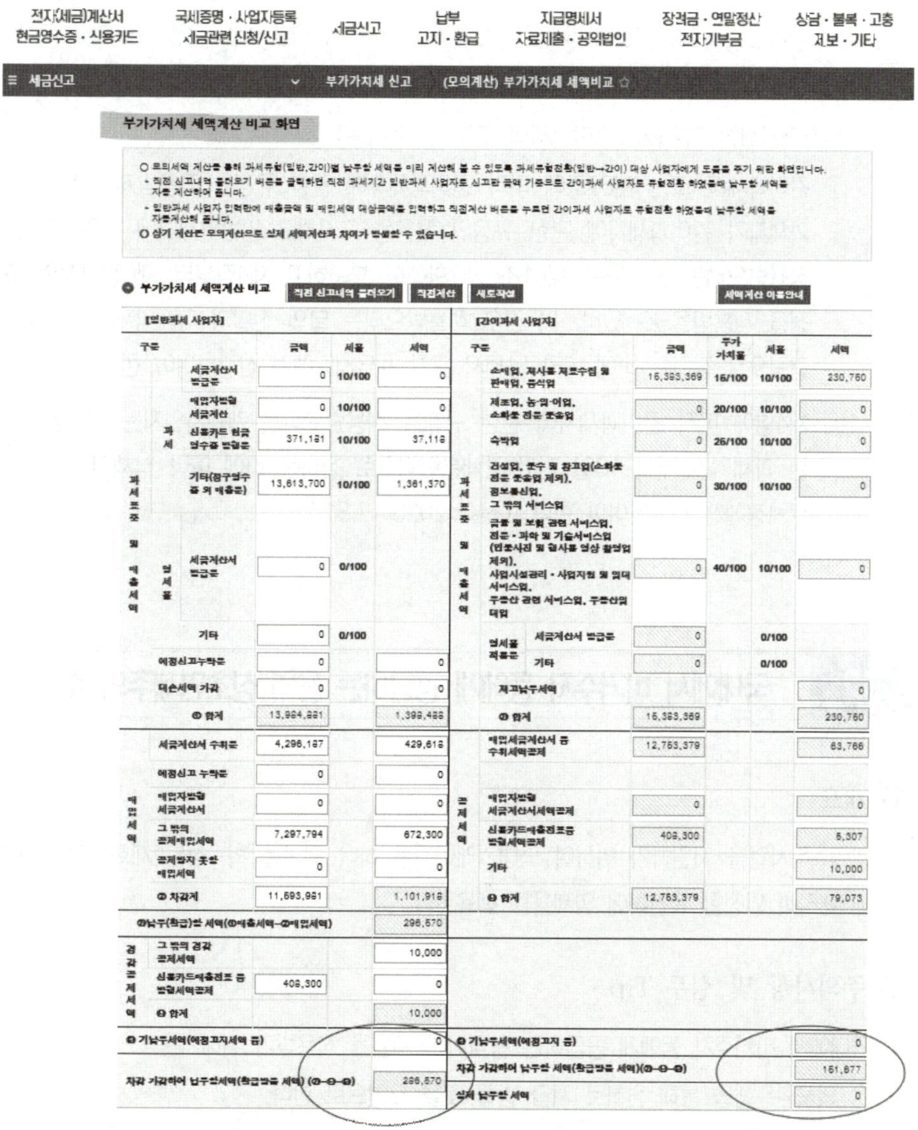
전자(세금)계산서 현금영수증 · 신용카드 | 국세증명 · 사업자등록 세금관련 신청/신고 | 세금신고 | 납부 고지 · 환급 | 지급명세서 자료제출 · 공익법인 | 장려금 · 연말정산 전자기부금 | 상담 · 불복 · 고충 제보 · 기타

≡ 세금신고 ⌄ 부가가치세 신고 (모의계산) 부가가치세 세액비교 ☆

부가가치세 세액계산 비교 화면

○ 모의세액 계산을 통해 과세유형(일반,간이)별 납부할 세액을 미리 계산해 볼 수 있도록 과세유형전환(일반→간이) 대상 사업자에게 도움을 주기 위한 화면입니다.
- 직전 신고내역 불러오기 버튼을 클릭하면 직전 과세기간 일반과세 사업자로 신고한 금액 기준으로 간이과세 사업자로 유형전환 하였을때 납부할 세액을 자동 계산하여 줍니다.
- 일반과세 사업자 입력란에 매출금액 및 매입세액 대상금액을 입력하고 직접계산 버튼을 누르면 간이과세 사업자로 유형전환 하였을때 납부할 세액을 자동계산해 줍니다.
○ 상기 계산은 모의계산으로 실제 세액계산과 차이가 발생할 수 있습니다.

● 부가가치세 세액계산 비교 | 직전 신고내역 불러오기 | 직접계산 | 새로작성 | 세액계산 이용안내

[일반과세 사업자]

구분			금액	세율	세액
과세표준 및 매출세액	과세	세금계산서 발급분	0	10/100	0
		매입자발행 세금계산	0	10/100	0
		신용카드 현금영수증 발행분	371,181	10/100	37,118
		기타(정규영수증 외 매출분)	13,613,700	10/100	1,361,370
	영세율	세금계산서 발급분	0	0/100	
		기타	0	0/100	
	예정신고누락분		0		0
	대손세액 가감		0		0
	① 합계		13,984,881		1,398,488
매입세액	세금계산서 수취분		4,296,187		429,618
	예정신고 누락분		0		0
	매입자발행 세금계산서		0		0
	그 밖의 공제매입세액		7,297,794		672,300
	공제받지 못할 매입세액		0		0
	② 차감계		11,593,981		1,101,918
③납부(환급)할 세액(①매출세액-②매입세액)					296,570
경감공제세액	그 밖의 경감 공제세액				10,000
	신용카드매출전표 등 발행세액공제		408,300		0
	④ 합계				10,000
⑤ 기납부세액(예정고지세액 등)					0
차감 가감하여 납부할세액(환급받을 세액) (③-④-⑤)					286,570

[간이과세 사업자]

구분			금액	부가가치율	세율	세액
과세표준 및 매출세액	소매업, 재생용 재료수집 및 판매업, 음식점업		15,383,369	15/100	10/100	230,760
	제조업, 농·임·어업, 소화물 전문 운송업		0	20/100	10/100	0
	숙박업		0	25/100	10/100	0
	건설업, 운수 및 창고업(소화물 전문 운송업 제외), 정보통신업, 그 밖의 서비스업		0	30/100	10/100	0
	금융 및 보험 관련 서비스업, 전문·과학 및 기술서비스업(인물사진 및 행사용 영상 촬영업 제외), 사업시설관리·사업지원 및 임대서비스업, 부동산 관련 서비스업, 부동산임대업		0	40/100	10/100	0
	영세율 적용분	세금계산서 발급분	0		0/100	
		기타	0		0/100	
	재고납부세액					0
	⑥ 합계		15,383,369			230,760
공제세액	매입세금계산서 등 수취세액공제		12,763,379			63,766
	매입자발행 세금계산서세액공제		0			0
	신용카드매출전표등 발행세액공제		408,300			5,307
	기타					10,000
	⑦ 합계		12,763,379			79,073
⑧ 기납부세액(예정고지 등)						0
차감 가감하여 납부할 세액(환급받을 세액)(⑥-⑦-⑧)						151,677
실제 납부할 세액						0

(3) 관련법령

1) 부가가치세법 제62조【간이과세와 일반과세의 적용기간】

① 제61조에 따라 간이과세자에 관한 규정이 적용되거나 적용되지 아니하게 되는 기간은 해의 1월 1일부터 12월 31일까지의 공급대가의 합계액이 대통령령으로 정하는 금액에 미달하거나 그 이상이 되는 해의 다음 해의 7월 1일부터 그 다음 해의 6월 30일까지로 한다.

2) 부가가치세법 제70조 【간이과세의 포기 및 재적용】
① 간이과세자 또는 제62조에 따라 간이과세자에 관한 규정을 적용받게 되는 일반과세자가 간이과세자에 관한 규정의 적용을 포기하고 일반과세자에 관한 규정을 적용받으려는 경우에는 제61조 제1항에도 불구하고 제4장부터 제6장까지의 규정을 적용받을 수 있다. 이 경우 적용받으려는 달의 전달의 마지막 날까지 대통령령으로 정하는 바에 따라 납세지 관할 세무서장에게 신고하여야 한다.

⑤ 제4항에 따라 간이과세자에 관한 규정을 적용받으려는 개인사업자는 적용받으려는 과세기간 개시 10일 전까지 대통령령으로 정하는 바에 따라 납세지 관할 세무서장에게 신고하여야 한다. 〈신설 2023.12.31.〉

32 국내에서 비거주자 등에게 공급하는 용역 상호면세주의 확인

(1) 개요

외화획득사업을 지원하기 위하여 국내거래이기는 하나 외화를 획득하는 재화 또는 용역에 대하여 일정한 요건하에 영세율을 적용한다.

(2) 주의사항 및 실무 Tip

국내에서 비거주자 등에게 공급하는 용역이 영세율을 적용받기 위해서는
① 외국환은행을 통해 원화로 지급 받을 것을 요건으로 한다.
② 상호면세가 적용되는 국가의 사업자와 거래할 것을 요건으로 한다.
상호면세국에 중국, 멕시코, 브라질, 몽골, 러시아 등이 포함되어 있지 않음에 주의가 필요하다.
중국과 용역계약을 체결하는 경우 용역의 제공장소가 국내인지 국외인지 확인이 필

요하다. 국내에서 용역을 제공하는 경우 대금결제 방법 및 상호면세주의가 적용되지만 국외에서 용역을 제공하는 경우 대금결제방법 및 상호면세와 관계없이 영세율이 적용되기 때문이다.

(3) 관련법령

1) 부가가치세법 제24조【외화 획득 재화 또는 용역의 공급 등】

① 제21조부터 제23조까지의 규정에 따른 재화 또는 용역의 공급 외에 외화를 획득하기 위한 재화 또는 용역의 공급으로서 다음 각 호의 어느 하나에 해당하는 경우에는 제30조에도 불구하고 영세율을 적용한다.

3. 그 밖에 외화를 획득하는 재화 또는 용역의 공급으로서 대통령령으로 정하는 경우

2) 부가가치세법 시행령 제33조【그 밖의 외화 획득 재화 또는 용역 등의 범위】

② 법 제24조 제1항 제3호에서 "대통령령으로 정하는 경우"란 다음 각 호의 어느 하나에 해당하는 것을 공급하는 경우를 말한다.

1. 국내에서 국내사업장이 없는 비거주자(국내에 거소를 둔 개인, 법 제24조 제1항 제1호에 따른 외교공관등의 소속 직원, 우리나라에 상주하는 국제연합군 또는 미합중국군대의 군인 또는 군무원은 제외한다. 이하 이 항에서 같다) 또는 외국법인에 공급되는 다음 각 목의 어느 하나에 해당하는 재화 또는 사업에 해당하는 용역으로서 그 대금을 외국환은행에서 원화로 받거나 기획재정부령으로 정하는 방법으로 받는 것. 다만, 나목 중 전문서비스업과 아목 및 자목에 해당하는 용역의 경우에는 해당 국가에서 우리나라의 거주자 또는 내국법인에 대하여 동일하게 면세하는 경우(우리나라의 부가가치세 또는 이와 유사한 성질의 조세가 없거나 면세하는 경우를 말한다. 이하 이 항에서 같다)에 한정한다.

나. 전문, 과학 및 기술 서비스업[수의업(獸醫業), 제조업 회사본부 및 기타 산업 회사본부는 제외한다]

아. 사업시설관리 및 사업지원 서비스업(조경 관리 및 유지 서비스업, 여행사 및 기타 여행보조 서비스업은 제외한다)

자. 「자본시장과 금융투자업에 관한 법률」 제6조 제1항 제4호에 따른 투자자

문업 부가가치세법 시행규칙 제22조(대가의 지급방법에 따른 영세율의 적용 범위)

(4) 관련예규

1) 부가가치세법 기본통칙25-0-1

법 제25조에 규정하는 영세율 적용에 대한 상호면세국이란 법 제21조부터 제24조까지의 규정을 적용할 때 사업자가 비거주자 또는 외국법인이면 그 해당 국가에서 대한민국의 거주자 또는 내국법인에 대하여 동일하게 면세하는 해당 국가를 말한다. 상호면세국을 예시하면 다음과 같다. (2019.12.23. 개정)

1. 그리스 (1998.08.01. 개정)

2. 남아공화국 (1998.08.01. 개정)

3. 네덜란드 (1998.08.01. 개정)

4. 노르웨이 (1998.08.01. 개정)

5. 뉴질랜드 (1998.08.01. 개정)

6. 덴마크 (1998.08.01. 개정)

7. 레바논 (1998.08.01. 개정)

8. 리베리아 (1998.08.01. 개정)

9. 말레지아 (1998.08.01. 개정)

10. 미국 (1998.08.01. 개정)

11. 베네주엘라 (1998.08.01. 개정)

12. 벨지움 (1998.08.01. 개정)

13. 사우디아라비아 (1998.08.01. 개정)

14. 독일 (1998.08.01. 개정)

15. 스웨덴 (1998.08.01. 개정)

16. 스위스 (1998.08.01. 개정)

17. 싱가포르 (1998.08.01. 개정)

18. 영국 (1998.08.01. 개정)
19. 이란 (1998.08.01. 개정)
20. 이태리 (1998.08.01. 개정)
21. 인도 (1998.08.01. 개정)
22. 인도네시아 (1998.08.01. 개정)
23. 일본 (1998.08.01. 개정)
24. 대만 (1998.08.01. 개정)
25. 칠레 (1998.08.01. 개정)
26. 카나다 (1998.08.01. 개정)
27. 태국 (1998.08.01. 개정)
28. 파나마 (1998.08.01. 개정)
29. 파키스탄 (1998.08.01. 개정)
30. 핀랜드 (1998.08.01. 개정)
31. 호주 (1998.08.01. 개정)
32. 홍콩 (1998.08.01. 개정)
33. 프랑스 (1998.08.01. 개정)

33 국내에서 비거주자 등에게 공급하는 용역 대금결제방법

(1) 개요

외화획득사업을 지원하기 위하여 국내거래이기는 하나 외화를 획득하는 재화 또는 용역에 대하여 일정한 요건하에 영세율을 적용한다.

(2) 주의사항 및 실무 Tip

국내에서 비거주자 등에게 용역을 제공하고 거래의 편의를 위해 페이팔, 페이게이트 등 환전중개소를 통해 대금을 받는 경우가 많은데 이는 부가가치세법 시행령 제33조에 따른 외국환 은행에서 원화로 받는 경우가 아니기 때문에 영세율을 적용받을 수 없다.

페이팔 명세서를 보면 외화로 표기되기 때문에 자칫 잘못하면 외화로 받아 영세율이 적용되는 것으로 보이나, 용역을 제공받은 자는 외화로 지불하지만 해당 외화는 페이팔 중개소를 통해 원화로 환전을 해줌으로써 외화는 페이팔에 귀속되고, 국고에는 외화가 귀속되지 않기 때문에 영세율을 적용받을 수 없다.

[그림26] 페이팔 거래 세무정보

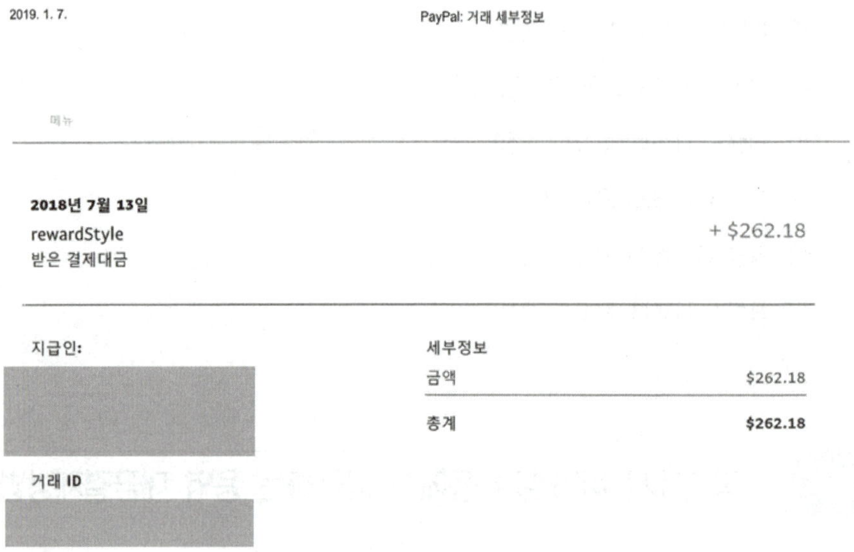

2019. 1. 7.　　　　　　　　　　PayPal: 거래 세부정보

메뉴

2018년 7월 13일
rewardStyle　　　　　　　　　　　　　　　　　+ $262.18
받은 결제대금

지급인:　　　　　　　　　세부정보
　　　　　　　　　　　　　금액　　　　　　　　　$262.18
　　　　　　　　　　　　　총계　　　　　　　　　**$262.18**

거래 ID

(3) 관련법령

1) 부가가치세법 시행규칙 제22조 【대가의 지급방법에 따른 영세율의 적용 범위】

영 제33조 제2항 제1호 각 목 외의 부분 본문 및 같은 항 제2호 단서에서 "기획재정부령으로 정하는 방법"이란 다음 각 호의 어느 하나에 해당하는 방법을 말한다.

1. 국외의 비거주자 또는 외국법인으로부터 외화를 직접 송금받아 외국환은행에 매각하는 방법
2. 국내사업장이 없는 비거주자 또는 외국법인에 재화 또는 용역을 공급하고 그 대가를 해당 비거주자 또는 외국법인에 지급할 금액에서 빼는 방법
3. 국내사업장이 없는 비거주자 또는 외국법인에 재화 또는 용역을 공급하고 그 대가를 국외에서 발급된 신용카드로 결제하는 방법
4. 국내사업장이 없는 비거주자 또는 외국법인에 재화 또는 용역을 공급하고 그 대가로서 국외 금융기관이 발행한 개인수표를 받아 외국환은행에 매각하는 방법
5. 국내사업장이 없는 비거주자 또는 외국법인에 재화 또는 용역을 공급하고 그 대가로서 외화를 외국환은행을 통하여 직접 송금받아 외화예금 계좌에 예치하는 방법(외국환은행이 발급한 외화입금증명서에 따라 외화 입금사실이 확인되는 경우에 한정한다)

(4) 관련예규

1) 서면법령해석부가2016-3979 (2016.07.07.)

국내사업자가 국내에서 국내사업장이 없는 외국법인 등에 특허출원·소송대리 관련 용역을 공급하고 그 대금을 외국법인 등으로부터 직접 원화로 입금받거나 페이팔 계정을 통하여 원화로 입금받는 경우에는 「부가가치세법」 제24조 제1항 제3호 및 같은 법 시행령 제33조 제2항 제1호에 의한 영세율 적용대상에 해당하지 아니하는 것임.

제5장

기타 실무상 유용한 내용

01 개인에서 법인으로 전환할 경우 주의

(1) 개요

개인이 운영해 온 사업을 법인으로 전환할 경우에 양도소득세 이월과세적용신청서를 제출하지 않아서 전환시점에 양도소득세 부과되고 이에 따른 가산세도 부과된 사례이다.

또한 개인이 지식산업센터에 건축물을 신축·취득하면서 취득세를 감면받은 이후에, 해당 건축물을 법인에 현물출자한 후에 지방세 감면에 대한 추징을 받은 사례가 있다.

이 경우에는 개인이 신축·취득한 날로부터 5년 이내에 법인에게 현물출자했기 때문에 감면받은 취득세가 추징된 사례이다.

[그림27] 취득세 감면분 자진 신고 납부 안내장

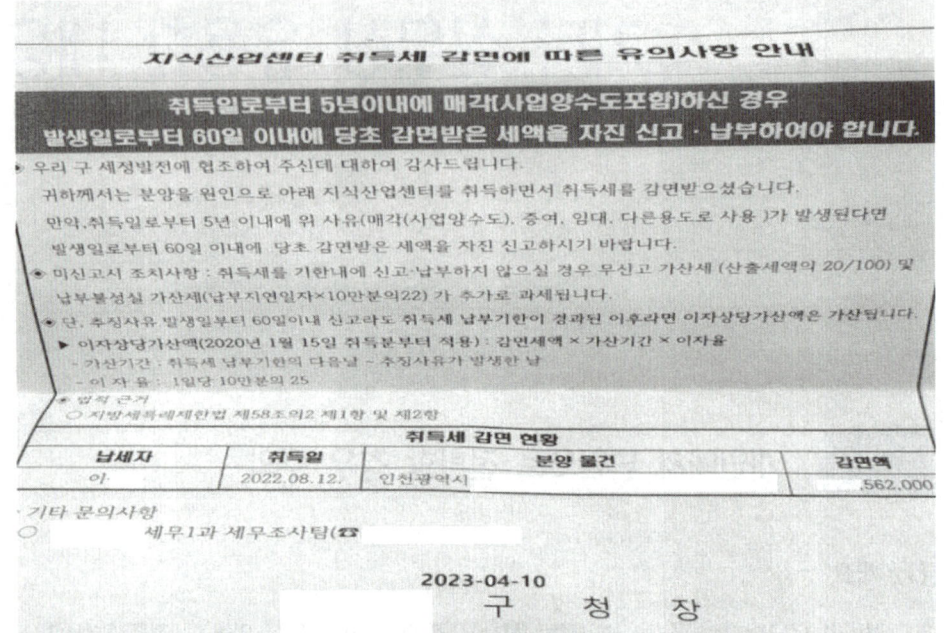

(2) 주의사항 및 실무상 Tip

개인이 법인으로 전환한다는 것은 개인이 법인에 현물출자하는 것으로 일정요건을 충족해야 된다. 그런데 현물출자요건을 충족했음에도 불구하고 이월과세적용신청서를 제출하지 않으면 이월과세가 적용되지 않으므로 전환일(개인에서 법인으로 부동산 소유권이 전일)을 양도일로 하여 2개월이 되는 월의 말일까지 양도소득세를 신고·납부해야 된다. 따라서 현물출자로 법인전환할 때 양도소득세 이월과세적용신청서 제출을 점검해야 한다.

지방세법에서는 개인이 취득세를 감면받은 물건을 법인에게 조세특례법상 요건을 갖춰 현물출자하는 경우에도 양도로 보아 취득세 감면 사후관리요건(개인이 신축·취득한 날로부터 5년(4년) 이내에 법인에게 현물출자했기 때문에 감면받은 취득세를 추징당함)에 해당되면 감면받은 취득세를 추징한다. 따라서 개인이 법인에게 양도소득세 대상 물건을

제5장 기타 실무상 유용한 내용

현물출자하는 경우 취득세 감면 사후관리 요건을 점검해서 가산세를 추가납부하지 않도록 해야 된다.

아래 표는 개인의 법인 전환 시 점검사항을 정리한 것으로 해당 사항에 대해 놓치지 않도록 관리를 해야 된다.

〈표1 : 법인 설립 시 주의사항〉

구 분	일 반	현물출자	세금감면 사업양수도	중소기업통합	비 고
등록면허세	부담	부담	부담	부담	출자가액의 0.4% 대도시중과지역 3배
지방교육세	부담	부담	부담	부담	등록면허세의 20%
국민주택채권매입	부담	부담	부담	부담	자본금의 0.1%
공증수수료	부담	부담	부담	부담	
검사인수수료	해당없음	부담	해당없음	부담	
법무사수수료	부담	부담	부담	부담	
회계감사수수료	해당없음	부담	해당없음	부담	
자산감정수수료	해당없음	부담	해당없음	부담	

〈표2 : 부동산명의이전 시 주의사항〉

구 분	일반	현물출자	세금감면 사업양수도	중소기업 통합	비 고
양도소득세	부담	이월과세	이월과세	이월과세	전환법인의 첫 해 법인세 신고 시에 이월과세신청서 제출해야 됨
양도소득세에 대한 지방교육세	부담	이월과세	이월과세	이월과세	

구 분	일반	현물출자	세금감면 사업양수도	중소기업 통합	비 고
양도소득세에 대한 농어촌특별세	해당없음	해당없음	해당없음	해당없음	취득세 면제액의 20%
취득세	부담	면제	면제	면제	
취득세에 대한 농어촌특별세	부담	부담	부담	부담	
취득에세 대한 지방교육세	부담	면제	면제	면제	
국민주택채권매입	부담	면제	면제	면제	주택(6억이상:3.1%), 토지(1억이상: 5%), 그 외(2.5억이상:2%)
법무사수수료	부담	부담	부담	부담	

〈표3 : 기타 주의사항〉

구 분	일반	현물출자	세금감면 사업양수도	중소기업 통합	비 고
취득세(차량 등)	부담	면제	면제	면제	
취득세에 대한 농어촌특별세	부담	부담	부담	부담	
취득세에 대한 지방교육세	부담	면제	면제	면제	
부가가치세	과세 비해당	과세 비해당	과세 비해당	과세 비해당	개인사업체 매각/폐업 시 발생하는 부가가치세 비과세
공증수수료 (법인전환계약서)	부담	부담	부담	부담	

(3) 법인에 대한 현물출자

1) 법인에 대한 현물출자를 한 경우의 양도 및 취득시기는 다음과 같다.
   ① 현물출자의 대가로 주식을 교부받은 날, 교부받기 전에 명의를 개서한 경우에는 명의개서일
   ② 주식을 교부받기 전에 현물출자하는 자산의 소유권이전등기를 한 경우에는 등기부 등록부 또는 명부 등에 기재된 등기접수일
   ③ 주식을 교부받은 날이 불분명하거나 주식 자체를 발행하지 않은 경우에는 증자등기일과 현물출자 부동산의 소유권을 법인명의로 이전 등기한 접수일 중 빠른날
   ④ 법인설립시 현물출자한 경우에는 법인설립등기일을 현물출자일로 본다(대법98두7558, 2000.3.23.).

(4) 관련법령

1) 조세특례제한법 제32조 【법인전환에 대한 양도소득세의 이월과세】
   ① 거주자가 사업용고정자산을 현물출자하거나 대통령령으로 정하는 사업 양도·양수의 방법에 따라 법인(대통령령으로 정하는 소비성서비스업을 경영하는 법인은 제외한다)으로 전환하는 경우 그 사업용고정자산에 대해서는 이월과세를 적용받을 수 있다. 다만, 해당 사업용고정자산이 주택 또는 주택을 취득할 수 있는 권리인 경우는 제외한다.

2) 조세특례제한법 시행령 제29조 【법인전환에 대한 양도소득세의 이월과세】
   ④ 법 제32조 제1항의 규정에 의하여 양도소득세의 이월과세를 적용받고자 하는 자는 현물출자 또는 사업양수도를 한 날이 속하는 과세연도의 과세표준신고(예정신고를 포함한다)시 새로이 설립되는 법인과 함께 기획재정부령이 정하는 <u>이월과세 적용신청서를 납세지 관할세무서장에게 제출</u>하여야 한다.

3) 지방세특례제한법 제58조의2 【지식산업센터 등에 대한 감면】
   ① 1호 나목
      2) 그 취득일부터 5년 이내에 사업시설용으로 분양·임대하지 아니하거나 다른 용도로 사용하는 경우

② 「산업집적활성화 및 공장설립에 관한 법률」 제28조의4에 따라 지식산업센터를 신축하거나 증축하여 설립한 자로부터 최초로 해당 지식산업센터를 분양받은 입주자(「중소기업기본법」 제2조에 따른 중소기업을 영위하는 자로 한정한다)에 대해서는 다음 각 호에서 정하는 바에 따라 지방세를 경감한다. 〈개정 2014.01.01, 2016.12.27, 2017.12.26, 2020.01.15., 2023.03.14.〉

1. 2025년 12월 31일까지 사업시설용으로 직접 사용하기 위하여 취득하는 부동산에 대해서는 취득세의 100분의 35를 경감한다. 다만, 다음 각 목의 어느 하나에 해당하는 경우 그 해당 부분에 대해서는 경감된 취득세를 추징한다.

나. 해당 용도로 직접 사용한 기간이 4년 미만인 상태에서 매각·증여하거나 다른 용도로 사용하는 경우

※ 개정연혁 참고 : 2023.06.05. 이전에는 해당 용도로 직접 사용한 기간이 5년 미만인 경우로 규정되었으나, 그 이후에 4년으로 개정되었다.

4) 지방세특례제한법 제78조【산업단지 등에 대한 감면】

⑤ 다음 각 호의 어느 하나에 해당하는 경우 그 해당 부분에 대해서는 제4항에 따라 감면된 취득세 및 재산세를 추징한다.

2. 해당 용도로 직접 사용한 기간이 2년 미만인 상태에서 매각(해당 산업단지관리기관 또는 산업기술단지관리기관이 환매하는 경우는 제외한다)·증여하거나 다른 용도로 사용하는 경우

(5) 관련판례

1) 심판사례: 조심2018지0574(20180829) 취득세기각

사업포괄양도·양수계약에 따라 이 건 부동산의 소유권을 신설법인에게 이전한 것은 「지방세특례제한법」 제78조 제5항 제2호에서 규정한 매각에 해당하지 아니한다는 청구주장의 당부 :

「지방세특례제한법」 제78조 제5항 제2호에서 개인사업자가 사업포괄양도·양수계약을 통해 법인으로 전환하여 그 재산을 양도한 경우 이를 처분으로 보지 아니한다거나 정당한 사유 여부에 따른 감면규정이 없는 점 등에 비추어 청구인이 이 건 부동산을 ㅇㅇㅇ에게 양도한 것에 대하여 해당 용도로 직접 사용한 기간이 2년 미만인 상

태에서 매각한 것으로 보아 처분청이 취득세 등을 추징한 이 건 처분은 달리 잘못이 없다고 판단함.

02 이월결손금을 공제한 개인사업자의 건강보험료는 이월결손금을 공제하기 전 소득에 따라 산정되므로 주의요망

(1) 개요

개인사업자는 근로자 고용 여부에 따라 근로자 고용 시 직장가입자, 미고용 시 지역가입자가 된다. 직장가입자의 보험료(보수월액, 소득월액) 및 지역가입자의 건강보험료는 사업소득금액에 따라 산정되나 이월결손금이 있는 경우에는 건강보험료의 부과기준과 세법에 따라 계산되는 사업소득금액에 차이가 발생된다.

(2) 주의사항 및 실무상 Tip

이월결손금을 공제한 사업장이 있는 경우에는 개인사업장 대표자의 보수총액신고 시 이월결손금을 공제하기 전의 소득금액을 기재해야 하며 개인사업장 대표자의 건강보험료 발생 및 다른 가족의 피부양자 자격 취득 가능 여부 문의 시 이월결손금 공제 전 소득금액을 기준으로 안내해야 한다. 참고로 당해연도 결손금 발생 시 지역가입자는 최저 보험료 고지 또는 다른 가족의 피부양자 자격 취득 가능하며 직장가입자의 경우 해당 사업장 근로자 보수월액을 평균한 금액에 의해 건강보험료를 산정한다.

이월결손금을 공제한 사업장이 있는 경우에는 개인사업장 대표자의 건강보험료 부과기준은 아래의 표와 같다.

구 분		부과기준
지역가입자		이월결손금 공제 전 소득금액
직장가입자	보수월액 보험료	이월결손금 공제 전 소득금액
	소득월액 보험료	이월결손금 공제 전 소득금액

(3) 관련법령

1) 국민건강보험법 제70조【보수월액】
   ① 제69조 제4항 제1호에 따른 직장가입자의 보수월액은 직장가입자가 지급받는 보수를 기준으로 하여 산정한다.

2) 국민건강보험법 제71조【소득월액】
   ① 직장가입자의 보수 외 소득월액은 제70조에 따른 보수월액의 산정에 포함된 보수를 제외한 직장가입자의 소득(이하 "보수 외 소득"이라 한다)이 대통령령으로 정하는 금액을 초과하는 경우 다음의 계산식에 따른 값을 보건복지부령으로 정하는 바에 따라 평가하여 산정한다. 〈개정 2017.04.18., 2024.02.06.〉

   $$(연간\ 보수\ 외\ 소득 - 대통령령으로\ 정하는\ 금액) \times 1/12$$

3) 국민건강보험법 시행령 제41조 제1항【소득월액】
   ① 소득월액(직장가입자의 경우에는 법 제71조 제1항에 따른 보수 외 소득월액을 말하고, 지역가입자의 경우에는 같은 조 제2항에 따른 소득월액을 말한다. 이하 같다) 산정에 포함되는 소득은 다음 각 호와 같다. 이 경우 「소득세법」에 따른 비과세소득은 제외한다.

   3. 사업소득 :「소득세법」제19조에 따른 소득

(4) 관련판례

1) 대법원2015두41326, 2018.05.11. (정산보험료부과처분취소소송)

   국민건강보험법 제69조 제5항, 제72조 제1항, 제3항, 구 국민건강보험법 시행령(2018.03.06. 대통령령 제28693호로 개정되기 전의 것, 이하 같다) 제42조 제1항, 제2항, 구 소득세법(2013.01.01. 법률 제11611호로 개정되기 전의 것, 이하 같다) 제19조 제1항, 제2항의 문언 내용과 취지 등에 비추어 보면, 구 국민건강보험법 시행령 제41조 제1항 제3호가 보험료부과점수 산정에 포함되는 소득으로 열거한 사업소득은 구 소득세법 제19조 제2항에서 정하는 사업소득금액을 가리킨다고 보아야 한다. 이와 달리 위 사업소득금액에서 다시 해당 과세기간 이전에 발생한 이월결손금까지 추가로 공제하여야 한다고 보기 어렵다.

〈참고문헌〉

- 직무사고 사례와 주의사항 및 실무상 Tip 안내(법인세), 한국세무사회
(부가가치세 신고시)업무 부주의 사고 사례와 주의사항 및 실무상 Tip 안내, 한국세무사회
(소득세 신고) 업무 부주의 사고 사례와 주의사항 및 실무상 Tip 안내, 한국세무사회
안수남 양도소득세 2024
박풍우 상속세증여세 실무 2024
김완일 고경희 2022 상속ㆍ증여세 실무편람
고경희 2022 상속ㆍ증여세 실무 (이택스코리아 부교재)
국가법령정보센터(law.go.kr)
- 국세청(nts.go.kr)
국세법령정보시스템(txsi.hometax.go.kr)
국세청 홈택스(hometax.go.kr)
통계분류포털(kssc.kostat.go.kr)

주식변동 세무

서 문

　법인의 주식거래는 다양한 과세문제를 수반함에도 불구하고 자주 접해보지 않은 경우 어떤 부분을 검토해야 할지 막막할 수 있습니다. 이에 본 연구에서는 빈번하게 일어나고 거래처에서 자주 문의하는 주식변동시 수반되는 과세문제와 실무상 유의사항에 대해 다뤄보고자 합니다.

　비상장주식의 경우 특수관계인 간 거래가 대부분이므로 특수관계인 간 주식 양수도시 고려할 사항을 시작으로 특수관계인의 판단에 대해 살펴보았습니다.
　주식 변동시 비상장주식 평가가 반드시 수반되나 평가 부분까지 다루기에는 지면에 한계가 있어 생략하고자 합니다.

　명의신탁주식과 자기주식을 다루는 경우 연관되는 과세문제와 상법상 절차 등을 기재하였고, 관련 판례를 통해 세법 동향을 파악하고자 하였습니다.
　국세와 달리 지방세는 세무사 업무영역이 아니다 보니 놓치게 되는 과점주주의 간주취득세 및 제2차 납세의무를 알아봄으로써 실수를 줄일 수 있도록 구성하였습니다.

　다음으로 주식변동조사의 유형에 대해 살펴보고 검토사항을 열거하여 점검할 수 있도록 하였고, 주식변동상황명세서 및 증권거래세신고도 누락하지 않도록 추가 설명하였습니다.
　마지막으로 기타 고려사항에서는 사소하지만 알아두면 좋을 실무적인 내용을 기술하였습니다.

　본 원고가 주식거래 발생에 대한 세무사들의 대응 참고서이자 체크리스트가 될 수 있도록 여러 가지 과세문제와 실무상 고려사항을 다루었으니 조금 부족하더라도 업무에 도움이 되기를 바랍니다.

제1장

특수관계인 간의 주식양수도 시 고려사항

> 특수관계인 사이의 주식 양도·양수는 세무서에서 해당 거래의 적정성을 집중적으로 검증하고 있습니다.
> 따라서 비상장주식 평가를 통해 매매가격을 결정하고, 반드시 매매대금을 금융계좌로 주고받아 명확한 증빙을 갖추어야 합니다.
> 아래에서 이와 관련된 세법규정을 살펴보고자 합니다.

제1절 특수관계인 간의 저가양도 및 고가매입

01 개요

주식 등을 시가보다 낮은 가액 또는 높은 가액으로 거래하는 경우 양도소득세를 부당하게 감소시킬 수 있으며, 시가와 대가의 차액에 해당하는 이익이 실질적으로 무상으로 이전되는 효과가 발생한다.

따라서 특수관계인 간의 주식 등의 자산을 저가양도 및 고가매입하는 경우에는 소득세법상 부당행위계산 부인이 적용되며, 상속세 및 증여세법상 증여이익 규정을 적용받게 된다.

특수관계인으로부터 주식 등의 자산을 고가매입하거나 특수관계인에게 저가양도하여 사회통념이나 관습에 비추어 볼 때 합리적인 경제인이 취하는 정상적인 거래가 아니어서 양도소득세의 부담을 부당하게 감소시킨 것으로 인정되는 때에는 그 거래가액에 관계없이 시가에 의해 양도소득금액을 계산한다.

① 저가양도 : 주식 등의 자산을 특수관계인에게 시가보다 낮은 가격으로 양도하는 경우 양도자의 양도가액은 부당행위계산의 부인 규정이 적용되어 해당 주식의 양도가액은 시가로 한다.

② 고가매입 : 주식 등의 자산을 특수관계인으로부터 시가보다 높은 가격으로 매입하는 양수인의 취득가액은 부당행위계산의 부인 규정이 적용되어 해당 주식의 취득가액은 시가로 한다.

- 개인과 법인 간 매매계약일 현재 시가로 거래하여 법인세법상 부당행위계산 부인이 적용되지 않는 경우에는 양도소득의 부당행위계산 부인이 적용하지 아니한다. 다만, 거짓 그 밖의 부정한 방법으로 양도소득세를 감소시킨 것으로 인정되는 경우에는 부당행위계산 부인이 적용된다(서면-2015-법령해석재산-569, 2015.06.29.).

- 특수관계인 간에 주식 등 재산의 저가양도시 부당행위계산 부인 규정을 적용하여 양도인에게 양도소득세를 부과하고, 상속세 및 증여세법상 의제조항에 의하여 양수인에게 증여세를 부과하는 것이 동일한 담세력의 원천에 대하여 중복과세하는 결과를 가져온다 하더라도 이중과세금지원칙에 위배되지 않는다(서울고법2011누38294, 2012.04.18.).

- 상증세법상 최대주주인 거주자가 거래소에서 거래되는 주식을 장중 매매 또는 시간외 종가매매를 통하여 특수관계인에게 매매한 경우에는 부당행위계산 부인이 적용된다(재산세과-969, 2009.05.18.).

02 양도소득세를 부당하게 감소시키는 거래유형

양도소득세를 부당하게 적게 납부하기 위해 주식 등의 자산을 저가양도하거나 고가매입한 경우로서 다음의 요건이 모두 충족된 경우에는 부당행위계산 부인을 적용받게 되어 양도소득세 또는 증여세가 과세된다.
① 특수관계인 간의 거래
② 시가와 거래가액의 차액이 3억원 이상이거나 시가의 5%에 상당하는 금액 이상일 경우

[표] 부당행위계산부인 세목별 비교

근 거	증여의제(증여세)	부당행위계산 부인(양도소득세)
세법 규정	상속세 및 증여세법	소득세법
특수 관계	불문	필수
적용 요건	① 특수관계인 : (시가-대가 또는 대가-시가)의 차액이 MIN(3억, 시가*30%) 이상일 때 ② 비특수관계인 : (시가-대가 또는 대가-시가)의 차액이 시가*30% 이상일 때	① 특수관계인 : (시가-대가 또는 대가-시가)의 차액이 MIN(3억, 시가*5%) 이상일 때 ② 비특수관계인 : 해당없음

03 부당행위계산 부인의 적용시기

양도소득세 과세대상 주식 등의 자산을 양도하고 양도소득세의 부담을 부당하게 감소시킨 경우 부당행위계산 부인의 적용시기는 양도일이 아닌 당사자 간의 해당 주식을 거래하기로 합의한 시점인 매매계약체결일이다.
- 상장법인 A의 주주 갑이 보유하던 A법인 주식을 코스닥시장 업무규정에서 정하는 시

간외매매 방식을 통해 당일 종가로 특수관계인에게 양도하는 경우 소득세법에 따른 부당행위계산 부인 적용시 양도하는 A법인의 주식의 시가는 상속세 및 증여세법에 따른 평가방법으로 평가하는 가액으로 하는 것이며, 이 때 평가기준일은 매매계약일이 되는 것이다(기준법령재산-32, 2018.04.04.).

제2절 특수관계인이 아닌 자간 저가·고가 거래시 증여문제

특수관계인이 아닌 자 간에 거래의 관행상 정당한 사유 없이 재산을 시가보다 현저히 낮은 가액으로 양수하거나 시가보다 현저히 높은 가액으로 양도한 경우로서 그 대가와 시가의 차액이 기준금액 이상인 경우 이익을 얻은 자의 증여재산가액으로 한다.

01 과세요건

구분	수증자	과세요건
저가양수	양수자	(시가-대가)의 차액이 시가의 30% 이상일 때
고가양도	양도자	(대가-시가)의 차액이 시가의 30% 이상일 때

02 증여재산가액

구분	증여재산가액
저가양수	(시가-대가)-3억원
고가양도	(대가-시가)-3억원

- 정당한 사유에 대한 입증책임, 특수관계인이 아닌 자간 고가양도양수에 대한 입증책임은 과세관청에 있다(대법원2011두22075, 2011.12.22.).
- 합리적 경제인이라면 거래 당시의 상황에서 그와 같은 거래조건으로는 거래하지 않았을 것이라는 객관적인 정황 등에 관한 자료를 제출함으로써 '거래의 관행상 정당한 사유'가 없다는 점을 증명할 수 있다(대법원2013두24495, 2015.02.12.).
- 청구인이 제출한 자료로는 쟁점주식 거래경위, 가격결정이유 등이 확인되지 않고 다른 매매사례가액 역시 시가로 보기 어려운 등 청구인이 쟁점주식을 특수관계인·비특수관계인에게 고가양도한 것으로 보아 상증법 제35조 소정의 고가양도에 따른 증여세를 부과한 본 처분에 잘못이 없음.

청구인이 제출한 청구외법인의 월 매출 변화추이, 사이트 방문자 수 등의 자료만으로는 쟁점주식의 거래 경위, 거래가격의 결정 이유 등에 관한 자료들이 확인되지 않아 객관적이고 신뢰성 있는 가액으로 보기 어렵고, 「상속세 및 증여세법」 제63조 제1항 제1호 나목의 규정에 의한 시가(보충적 평가액)보다 현저히 높은 점, 청구인이 쟁점주식을 양도할 당시 청구외법인은 결손 법인으로 누적결손금이 2017년에 OOO원에 달하여 미래수익의 예측에 의한 영업권과 경영의 노하우를 기대하기 어려워 주식평가에 반영할 수치를 산정할 수 없었던 점 등에 비추어 처분청이 쟁점주식의 양도를 고가양도로 보아 증여세를 과세한 처분은 달리 잘못이 없다고 판단된다(조심2023서8015, 2023.12.12. 진행중).

제3절 특수관계인의 범위

양도소득세의 부당행위계산 부인이 적용되기 위해서는 특수관계인 간의 거래이어야 하고, 양도소득세의 부담을 회피하기 위해 부당하게 감소시킨 것으로 인정되는 경우를 그 요건으로 한다.

- 특수관계인은 납세의무자를 기준으로 하여 그와 특수관계인만이 해당하며, 거래상대방을 기준으로 하여 특수관계에 있는 경우에는 특수관계인으로 보지 아니한다(서울행법 2011구합31802, 2012.03.09.).

01 세법상 특수관계인의 범위

(1) 국세기본법 시행령 제1조의2 특수관계의 범위

① 법 제2조 제20호 가목에서 "혈족·인척 등 대통령령으로 정하는 친족관계"란 다음 각 호의 어느 하나에 해당하는 관계(이하 "친족관계"라 한다)를 말한다.
1. 4촌 이내의 혈족(2023.02.28. 개정)
2. 3촌 이내의 인척(2023.02.28. 개정)
3. 배우자(사실상의 혼인관계에 있는 자를 포함한다)
4. 친생자로서 다른 사람에게 친양자 입양된 자 및 그 배우자·직계비속
5. 본인이 「민법」에 따라 인지한 혼인 외 출생자의 생부나 생모(본인의 금전이나 그 밖의 재산으로 생계를 유지하는 사람 또는 생계를 함께하는 사람으로 한정한다)(2023.02.28 신설)

② 법 제2조 제20호 나목에서 "임원·사용인 등 대통령령으로 정하는 경제적 연관관계"란 다음 각 호의 어느 하나에 해당하는 관계(이하 "경제적 연관관계"라 한다)를 말한다.
1. 임원과 그 밖의 사용인
2. 본인의 금전이나 그 밖의 재산으로 생계를 유지하는 자
3. 제1호 및 제2호의 자와 생계를 함께하는 친족

③ 법 제2조 제20호 다목에서 "주주·출자자 등 대통령령으로 정하는 경영지배관계"란 다음 각 호의 구분에 따른 관계(이하 "경영지배관계"라 한다)를 말한다.
1. 본인이 개인인 경우
   가. 본인이 직접 또는 그와 친족관계 또는 경제적 연관관계에 있는 자를 통하여 법인의 경영에 대하여 지배적인 영향력을 행사하고 있는 경우 그 법인
   나. 본인이 직접 또는 그와 친족관계, 경제적 연관관계 또는 가목의 관계에 있는 자를 통하여 법인의 경영에 대하여 지배적인 영향력을 행사하고 있는 경우 그 법인
2. 본인이 법인인 경우
   가. 개인 또는 법인이 직접 또는 그와 친족관계 또는 경제적 연관관계에 있는 자를 통하여 본인인 법인의 경영에 대하여 지배적인 영향력을 행사하고 있는 경우 그 개인 또는 법인
   나. 본인이 직접 또는 그와 경제적 연관관계 또는 가목의 관계에 있는 자를 통하여 어느 법인의 경영에 대하여 지배적인 영향력을 행사하고 있는 경우 그 법인
   다. 본인이 직접 또는 그와 경제적 연관관계, 가목 또는 나목의 관계에 있는 자를 통하여 어느 법인의 경영에 대하여 지배적인 영향력을 행사하고 있는 그 법인

라. 본인이 「독점규제 및 공정거래에 관한 법률」에 따른 기업집단에 속하는 경우 그 기업집단에 속하는 다른 계열회사 및 그 임원

④ 제3항 제1호 각 목, 같은 항 제2호 가목부터 다목까지의 규정을 적용할 때 다음 각 호의 구분에 따른 요건에 해당하는 경우 해당 법인의 경영에 대하여 지배적인 영향력을 행사하고 있는 것으로 본다.
1. 영리법인인 경우
  가. 법인의 발행주식총수 또는 출자총액의100분의 30 이상을 출자한 경우
  나. 임원의 임면권의 행사, 사업방침의 결정 등 법인의 경영에 대하여 사실상 영향력을 행사하고 있다고 인정되는 경우
2. 비영리법인인 경우
  가. 법인의 이사의 과반수를 차지하는 경우
  나. 법인의 출연재산(설립을 위한 출연재산만 해당한다)의 100분의 30 이상을 출연하고 그 중 1인이 설립자인 경우

(2) 상속세 및 증여세법 시행령 제2조의2 특수관계인의 범위

① 법 제2조 제10호에서 "본인과 친족관계, 경제적 연관관계 또는 경영지배관계 등 대통령령으로 정하는 관계에 있는 자"란 본인과 다음 각 호의 어느 하나에 해당하는 관계에 있는 자를 말한다.
1. 「국세기본법 시행령」 제1조의2 제1항 제1호부터 제5호까지의 어느 하나에 해당하는 자(이하 "친족"이라 한다) 및 직계비속의 배우자의2촌 이내의 혈족과 그 배우자(2023.02.28. 개정)
2. 사용인(출자에 의하여 지배하고 있는 법인의 사용인을 포함한다. 이하 같다)이나 사용인 외의 자로서 본인의 재산으로 생계를 유지하는 자
3. 다음 각 목의 어느 하나에 해당하는 자
  가. 본인이 개인인 경우 : 본인이 직접 또는 본인과 제1호에 해당하는 관계에 있는 자가 임원에 대한 임면권의 행사 및 사업방침의 결정 등을 통하여 그 경영에 관하여 사실상 영향력을 행사하고 있는 기획재정부령으로 정하는 기업집단의 소속 기업[해당 기업의 임원(「법인세법 시행령」 제40조 제1항에 따른 임원을 말한다. 이하 같다)과 퇴직 후 3년(해당 기업이 「독점규제 및 공정거래에 관한 법률」 제31조에 따른 공시대상기업집단에

소속된 경우는 5년)이 지나지 않은 사람(이하 "퇴직임원"이라 한다)을 포함한다](2021. 12.28 개정)

나. 본인이 법인인 경우 : 본인이 속한 기획재정부령으로 정하는 기업집단의 소속 기업(해당 기업의 임원과 퇴직임원을 포함한다)과 해당 기업의 임원에 대한 임면권의 행사 및 사업 방침의 결정 등을 통하여 그 경영에 관하여 사실상의 영향력을 행사하고 있는 자 및 그와 제1호에 해당하는 관계에 있는 자

4. 본인, 제1호부터 제3호까지의 자 또는 본인과 제1호부터 제3호까지의 자가 공동으로 재산을 출연하여 설립하거나 이사의 과반수를 차지하는 비영리법인

5. 제3호에 해당하는 기업의 임원 또는 퇴직임원이 이사장인 비영리법인

6. 본인, 제1호부터 제5호까지의 자 또는 본인과 제1호부터 제5호까지의 자가 공동으로 발행주식총수 또는 출자총액(이하 "발행주식총수등"이라 한다)의 100분의 30 이상을 출자하고 있는 법인

7. 본인, 제1호부터 제6호까지의 자 또는 본인과 제1호부터 제6호까지의 자가 공동으로 발행주식총수 등의 100분의 50 이상을 출자하고 있는 법인

8. 본인, 제1호부터 제7호까지의 자 또는 본인과 제1호부터 제7호까지의 자가 공동으로 재산을 출연하여 설립하거나 이사의 과반수를 차지하는 비영리법인

② 제1항 제2호에서 "사용인"이란 임원, 상업사용인, 그 밖에 고용계약관계에 있는 자를 말한다.

③ 제1항 제2호 및 제39조 제1항 제5호에서 "출자에 의하여 지배하고 있는 법인"이란 다음 각 호의 어느 하나에 해당하는 법인을 말한다.

1. 제1항 제6호에 해당하는 법인
2. 제1항 제7호에 해당하는 법인
3. 제1항 제1호부터 제7호까지에 해당하는 자가 발행주식총수 등의 100분의 50 이상을 출자하고 있는 법인

(3) 법인세법 제2조 제12호의 특수관계인(경제적 연관관계 또는 경영지배관계 등 대통령령으로 정하는 관계에 있는자)의 범위

- 법인세법 시행령 제2조의 제8항

1. 임원(제40조 제1항에 따른 임원을 말한다. 이하 이 항, 제10조, 제19조, 제38조 및 제39조에서 같다)의 임면권의 행사, 사업방침의 결정 등 해당 법인의 경영에 대해 사실상 영향력을 행사하고 있다고 인정되는 자(「상법」 제401조의2 제1항에 따라 이사로 보는 자를 포함한다)와 그 친족(「국세기본법 시행령」 제1조의2 제1항에 따른 자를 말한다. 이하 같다)
2. 제50조 제2항에 따른 소액주주 등이 아닌 주주 또는 출자자(이하 "비소액주주등"이라 한다)와 그 친족
3. 다음 각 목의 어느 하나에 해당하는 자 및 이들과 생계를 함께하는 친족
    가. 법인의 임원·직원 또는 비소액주주등의 직원(비소액주주등이 영리법인인 경우에는 그 임원을, 비영리법인인 경우에는 그 이사 및 설립자를 말한다)
    나. 법인 또는 비소액주주등의 금전이나 그 밖의 자산에 의해 생계를 유지하는 자
4. 해당 법인이 직접 또는 그와 제1호부터 제3호까지의 관계에 있는 자를 통해 어느 법인의 경영에 대해 「국세기본법 시행령」 제1조의2 제4항에 따른 지배적인 영향력을 행사하고 있는 경우 그 법인
5. 해당 법인이 직접 또는 그와 제1호부터 제4호까지의 관계에 있는 자를 통해 어느 법인의 경영에 대해 「국세기본법 시행령」 제1조의2 제4항에 따른 지배적인 영향력을 행사하고 있는 경우 그 법인
6. 해당 법인에 100분의 30 이상을 출자하고 있는 법인에 100분의 30 이상을 출자하고 있는 법인이나 개인
7. 해당 법인이 「독점규제 및 공정거래에 관한 법률」에 따른 기업집단에 속하는 법인인 경우에는 그 기업집단에 소속된 다른 계열회사 및 그 계열회사의 임원

[표] 특수관계인 범위 요약

구분	국세기본법	소득세법	상속세 및 증여세법	법인세법
친족 관계	① 4촌이내혈족 ② 3촌이내 인척 ③ 배우자(사실혼 포함) ④ 친생자로서 타인에게 친양자 입양된 자 및 그 배우자·직계비속 ⑤ 혼외자의 생모(부)로서 생계유지자	좌동	좌동 + ⑥ 직계비속의 배우자의 2촌이내 혈족과 그 배우자	해당사항 없음
경제적 연관 관계	① 임원과 기타 사용인 ② 본인의 금전이나 그 밖의 재산으로 생계유지자 ③ 위의 자와 생계를 함께하는 친족	좌동	좌동 - ③ 위의 자와 생계를 함께하는 친족 *사용인(출자지배법인 사용인 포함)	좌동
경영 지배 관계	① 본인이 개인인 경우 ㄱ. 본인 직접 또는 관계자를 통하여 지배하는 법인 (30%이상 또는 사실상 영향력) ㄴ. 위 'ㄱ' 통하여 2차 지배하는 법인 ② 본인이 법인인 경우 ㄱ. 개인 또는 법인이 직접 또는 관계자를 통하여 지배하는 본인인 법인의 개인 또는 법인 ㄴ. 위 'ㄱ' 통하여 1차 지배하는 법인 ㄷ. 위 'ㄱ, ㄴ' 통하여 2차 지배하는 법인 ㄹ. 기업집단 계열회사 및 임원	좌동 해당 사항 없음	① 직접 또는 위 친족이 지배하는 기재부령의 기업진단과 그 임원(3년내 퇴직임원 포함) ② 본인과 관계자가 공동으로 30%이상 출자한 법인(사실상 영향력 없음) ③ 본인과 ②와 공동으로 50% 출자한 법인	① 1%이상 주주와 친족 ② 사실상 영향력 행사자와 친족 ③ 1차지배법인 ④ 2차지배법인 ⑤ 해당법인에 30% 이상 출자법인 ⑥ 기업집단 소속 법인 및 임원
임직원 간	특수관계 없음	좌동	30% 이상 출자임원은 특수관계 있음	해당사항 없음
주주와 임직원 간	특수관계 없음	좌동	30% 이상 주주는 특수관계 있음	해당사항 없음

* 주주와 임직원간 특수관계 판정 시 소득세법상 특수관계가 아니지만, 상속세 및 증여세법상 30% 이상 주주는 특수관계가 성립하는 점을 주의할 필요가 있다.

02 특수관계인 그림 설명

(1) 촌수 확인

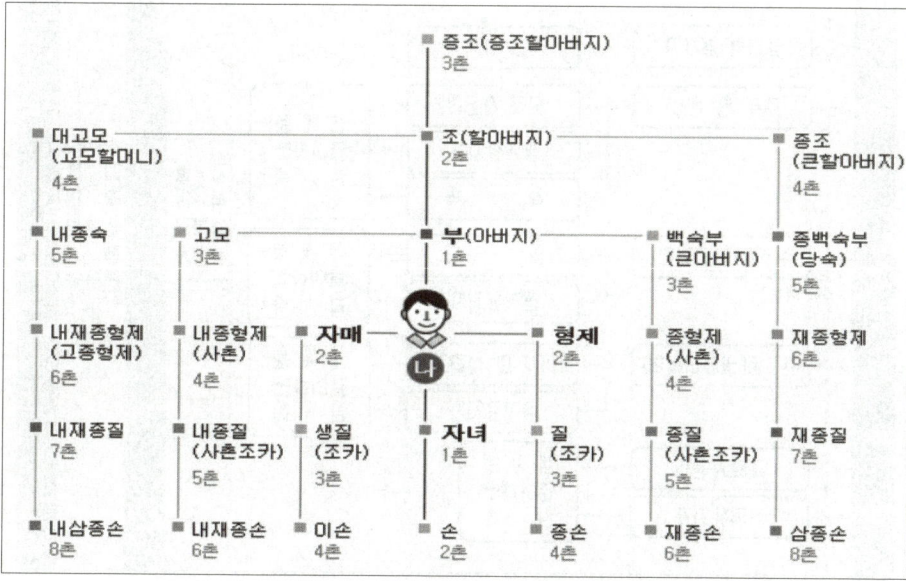

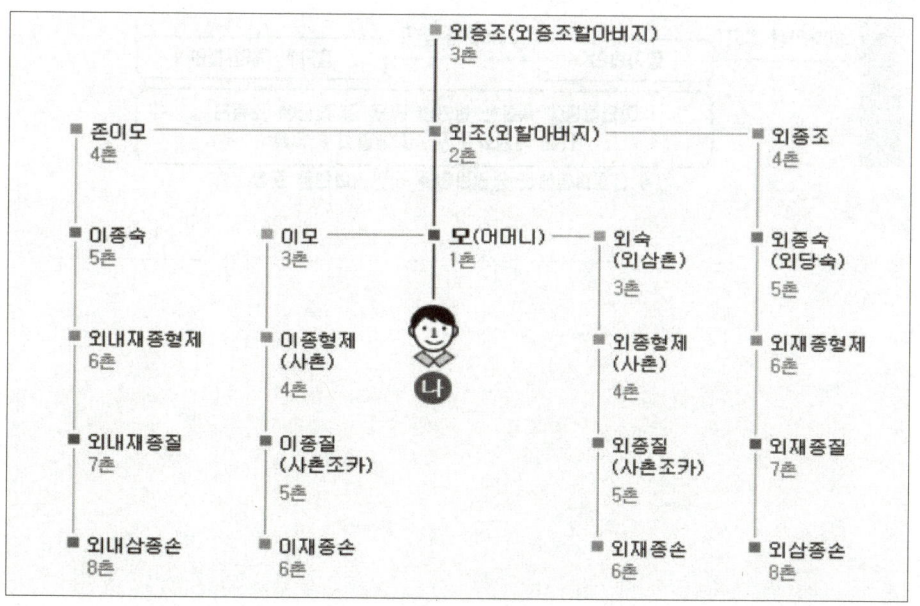

(2) 법인세법상 특수관계 요약도

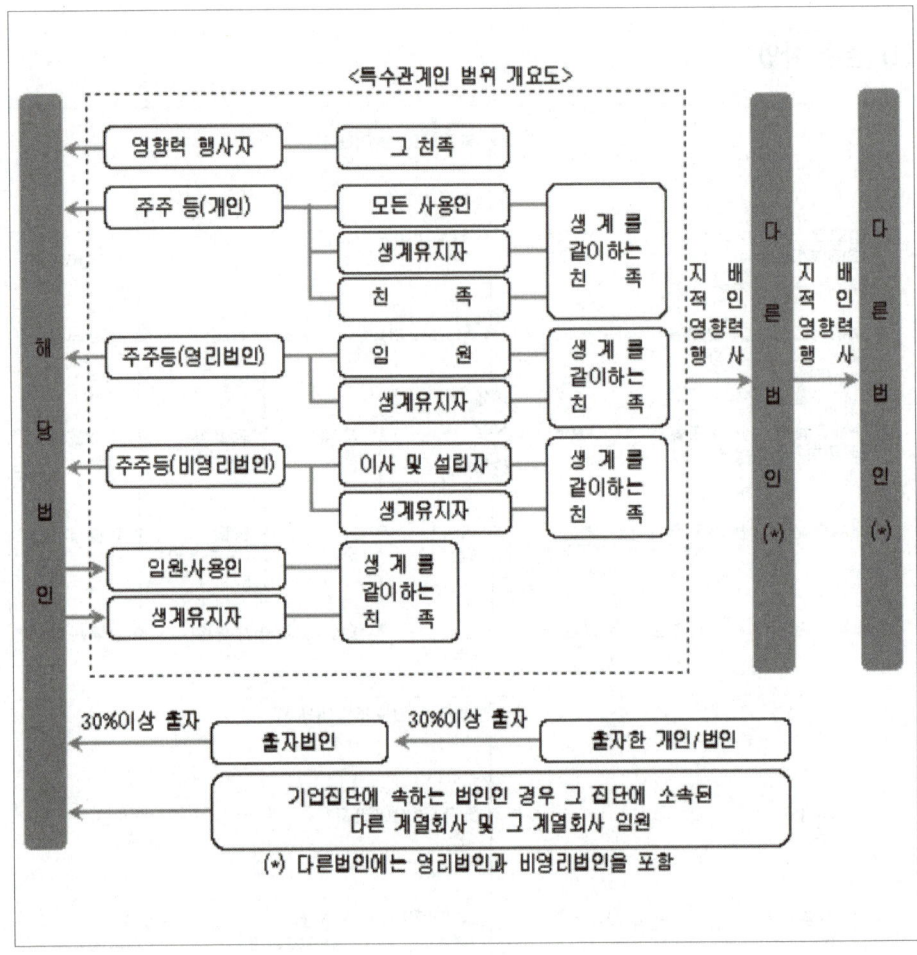

구분	특수관계자 범위
영향력 행사자	1. 임원의 임면권 행사, 사업방침의 결정 등 해당 법인의 경영에 대하여 사실상 영향력을 행사하고 있다고 인정되는 자(상법의 규정에 의하여 이사로 보는 자를 포함)와 그 친족
주주 등	2. 주주 등(소액주주 등을 제외함)과 그 친족
임원/사용인/생계유지자	3. 법인의 임원·사용인 또는 주주 등의 사용인(주주 등이 영리법인인 경우에는 그 임원을, 비영리법인인 경우에는 그 이사 및 설립자를 말함)이나 사용인외의 자로서 법인 또는 주주 등의 금전 기타 자산에 의하여 생계를 유지하는 자와 이들과 생계를 함께 하는 친족
지배적인 영향력 행사자	4. 해당법인이 직접 또는 그와 1부터 3까지에 해당하는 자를 통하여 경영에 지배적인 영향력을 행사하고 있는 법인 5. 해당법인이 직접 또는 그와 1부터 4까지에 해당하는 자를 통하여 경영에 지배적인 영향력을 행사하고 있는 법인
2차출자법인	6. 해당 법인에 30% 이상을 출자하고 있는 법인에 30% 이상을 출자하고 있는 법인이나 개인
기타	7. 해당 법인이 「독점규제 및 공정거래에 관한 법률」에 의한 기업집단에 속하는 법인인 경우 그 기업집단에 소속된 다른 계열회사 및 그 계열회사의 임원

(3) 특수관계인 관련 예규 및 판례

① 경영지배 관계에 의한 특수관계 여부

갑법인이 을법인과 정법인에 30% 이상을 출자하고, 병법인에 8% 이상을 출자한 경우로서 을, 병법인간 또는 을, 정법인간에 「법인세법 시행령」 제87조 제1항 제4호 또는 같은 조 제1항 제7호의 규정에 해당하는 경우에는 특수관계인에 해당하는 것이며, 이 경우 같은 조 제1항 후단의 규정에 의하여 본인도 특수관계인의 특수관계인에 해당하는 것임(법인세과-143, 2014.03.28.).

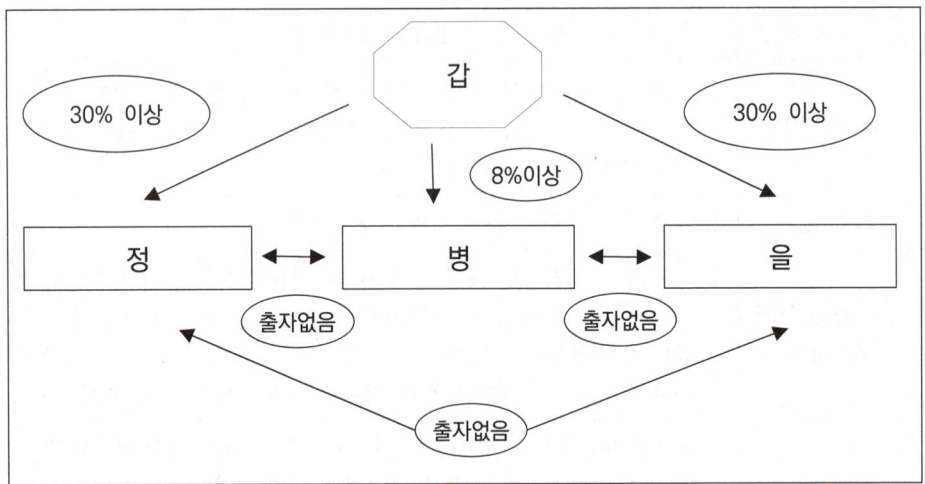

o (질의1) '을'과 '병'이 「법인세법 시행령」 제87조에 따른 특수관계인에 해당하는지 여부(해당한다면 몇 호 사유인지 여부)
o (질의2) '을'과 '정'이 위 특수관계인에 해당하는지 여부
o (질의3) 「공정거래법」에 의한 기업집단 해석 시, 「독점규제 및 공정거래에 관한 법률」 제2조 제2호에 해당하는 사실관계가 있으면 바로 위 기업집단에 해당한다고 보아 특수관계인에 해당하는 것인지.

[회신]

1. (질의1) (질의2)와 관련하여 갑 법인이 을 법인과 정 법인에 30% 이상을 출자하고, 병 법인에 8% 이상을 출자한 경우로서 을, 병 법인 간 또는 을, 정 법인간에 「법인세법 시행령」 87조 제1항 제4호 또는 같은 조 제1항 제7호의 규정에 해당하는 경우에는 특수관계인에 해당하는 것이며, 이 경우 같은 조 제1항 후단의 규정에 의하여 본인도 특수관계인의 특수관계인에 해당하는 것임.

* 갑은 을, 병, 정 법인의 경영 전반에 사실상 관여하고 있음.

※ 병 입장에서 갑은 주주이고 주주가 30% 이상 출자하고 있는 을, 정은 특수관계인이다.

2. (질의3)과 관련하여 「법인세법 시행령」 제87조 제1항 제7호의 규정에 따라 당해 법인이 「독점규제 및 공정거래에 관한 법률」에 의한 기업집단에 속하는 법인인 경우 그 기업집단에 소속된 다른 계열회사 및 그 계열회사의 임원과 당해 법인은 특수관계인에 해당하는 것임

② 법인의 주주 1인과 주주의 자녀의 관계

특수관계인에 해당되는지 여부는 국세기본법 제2조 제20호 각목에 해당되는 경우를 말하는 것으로, 법인의 주주1인이 그 법인의 임원인 주주의 자녀(경제적 연관관계 없는 자)에게 주식을 양도하는 경우는 특수관계인에 해당 되지 아니한다(징세-144, 2013.02.01.).

③ 법인의 직원과 법인의 대주주는 특수관계인에 해당되는지 여부

신청인 B는 甲법인(A : 대표이사, 지분율 100% 보유)의 직원(임원 아님)이고, A와는 친족관계가 아님. 甲법인은 설립 후 2년 경과, 총 발행주식은 3,000주(액면가 10,000원)임.

- A는 신청인 B에게 甲법인 발행주식의 20% 양도 예정

- 질의 : 신청인이 A와 소득세법에 따른 특수관계인에 해당하는지 여부

- 회신 : 귀 질의의 경우 「소득세법」 제101조에서 특수관계인 이란 같은 법 시행령 제98조 제1항에 따르는 것으로 같은 법인의 대표이사이자 100% 지분을 가진 주주와 사용인은 「국세기본법 시행령」 제1조의2 제1항, 제2항 및 같은 조 제3항 제1호에 따른 특수관계인에 해당하지 않는 것이다(양도, 서-2019-자본거래-2575, 2020.03.23.).

④ 법인의 대표이사 또는 주주인 청구인들과 그 법인의 직원이 소득세법상 부당행위계산부인 규정이 적용되는 특수관계인 인지

- 국세기본법 시행령 제1조의2 제2항 제1호에서는 임원과 그 밖의 사용인으로만 규정하고 있어서 단순히 같은 법인의 서로 다른 일원이거나 대표이사가 출자하여 지배하는 법인의 사용인에 불과한 청구인들과 거래상대방은 소득세법 시행령 제98조에 따른 특수관계인으로 보기 어려운 점 등에 비추어 이 건 처분은 잘못임(상증, 조심2016중3172, 2017.01.17.).

[표] 주식 양수도 거래시 특수관계인 (예시)

양도인 (차명주주, 명의수탁자)	양수인 (실소유자, 명의신탁자)	상속세 및 증여세법	소득세법
직계 존·비속, 형제	대표이사	특수관계	특수관계
임직원	대표이사	특수관계	비특수관계
퇴사한임원(3년이내)	대표이사	특수관계	비특수관계
퇴사한직원	대표이사	비특수관계	비특수관계
친구	대표이사	비특수관계	비특수관계
친구(지분30%이상)	대표이사	특수관계	비특수관계

* 대표이사 지분 30%이상, 차명주주 지분 30%미만 가정

제4절 증여를 통한 우회양도

01 양도·증여 판단

우회양도는 다음 기준에 따라 부당행위로 판정하고 당초 증여자가 직접 양도한 것으로 보아 양도소득세를 과세한다.

1) 수증자의 세금(증여세 + 양도소득세) 〈 당초 증여자가 양도한 경우 양도소득세
2) 특수관계인으로부터 양도소득세 과세대상 자산을 증여받아 10년 이내 제3자에게 양도한 경우
   단, 배우자 등 이월과세가 적용되는 경우는 제외한다.

다음의 경우 양도하였지만 증여로 추정한다.
배우자, 직계존비속에게 직접 양도한 경우 또는 특수관계인에게 양도한 재산을 그 특수관계인이 양수일로부터 3년 이내에 당초 양도자의 배우자, 직계존비속에게 다시 양도한 경우 증여로 추정한다(상증법 제44조).

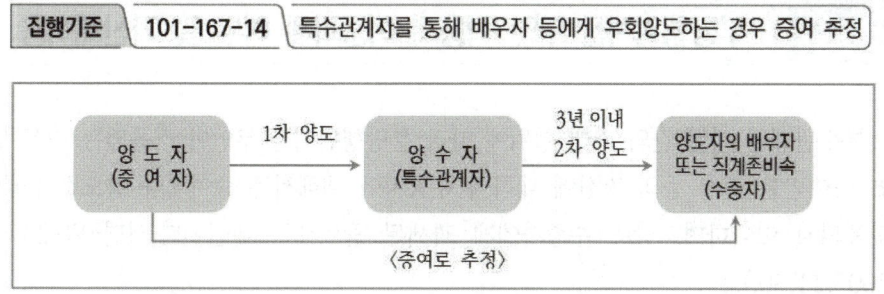

다음의 경우에는 증여로 추정하지 않는다.
1) 법원의 결정으로 경매절차에 따라 처분된 경우
2) 파산선고로 인하여 처분된 경우
3) 「국세징수법」에 따라 공매(公賣)된 경우
4) 증권시장을 통하여 유가증권이 처분된 경우, 불특정 다수인 간의 거래에 의하여 처분된 것으로 볼 수 없는 경우로서 시간외 대량매매 방법으로 매매된 것은 제외한다.
5) 배우자등에게 대가를 받고 양도한 사실이 명백히 인정되는 경우
   - 권리의 이전이나 행사에 등기 또는 등록을 요하는 재산을 서로 교환한 경우
   - 당해 재산의 취득을 위하여 이미 과세(비과세 또는 감면받은 경우를 포함한다) 받았거나 신고한 소득금액 또는 상속 및 수증재산의 가액으로 그 대가를 지급한 사실이 입증되는 경우
   - 당해 재산의 취득을 위하여 소유재산을 처분한 금액으로 그 대가를 지급한 사실이 입증되는 경우

02 부당행위계산 부인 적용시 이중과세 여부 및 가산세적용

특수관계인 개인 간의 거래 행위에 따라 부당행위계산 부인이 적용되는 경우 당초 증여받은 주식 등의 자산에 대하여 수증자에 대해서는 증여세와 양도소득세가 과세되지 아니하며, 당초 수증자에게 과세된 증여세는 환급된다(서면4팀-2374, 2005.11.30.).

당초 증여자가 납세의무자가 되어 수증자가 양도소득세를 신고·납부하였다고 하더라고 무신고, 무납부한 것으로 보아 가산세를 부과한다(서면4팀-1765, 2004.11.01.).

제2장

명의신탁주식

> 주식의 양도·양수가 명의신탁의 해소를 위한 경우라면 아래 기술하는 내용을 잘 숙지하여 명의신탁의 원만한 해소를 위한 적절한 조언을 하는 것이 중요합니다.

제1절 개요

명의신탁주식이란 주식의 실제 소유자와 주주명부상의 소유자가 다른 것을 의미한다. 과거에는 법인 설립을 위한 상법상 규정에 따라 발행한 적이 있지만, 과점주주의 회피 등 지분조정이 필요한 경우 등의 사유로 명의신탁이 이어지고 있다.

국세기본법의 실질과세원칙주의에 예외 조항으로 인정되어 조세 회피 개연성이 인정된 명의신탁주식에 대한 증여세를 명의수탁자에게 추징했지만, 2019년 이후 명의신탁분에 대해서는 증여의제에 의한 증여세 납세의무자를 명의신탁주식의 실제 소유자로 변경하였다.

국세기본법(§14①)에서 "과세의 대상이 되는 소득, 수익, 재산, 행위 또는 거래의 귀속이 명의일 뿐이고 사실상 귀속되는 자가 따로 있을 때에는 사실상 귀속되는 자를 납세의무자로 하여 세법을 적용한다"라고 규정하고 있다.

명의신탁주식은 명의신탁 시점, 명의신탁 입증 가능 여부, 명의신탁 주주간의 주식 이동 여부, 유상증자 여부, 배당 여부 등에 따라 증여세, 양도소득세, 신고 및 납부불성실가산세 등이 가중되어 부담이 크다.

제2절 명의신탁주식의 증여의제

권리의 이전이나 그 행사에 등기 등이 필요한 재산(토지와 건물은 제외한다)의 실제소유자와 명의자가 다른 경우에는 그 명의자로 등기등을 한 날에 그 재산가액을 실제소유자가 명의자에게 증여한 것으로 본다(상속세 및 증여세법 제45조의2). 증여세 납세의무자는 명의신탁자(실제소유자)이다.

증여의제가 되려면 다음의 과세요건이 충족하여야 한다.

1) 권리의 이전 및 행사에 등기 명의개서 등을 요하는 재산일것
2) 명의신탁에 대한 실소유자와 명의자간에 합의가 있을 것
   반드시 명시할 필요는 없고 묵시적이거나 전후 사정에 비추어 합의가 있었다고 볼 수 있으면 족한 것이며, 사전에 이루어진 것이든 사후에 이루어진 것이든 증여의제에 해당된다(조심2008브2751, 2008.01.02.).
   - 명의신탁에 있어 합의가 없는 것으로 보는 경우
     ① 신탁자가 일방적으로 명의신탁한 경우(대법2003두11810, 2004.03.11.)
     ② 수탁자가 명의를 도용하여 명의신탁한 경우(조심2009중3627, 2010.03.12.)
3) 조세회피 목적이 있을 것
   조세회피 목적 유, 무에 대해서는 실질적으로 조세를 회피한 사실이 있는 경우뿐만 아니라 조세회피의 개연성이 있는 경우까지를 포함하여 판단하는 것으로 판례가 형성되어 있다.
   - 원칙적 증여의제 시기는 명의개서 한 날로 보며, 주주명부 또는 사원명부가 작성되지 아니한 경우에는 법인세법 제109조 제1항 및 제119조에 따라 제출한 주주 등에 관한 서류 및 주주 등 변동상황명세서에 의하여 명의개서 여부를 판정한다 (2004.01.01. 이후 제출분부터 적용).

- 장기간 명의개서하지 않은 주식 등의 증여의제시기는 2003.01.01. 이후 취득한 경우 소유권 취득일이 속하는 연도의 다음연도 말일의 다음날로 한다(상증기준 45의2-0-11).
- 타인명의로 신주를 인수한 경우에 명의신탁에 따른 증여세가 과세되며, 가장납입이라 하여 과세대상에서 제외되지 않는다(재산상속46014-216, 2002.07.29.).

제3절 명의신탁의 해지

주식 명의신탁의 해지는 명의수탁자로 되어 있는 주식을 명의신탁자인 실제 소유자명의로 환원하는 것을 말한다. 명의신탁해지는 실제 소유자에게 환원하는 것이므로 그 행위에 대해 증여세나 양도소득세를 과세하지 않는다.

그러나 실제 소유자가 아닌 제3자(배우자 및 자녀 등)에게 무상으로 명의 이전하는 경우에는 그 명의를 이전한 날에 실제 소유자가 제3자에게 증여한 것으로 본다(상증법 기본통칙 45의2-0-2).

01 명의신탁주식의 위험성

(1) 수탁자의 변심

명의신탁 사실을 본인외에는 알기 어려우므로 명의신탁자가 불의의 사고가 생기는 경우 수탁자가 자기 재산임을 주장할 수 있다. 또한 주식가치가 증가한 경우에도 수탁자의 변심가능성이 커진다.

(2) 수탁자의 사망

명의수탁자의 유고로 상속이 개시된 경우 상속인들이 돌려주지 않을 가능성이 크며 이로 인해 법정 소송에 휘말릴 수 있다.

(3) 명의신탁사실의 입증문제

오랜 시간이 흐르면 객관적인 금융증빙(설립당시 출자금을 명의수탁자에게 입금한 내역)을 제시하기 어려울 수 있다.

(4) 자본거래의 위험성 또는 제약

회사의 성장으로 증자하는 경우 증자 당시의 가액으로 또 한번 명의신탁이 이루어진다. 명의신탁 사실을 인지하지 못하고 자본거래를 실행할 경우 많은 증여세를 부담할 수 있다.

02 명의신탁해지 방법

(1) 증자대금의 납입근거

증자대금을 명의신탁자가 납입한 사실에 대한 객관적인 근거를 제시한다.

(2) 배당재원의 실지귀속

배당을 한 경우라면 명의신탁자가 배당금을 회수하였다는 사실에 대한 근거를 제시한다.

(3) 명의신탁 해지약정서

상호 합의하에 해지의 의사결정이 되는 때에 해지약정서를 작성한다.

(4) 명의신탁 해지 판결

소송을 통해 승소판결문을 받아 명의신탁 사실을 입증한다.

(5) 자기주식 취득

자기주식 취득으로 명의신탁주식을 정리하는 경우, 적절한 주식가치평가가 선행되어야 하며 상법을 위반한 경우 주주에게 지급된 자기주식매입대금은 업무무관 가지급금으로 처리될 수 있으므로 유의해야 한다.

03 명의신탁계약해지 약정서 양식

신탁계약해지약정서

(1) 명의신탁자
성명 / 주소 / 주민등록번호
(2) 명의수탁자
성명 / 주소 / 주민등록번호

1. 명의신탁자는 명의신탁한 주식에 대하여 그 반환을 요청하고, 명의수탁자는 무상으로 명의신탁자에게 반환하기로 하며, 이에 다음의 주식을 명의신탁해지 하기 위하여 본 신탁계약해지약정서를 작성한다.
   〈명의신탁주식의 표시〉
   주식발행회사명 / 주식의 종류 / 1주의 금액 / 주식의 수 / 주권번호
   (주식이 발행된 경우)
2. 본 계약에 따라 명의신탁주식의 명의개서를 즉시 이행하기로 하며, 명의수탁자는 이에 협력하여야 한다.
3. 명의수탁자는 명의신탁한 주식에 대하여 본 계약일 이후 어떠한 권리도 주장할 수 없으며, 이를 위반한 경우 모든 책임은 명의수탁자가 부담하기로 한다.
4. 명의수탁자가 본 계약일 이전에 명의신탁자의 허락 없이 명의신탁한 주식에 대하여 임의로 주식의 양도, 질권의 설정, 신탁을 하였다면 이는 무효인 것으로 하며, 이로 인하여 명의신탁자에게 손해가 발생한 경우 명의수탁자는 그에 대한 손해배상책임을 부담하기로 한다.
5. 본 주식의 명의신탁해지와 관련하여 발생하는 모든 제세공과금은 명의신탁자가 이를 납부하여야 한다.

> 위 내용을 잘 이해하고 약정서를 작성하며, 후일 증하기 위하여 신탁계약 해지약정서 2통을 작성하여 "명의신탁자"와 "명의수탁자"가 각각 1통씩 보관하기로 한다.
>
> 2000년 0월 0일
> 명의신탁자 : OOO (인)
> 명의수탁자 : OOO (인)
>
> ※ 첨부 : 인감증명서 각1부

제4절 명의신탁주식 실소유자 확인제도 (국세청 제도안내)

조세 회피의 목적 없이 2001년 7월 23일 이전 발기인 3명 이상 규정에 따라 명의신탁주식을 발행한 기업이라면 '명의신탁주식 실소유자 확인 제도'를 활용할 수 있다. 간소화된 절차에 따라 실제소유자를 확인해 줌으로써 납세자의 입증부담을 덜어주고 원활한 가업승계와 안정적인 기업경영 및 성장을 지원하기 위해 마련한 제도이다.

01 명의신탁주식 실소유자 확인신청 대상자 요건

① 주식발행법인이 2001년 7월 23일 이전에 설립되었고 실명전환일 현재 '조세특례제한법 시행령 제2조'에서 정하는 중소기업에 해당할 것
② 실제 소유자와 명의수탁자 모두 법인설립 당시 발기인으로서 법인설립 당시 명의신탁한 주식을 실제소유자에게 환원하는 경우일 것

02 실제소유자 확인신청 처리 흐름도

1 사전상담

- 납세자(신청인) ⟷ 가까운 세무서(재산세과)
  - 명의신탁주식 실제소유자 환원 상담
  - 확인신청 대상자 요건 및 확인절차 등을 안내

2 접수 및 담당자 지정

- 명의신탁주식 확인 신청
  ※ 주주명부에 실제소유자로 명의개서 후 신청
- -재산세과(접수담당) 접수-
  (업무처리 담당자 지정)

요건
- 2001.7.23.이전 설립된 법인으로 조세특례제한법 시행령(§2)에서 정하는 중소기업일 것
- 법인설립 당시에 발기인으로서 명의신탁한 주식일 것

첨부서류 등
- 신청인(실제소유자) 주소지 관할세무서에 제출
- 주식발행법인이 발급한 "주식 명의개서 확인서"와 "중소기업 등 기준검토표" 제출
- 기타 실제소유자임을 입증할 수 있는 증빙서류 (증빙이 없으면 확인서, 진술서 등)를 첨부

3 실제소유자 확인절차

- 일반 확인절차
- 검토표 작성 및 실제소유자 판정
  - 서류검토만으로 실제소유자 인정/불인정
  - 자문위원회 상정
    ※ 실제소유자 여부 불분명 또는 실명전환주식가액 20억원 이상
- 자문위원회 심의
  - 인정/불인정/추가확인처리
- 업무처리 담당자
  - 실제소유자 인정/불인정

추가 확인절차

과세자료 처리에 준하는 정밀검증절차에 따라 처리
  * 「상증세사무처리규정」 제11조에 따름

  신고부서 → 우편질문 자료소명 → 현장확인 → 조사부서 세무조사

이외 추가확인절차가 필요한 경우
- 확인신청 요건 미달
- 분할·부분신청
- 취하·반려한 경우로 과세검토 필요시
- 소송 등 권리관계 변동으로 신청

- 실제소유자 여부 결정
  - 실제소유자 인정/불인정

4 결과통지

- 명의신탁주식 확인 신청 처리결과 통지

03 실제소유자 확인신청 단계별 절차

사전상담 (필요시)	실제소유자 확인신청 전에 가까운 세무서(재산세과)를 방문하여 신청대상자 요건 해당여부, 확인신청 방법 및 처리절차, 제출할 서류 등을 안내 받을 수 있습니다.

확인신청	신청인은 '명의신탁주식 실제소유자 확인신청서'와 당초 명의신탁 및 실제소유자 환원사실을 입증할 수 있는 증빙서류를 갖추어 신청인의 주소지 관할 세무서에 제출합니다.
	* 필수 제출서류
	  중소기업 등 기준검토표(「법인세법 시행규칙」 별지 제51호 서식)
	  주식발행법인이 발행한 주식명의개서 확인서
	  명의수탁자 인적사항·명의신탁 및 실명전환 경위 등에 관한 확인서
	* 임의 제출서류(⇒ 제출하시면 사실관계 확인에 도움)
	  주식대금납입·배당금 수령 계좌 등 금융자료
	  신탁약정서, 설립당시 정관·실제주주명부, 확정판결문 등

실제소유자 확인절차	신청서 내용과 제출증빙 등을 근거로 실제소유자를 확인하며, 실명전환주식 가액이 20억 원 이상이거나 실제소유자 여부가 불분명한 때에는 명의신탁주식 실명전환자문위원회 자문을 받아 처리합니다. 자문위원회 심의결과 실제소유자 여부가 불분명한 경우에는 명확한 사실관계 확인을 위해 우편질문, 현장확인 등 추가 확인절차를 거쳐 실제소유자 여부를 결정합니다.
결과통지	신청인에게 명의신탁주식 실제소유자 확인신청 처리결과를 통지합니다.

04 확인처리 결과에 따른 납세의무

    실제소유자로 인정된 경우에도 당초 명의신탁에 따른 증여세, 배당에 따른 종합소득세 등이 발생할 수 있다.

    실제소유자로 불인정되는 경우에는 거래실질에 따라 다음과 같은 세금이 발생할 수 있다.

1) 유상거래인 경우에는 양도소득세 및 증권거래세 등
2) 무상거래인 경우에는 증여세 등
  - 명의신탁에 대하여 서로 합의하였고 법인의 제2차납세의무를 지지 않게 됨은 물론 종합소득세 세율이 낮아지는 등 조세회피목적이 있었다고 봄
  '명의신탁재산의 증여의제'에 관한 규정의 입법 취지 비추어 볼 때 다른 주된 목적과 아울러 조세회피의 의도도 있었다고 인정되면 조세회피목적이 없다고 할 수 없고, 이때 조세회피목적이 없었다는 점에 관한 증명책임은 이를 주장하는 명의자에게 있다(대법원2015.04.09. 선고2014두13355 판결 등 참조). 또한, 조세회피의 목적이 있었는지 여부는 재산을 명의신탁할 당시를 기준으로 판단할 것이지 그 후 실제로 위와 같은 조세를 포탈하였는지 여부로 판단할 것은 아니다(대법원 2005.01.27. 선고2003두4300 판결 참조).

  ① 특수관계인 지분합계가 49% 불과하게 되어 출자자의 2차 납세의무를 부담하지 않아도 되는 점 ② 원고의 배당소득이 생기더라도 더 낮은 세율을 적용받을 수 있는 점 ③ 근로의욕을 고취하는 목적이었다면 증여의제에 따른 증여세 부담의 위험을 감수하기보다는 스톡옵션 등을 실제로 무상 증여하는 것이 더 합리적이고 자연스러운 점 ④ 친분이 있는 사이에 거절하기 어려웠을 것으로 보이는 점 ⑤ 그런데도 원고는 조세회피와 상관없는 뚜렷한 목적이 있었고, 회피될 조세가 없었다는 점에 대하여 객관적인 증거자료를 제시하지 못하고 있는 점 등을 종합하면, 조세회피 목적 없이 원고에게 이 사건 쟁점주식을 명의신탁하였다고 단정할 수 있을 만큼 충분한 증명이 이루어졌다고 보기 어렵고, 명의신탁 당시나 장래에 있어 회피될 조세가 없었다고 볼 수도 없다(인천지방법원2016구합814).

제3장

자기주식 취득 및 소각

> 자기주식과 관련된 기업컨설팅은 실무에서 많이 적용되고 있고, 컨설팅이후 소명요청 및 세금 추징등 세무리스크가 따르고 있습니다.
> 따라서 자기주식을 활용하여 자금을 이전하려는 경우에는 그 목적, 상황에 따라 증빙을 철저히 갖추고 상법, 세법 등의 절차에 따라 진행해야 하며 사후관리까지 대비해야 합니다.

제1절 자기주식의 취득

01 개요

회사는 회사의 명의로 자기 회사의 주식을 취득할 수 있다. 이전에는 자기주식 취득은 법적으로 엄격하게 금지되어 왔지만, 2011년 상법 개정으로 법적 조건을 충족하면 자기주식을 취득할 수 있게 되었다.

자기주식 취득은 경영권을 보호할 수 있다. 자기주식은 의결권이 없기 때문에 회사가 자기주식을 매입하게 된다면 의결권을 가진 주식 수가 줄어들게 되어 상대적으로 지분을 많이 가지고 있는 지배주주의 영향력이 높아지게 되며 자기주식을 우호 주주에게 매각한다면 경영권을 보호할 수 있는 수단이 될 수 있다.

또한 주주 가치를 제고할 수 있다. 회사가 배당 가능 재원으로 자기주식을 취득하면 주주에게는 현금 배당과 같은 효과를 줄 수 있으며, 주주는 주식을 회사에 팔고 현금을 얻게 된다. 이후 자기주식을 소각한다면 소각되는 주식만큼 주주가 보유한 주식의 가치도 높아지게 된다.

이 외에도 발행주식의 총수가 줄어들게 되면서 주식의 시장가치가 상승할 수 있고, 법인의 가지급금을 정리할 수 있는 방법으로도 사용할 수 있다.

다만, 자기주식은 의결권, 소수주주권, 소 제기권, 이익배당청구권, 잔여재산분배권, 신주인권 등 주주로서 어떠한 권리도 행사할 수 없는 단점이 존재한다.

02 상법상 자기주식 취득

자기주식 취득은 기업이 이미 발행한 주식을 발행법인이 매수하여 그 법인이 보유하는 주식을 말한다.

회사는 다음의 방법에 따라 자기주식을 취득할 수 있다. 다만, 그 취득가액의 총액은 배당가능이익을 초과하지 못한다.

① 거래소에서 시세가 있는 주식의 경우에는 한국거래소에서 취득하는 방법
② 상법에 따른 주식의 상환에 관한 종류주식의 경우 외에 각 주주가 가진 주식 수에 따라 균등한 조건으로 취득하는 것으로서 대통령령으로 정하는 방법

거래소에서 자기주식을 취득하려는 회사는 미리 주주총회의 결의로 다음의 사항을 결정하여야 한다. 다만, 이사회의 결의로 이익배당을 할 수 있다고 정관으로 정하고 있는 경우에는 이사회의 결의로써 주주총회의 결의를 갈음할 수 있다.

① 취득할 수 있는 주식의 종류 및 수
② 취득가액의 총액의 한도
③ 1년을 초과하지 아니하는 범위에서 자기주식을 취득할 수 있는 기간

자기주식을 취득한 회사는 지체없이 취득 내용을 적은 자기주식 취득내역서를 본점에 6개월간 보관해 두어야 한다. 이 경우 주주와 회사채권자는 영업시간 내에 언제든지 자기주식 취득내역서를 열람할 수 있으며, 회사가 정한 비용을 지급하고 그 서류의 등본이나 사본의 교부를 청구할 수 있다.

03 자기주식 취득의 한도 (배당가능이익)

배당가능이익이란 회사의 부실을 막기위해 주주에게 실제로 배당할 수 있는 이익을 말한다. 따라서 아래 계산한 배당가능이익을 한도로 자기주식을 취득할 수 있다.

* 배당가능이익 = 재무상태표상 순자산가액(총자산 - 부채) - (①,②,③,④)
① 자본금
② 해당 결산까지 적립된 자본준비금과 이익준비금 합계
③ 해당 결산까지 적립하여야 할 이익준비금
④ 미실현이익(자산 및 부채에 대한 평가로 인하여 증가한 재무상태표상의 순자산액으로서, 미실현손실과 상계하지 아니한 금액을 말한다.)

04 자기주식 취득절차

자기주식을 취득하기 위해서는 미리 주주총회의 결의를 거쳐야 한다.

다만, 이사회의 결의로 이익배당을 할 수 있다고 정관으로 정하고 있는 경우에는 이사회의 결의로써 주주총회의 결의를 갈음할 수 있으며, 이 경우 주식 취득의 조건은 이사회가 결의할 때마다 균등하게 정하여야 한다.

[표] 자기주식 취득절차 정리표

주주총회의 결의로 결정하는 경우	이사회의 결의로 정관에 정하고 있는 경우
① 취득할 수 있는 주식의 종류 및 수량 ② 취득가액의 총액의 한도 ③ 1년을 초과하지 아니하는 범위에서 자기주식을 취득할 수 있는 기간	① 자기주식 취득의 목적 ② 취득할 주식의 종류 및 수량 ③ 취득하는 대가로 교부할 금전이나 그 밖의 재산의 내용 및 그 산정 방법 ④ 주식 취득 대가로 교부할 금전 등의 총액 ⑤ 20일 이상 60일 내의 범위에서 주식양도를 신청할 수 있는 기간 ⑥ 양도신청기간이 끝나는 날부터 1개월의 범위에서 양도의 대가로 금전 등을 교부하는 시기와 그 밖에 주식 취득의 조건

05 자기주식 취득행위 무효

자기주식의 취득행위가 무효인 경우에는 회사가 취득한 해당 주식을 반환하여야 한다.

회사는 해당 영업연도의 결산서에 재무상태표상의 순자산액이 배당가능이익 금액의 합계액에 미치지 못할 우려가 있는 경우에는 자기주식의 취득을 해서는 안된다.

법인은 해당 결산까지 순자산액이 배당가능이익 금액의 합계액에 미치지 못하는 등 자기주식의 취득행위가 무효인 경우 회사가 취득한 주식을 반환하고 매매대금은 회수하여야 한다.

또한 이사는 회사에 대하여 연대하여 그 미치지 못한 금액을 배상할 책임이 있다.

06 　특정목적에 의한 자기주식 취득 허용

회사는 다음의 경우에는 배당가능이익에 미치지 못하여도 자기주식을 취득할 수 있다

① 회사의 합병 또는 영업 전부의 양수로 인한 경우
② 회사의 권리를 실행함에 있어 그 목적을 달성하기 위하여 필요한 경우
③ 단주의 처리를 위하여 필요한 경우
④ 주주가 주식매수청구권을 행사한 경우

07 　자기주식의 회계처리

법인이 자기주식을 취득한 경우에는 원가로 계상하고 재무상태표상 자본조정항목으로 자본에서 차감 표시한다. 따라서 재무상태표상 자산총액과 자본총액이 감소한다.

자기주식을 증여받은 경우에는 자산과 부채의 변동이 없으므로 해당 증여받은 자기주식은 회계처리하지 않는다. 다만, 자기주식을 증여받은 경우에는 평균단가가 낮아지는 결과를 가져온다.

08 　자기주식의 세무처리

(1) 상법을 위반하여 자기주식을 취득한 경우

상법을 위반하여 자기주식을 취득한 경우 자기주식의 취득은 당연히 무효이다. 이 경우 자기주식은 돌려주고 매매대금은 회수하여야 한다.

자기주식 취득행위가 무효인 경우 자기주식 취득대금으로 지급한 금액은 법률상 원인

없이 지급된 것이므로 정당한 사유 없이 미회수 또는 지연회수하는 경우에는 업무무관가지급금으로 보아 부당행위계산부인(지급이자 손금불산입, 인정이자 익금산입) 세무조정 해야 한다.

다만, 내국법인이 상법에 따라 주주로부터 자기주식을 취득하여 소각하는 경우 해당 자기주식을 취득하기 위하여 지급한 금액은 업무무관가지급금에 해당되지 아니한다.

(2) 자기주식 취득 목적에 적합한 세무처리

세법상 자기주식의 취득이 적법하고 법인에게 자기주식을 이전하고 대가를 받는 경우에는 자기주식을 취득한 목적이 매매목적인지 소각목적인지에 따라 다음과 같이 주주와 주식발행법인에 대해 과세가 달라진다.

[표] 자기주식 취득 시 세무처리 비교

구분	주주	주식발행법인
매매 목적	① 법인주주가 얻는 이익 : 법인세 과세, 개인주주는 양도소득세 과세 ② 증권거래세 과세 ③ 저가양도 : 상여처분액에 대해 종합소득세 과세 ④ 고가양도 : 상여처분액에 대해서 종합소득세 과세	① 특수관계인 개인으로부터 저가 매입시 : 저가 매입분에 대해서 익금산입 유보 ② 특수관계인 개인으로부터 고가 매입시 : 부당행위계산 부인 적용하여 손금산입△유보 및 익금산입 상여처분
소각 목적	① 주주가 얻는 이익에 의제배당으로 과세 ② 저가 및 고가 감자시 증여세 과세, 법인주주의 경우 법인세 과세	과세되지 않음.

(3) 결손보전목적 등으로 자기주식을 무상으로 받는 경우

법인이 결손보전 목적으로 상법상 적법한 감자절차에 따라 주식을 무상소각하면서 발생한 이익은 세무상 감자차익에 해당하는 것이나, 자본감소의 절차의 일환으로 감자법인이 기존주주로부터 자기주식을 무상으로 증여받은 때에 그 정상가액을 자산수증이익으로 하여 익금산입 한다.

또한 법인이 자기주식을 상법상 적법한 감자절차에 의하지 않고 주주로부터 무상으로 증여받은 경우에는 결손보전목적 외에는 증여받은 당시의 시가를 사해당연도 사업연도 소득금액을 계산할때 익금산입(유보)한다. 이후 해당 주식을 처분(소각)할 때 손금산입(△유보)하는 세무조정을 한다.

(4) 자기주식을 시가보다 저가 또는 고가 매입하는 경우

법인이 특수관계인 개인으로부터 자기주식을 시가에 미달하게 매입하는 경우 시가와 매입가액의 차액은 익금으로 본다.

다만, 주식소각목적인 경우에는 법인이 특수관계인 개인으로부터 자기주식을 시가에 미달하게 매입하는 경우라도 시가와 매입가액의 차액은 익금으로 보지 아니한다.

법인이 자기주식의 고가매입에 대하여 부당행위계산 부인 규정을 적용하기 위해서는 당해 거래가 특수관계인 간의 거래로서 시가보다 높은 대가로 거래하여 조세부담을 부당히 감소시킨 것으로 인정되어야 하며, 이 경우 시가와 거래가액의 차액을 익금에 산입하여 당해 법인의 각 사업연도 소득금액을 계산한다.

(5) 자기주식을 시가보다 저가 양도한 경우

법인이 특수관계인 출자임원, 비출자임원 및 직원에게 자기주식을 시가보다 낮은 가액으로 양도함으로써 그 법인의 소득에 대한 조세의 부담을 부당히 감소시킨 것으로 인정되는 경우에는 부당행위계산 부인이 적용된다.

제2절 자기주식 소각, 처분

01 개요

세법상 자기주식의 취득 목적에 따라 두 가지로 분류된다.
① 취득목적이 소각인 경우 발행 주식 수가 줄어들어 주주들의 지분율이 높아지게 되며, 미래에 배당을 증가시킬 수 있다. 또한 이익소각을 활용할 경우에는 주주배분

및 배당을 비교하였을 때보다 세금 절감이 효율적으로 이루어 질 수 있다.
② 매매가 목적일 경우에는 양도소득으로 간주해 상여와 배당보다 세금 부담이 적어질 수 있다.

02 상법상 자기주식의 소각, 처분

① 자기주식의 소각
주식은 자본금 감소에 관한 규정에 의해서만 소각할 수 있다. 다만, 이사회 결의에 의하여 회사가 보유하는 자기주식을 소각하는 경우에는 그러지 아니한다.
② 자기주식의 처분
회사가 보유하고 있는 자기주식을 처분하는 경우에는 처분할 주식의 종류와 수량, 처분할 주식의 처분가액과 납입기일, 주식을 처분할 상대방 및 처분방법 등 정관에 규정이 없는 것은 이사회가 결정한다.
③ 자기주식 소각 및 처분손익의 세무처리

[표] 자기주식 소각 및 처분손익의 세무처리 비교

구분	세법상거래	세무조정	
		처분이익	처분손실
자기주식 처분손익	손익거래	익금	손금
자기주식 소각손익	자본거래	익금불산입	손금불산입

03. 자기주식 소각 등으로 다른 주주의 지분율이 증가할 경우 의제배당

① 자기주식 소각 등의 경우

비상장법인이 자본감소 또는 이익소각의 방식으로 증권거래법에 의한 공개매수방법에 준하여 소액주주들로부터 자기주식을 취득하여 소각함으로써 주식을 소각하지 아니한 잔여주주의 지분비율이 증가하는 경우 당해 잔여주주의 지분비율증가는 의제배당에 해당되지 아니한다.

② 자기주식 보유의 경우

법인이 자기주식을 보유하고 있는 상태에서 익금으로 과세되지 않은 주식발행액면초과액 등을 자본에 전입하여 무상주를 지급하는 경우 상법에 따르면 자기주식은 의결권이 없다는 규정 때문에 자기주식에 대해서는 무상주를 배정할 수 없다.

따라서 법인이 자기주식을 보유한 상태에서 의제배당에서 제외되는 자본준비금, 재평가적립금을 자본전입을 함에 따라 그 법인 외의 다른 주주의 지분비율이 증가한 경우에는 의제배당으로 과세되지 않는 잉여금의 자본전입이라 할지라도 증가한 지분비율에 상당하는 주식가액은 의제배당으로 취급한다.

> 의제배당금액 = 지분증가분에 따른 무상주의 가액

[표] 잉여금 자본전입에 따른 의제배당 여부

구분	무상주 재원이 되는 잉여금			의제배당 여부
자본잉여금	주식발행액면초과액 주식의 포괄적 교환차익 주식의 포괄적 이전차익			X
	감자차익	원칙		X
		2년 후 자본전입	시가 ≤ 취득가액	X
			시가 > 취득가액	O
		2년 이내 자본전입		O
	합병차익 분할차익	일반적인 합병차익, 분할차익		X
		합병평가차익 등, 분할평가차익 등		O
	재평가적립금	일반적인 재평가차액(3%)		X
		토지의 재평가차액(1%)		O
	기타 자본잉여금(자기주식 처분이익 등)			O
이익잉여금	법정적립금, 임의적립금, 이익준비금, 이월이익잉여금			O

- 주식을 이익소각한 경우 당해 사업연도의 기말 주식수는 기초 주식수에서 이익소각한 주식수를 차감하여 기재하는 것이나 주당 액면가액 및 기말 자본금은 변경하지 않는 것임.

「법인세법」 제119조에 의한 주식등변동상황명세서를 작성·제출함에 있어 법인이 사업연도 중에 특정주주로부터 자기주식을 취득하여 「상법」 제343조 제1항 단서에 따라 이익소각한 경우 당해 사업연도의 기말 주식수는 기초 주식수에서 이익소각한 주식수를 차감하여 기재하는 것이나 주당 액면가액 및 기말 자본금은 변경하지 않는 것임(법인세과-793, 2010.08.25.).

제3절 최신판례

서울행정법원2023구합74345 (배우자에게 주식 증여 후 소각)

(가) 배우자에게 이 사건 주식을 평가액 663,500,000원으로 증여재산 공제한도 6억원을 공제한 금액에 대하여 증여세를 신고 납부하였다. 배우자에게 주식과 현금 중 무엇을 증여할 것인지, 증여받은 재산을 보유할지 처분할지는 기본적으로 거래의 당사자가 선택할 수 있고, 증여재산 공제 한도는 법률로 인정되는 것이다.

(나) 배우자는 이 해당 주식을 회사에 다시 양도하였고 주식양도대금 663,500,000원을 지급 받았다. 위 대금은 배우자가 자신의 예금 및 세금납부 등 개인적인 용도로 사용한 것으로 보이고, 달리 원고에게 반환하였다고 볼 증거는 없는바, 실질적으로 배우자에게 귀속된 것으로 판단된다.

(다) 과세관청은 해당 주식을 직접 양도하여 주식양도대금을 취득하고, 다시 배우자에게 그 주식양도대금을 증여한 것으로 재구성하였다. 그러나 국세기본법은 여러 단계의 거래 형식을 부인하고 실질에 따라 과세대상인 하나의 행위 또는 거래로 보아 과세할 수 있도록 한 것으로 해석되는바, 이를 모두 부인하여 다시 피고가 의도하는 새로운 여러 단계의 거래로 재구성하는 경우까지 허용된다고 보기는 어렵다.

(라) 위 주식양도대금이 그대로 배우자의 현금증여에 사용되었다고 볼만한 객관적인 근거나 자료는 제출되어 있지 않고, 배우자가 위 주식양도대금 외에 다른 재산으로 원고에게 위 현금을 증여하였을 가능성도 배제할 수 없으므로, 위 주식양도대금 수령 후 원고에 대한 현금 증여가 있었다는 사정만으로 위 주식양도대금이 배우자가 아니라 원고에게 실질적으로 귀속된 것이라고 볼 수는 없다.

(마) 이 사건 주식의 소유 관계, 가액 평가의 적정성, 이 사건 주식의 양도대금의 귀속 관계 등에 비추어, 이 사건 증여 및 양도는 모두 유효한 법률행위이자 그 실질이 인정될 수 있는 거래로 과세관청은 특별한 사정이 없는 한 그에 따른 법률관계를 존중하여야 한다.

(1) 납세자 승소 판례

- 배우자 증여와 법인에게 주식양도는 각각 유효한 법률행위로서 실질과세 원칙으로 여러 단계 거래 형식을 부인하고 다시 복수의 거래로 재구성할 수 없으므로 위의 증여와 양도에 관하여 의제배당 과세를 할 수 없음(수원지방법원-2022-구합-73353).
- 이 사건 각 증여와 이 사건 각 양도는 각각 독립한 경제적 목적과 실질이 존재하는 바, 절세의 일환으로 배우자증여 공제제도를 활용하였다는 사정만으로 국세기본법 또는 세법의 혜택을 부당하게 받기 위한 것이었다고 보기 어렵다(수원지방법원-2022-구합-70248).

(2) 납세자 패소 판례

- 단계적으로 이루어진 이 사건 증여, 주식 양도, 주식소각은 처음부터 원고의 조세회피 목적을 이루기 위한 수단에 불과하고, 그 실질은 원고가 이 사전 주식을 이 사건 법인에 양도하고 주식소각을 통하여 이익잉여금을 배당받는 것과 동일한 거래 또는 행위라고 평가할 수 있으므로 피고가 위와 같은 일련의 거래를 그 경제적 실질 내용에 따라 파악하여 원고에게 의제배당소득이 발생한 것으로 보고 종합소득세를 부과한 이 사건 처분은 적법함(부산지방법원-2023-구합-20578).
- 배우자에 대한 주식 증여, 주식 증여 받은 배우자의 주식 양도 및 배우자로부터 주식을 취득한 원고가 대표인 법인이 한 주식 소각 행위가 배당소득을 회피하고자 이뤄진 일련의 거래로 봄이 타당하므로 이 사건 처분은 적법함(인천지방법원-2022-구합58883).

제4절 배우자로부터 증여받은 주식의 이월과세 규정 신설

01 개요

2025년 1월 1일부터 배우자로부터 증여받은 주식에도 취득가액 이월과세 규정이 적용된다. 배우자로부터 주식을 증여받고 1년 이내에 팔면 양도차익을 계산할 때 배우자의 종전 취득가액으로 한다. 다만, 이월과세를 적용해서 계산한 소득금액이 더 적은 경우에는 적용되지 않는다.

증여자를 배우자로 한정하고 있으며, '10년'을 적용하는 부동산 등 이월과세 규정과 달리 '1년'을 적용한다.

현재 국내 비상장주식이나 해외주식은 모두 양도세가 과세되고, 국내 상장주식을 장내에서 파는 경우에는 대주주에 한해서만 과세가 되나, 2025년부터는 국내 상장주식의 소액주주들도 양도차익에 대해서 "금융투자소득"으로 세금이 과세된다.

02 소득세법 제87조의13 (주식등·채권등·투자계약증권소득금액 필요경비 계산 특례)

① 거주자가 양도일부터 소급하여 1년 이내에 그 배우자(양도 당시 혼인관계가 소멸된 경우를 포함하되, 사망으로 혼인관계가 소멸된 경우는 제외한다. 이하 이 항에서 같다)로부터 증여받은 주식등·채권등·투자계약증권에 대한 주식등·채권등·투자계약증권양도소득금액을 계산할 때 주식등·채권등·투자계약증권양도가액에서 공제할 필요경비는 그 배우자의 취득 당시 제87조의12제1항 제1호, 같은 조 제2항 및 제3항에 따른 금액으로 한다. 이 경우 거주자가 증여받은 주식등·채권등·투자계약증권에 대하여 납부하였거나 납부할 증여세 상당액이 있는 경우에는 필요경비에 산입한다.
② 제1항을 적용하여 계산한 주식등·채권등·투자계약증권소득금액이 제1항을 적용하지 아

니하고 계산한 주식등·채권등·투자계약증권소득금액보다 적은 경우에는 제1항을 적용하지 아니한다.
④ 제1항부터 제3항까지의 규정을 적용할 때 증여세 상당액의 계산과 가업상속공제적용률의 계산방법 등 필요경비의 계산에 필요한 사항은 제97조의2를 준용한다.
[본조신설 2020.12.29.]
[시행 2025.01.01.] [법률 제19196호, 2022.12.31., 일부개정]

03 이월과세 적용 시 세 부담 차이

해외주식 1만주의 취득가액 1억원, 시가 3억원인 경우 본인이 양도 시 양도차익 2억에 대해 기본공제 250만원, 세율 20%가 적용되어 양도세는 3,950만원이다.

배우자에게 시가로 증여 후 시가변동이 없다고 가정한다면 1년 후 양도 시 양도차익은 0원이 되어 양도소득세 부담을 피할 수 있다. 1년 이내 양도하는 경우 이월과세가 적용되어 증여자가 양도한 경우와 마찬가지로 양도세가 부과된다.

배우자 증여공제를 활용한 이익소각의 경우에도 주의가 필요해 보인다.

제4장

지방세법상 과점주주의 간주취득세 및 제2차 납세의무

> 주식변동으로 과점주주가 변경되거나 지분율 변동이 있다면 해당 법인의 등기등록을 요하는 고정자산을 살펴서 간주취득세 대상이 되는지 확인해야 합니다. 간주취득세와 제2차 납세의무는 뜻하지 않은 추가적 비용지출을 유발하는 한 원인이 될 수 있으므로, 주주 변동에 관한 의사결정을 할 때 반드시 고려해야 할 항목 중 하나입니다.

제1절 개요

주식 변동을 통해 비상장법인의 과점주주가 되는 경우 해당 과점주주는 법인에 대한 실질적 지배력을 행사하게 되는 바, 이를 규제하기 위해 세법은 과점주주가 보유하고 있는 주식비율의 한도 내에서 해당 법인의 과세물건을 취득한 것으로 의제하여 법인의 취득세 납세의무와는 별개로 취득세를 과세토록 하고 있다. 이는 주주 또는 사원이 주식이나 지분을 취득한다는 것은 실질적인 면에 있어서 당해 법인의 자산을 그 지분비율만큼 취득한 것이므로 실질과세 원칙에 충실하기 위한 것이다.

한편 보충적 납세의무자인 과점주주는 주된 납세자인 법인이 본래의 납세의무를 체납하고, 체납처분을 통해서도 세금과 체납처분비를 충당하기에 부족한 경우 보충적으로 제2차 납세의무를 지게 된다.

특히 2023년 지방세관계법령 개정시 과점주주 판단에 있어 중요한 기준이 되는 특수관계인의 범위가 변경되었는 바, 이하에서는 과점주주의 간주취득세 및 제2차 납세의무와 관련하여 검토해야 할 사항을 행정해석이나 판례의 태도를 중심으로 살펴보고자 한다.

제2절 과점주주의 간주취득세

01 과점주주

(1) 최근 법령 개정의 개요

앞서 본 바와 같이 지방세관계법령상 간주취득세와 제2차 납세의무에 대해 책임을 지는 자는 과점주주이다. 종전에는 지방세기본법 법령에서 제2차 납세의무 책임을 부담하는 과점주주의 개념을 정의하고, 과점주주의 범위를 결정짓는 특수관계인의 범위에 대해 규정하였다. 그리고 이를 지방세법상 간주취득세 책임을 지는 과점주주에도 동일하게 적용하는 방식을 취하였다.

그러나 2023년 지방세관계법령 개정을 거치면서 특수관계인의 범위와 관련하여 지방세기본법, 지방세법, 지방세특례제한법에 별도의 규정을 두게 되었고, 이로 인해 간주취득세와 제2차 납세의무 책임을 부담하는 과점주주의 개념이 달라지게 되었다. 특히 이번 개정으로 지방세법령상 간주취득세를 부담하는 과점주주의 특수관계인 범위가 축소되었다는 점(친족은 그대로 둔 반면, 경제적 연관관계는 임원 및 사용인 중 주주로 한정하며 생계와 관련된 특수관계인은 제외하였다. 그리고 경영지배관계는 직접지배관계로 한정하되, 사실상 지배관계는 제외함) 및 지방세법 부칙 제3조에서 개정 과점주주 간주취득세 적용에 대해 "이 법 시행 이후 법인의 주식 또는 지분을 취득하는 경우부터 적용한다." 고 규정하여 별도의 적용례를 두고 있음에 주의해야 한다.

추가로 2024년 3월 26일에는 특수관계인의 범위를 조정하는 지방세기본법 시행령의 개정이 있었다. 개정의 내용은 특수관계인에 해당하는 친족관계의 범위를 6촌 이내의 혈족 또는 4촌 이내의 인척에서 4촌 이내의 혈족 또는 3촌 이내의 인척으로 조정하고, 본인이 인지한 혼인 외 출생자의 생부나 생모도 본인의 금전 등으로 생계를 유지하거나 생계를 같이 하는 경우에는 특수관계인에 해당하는 것으로 보도록 한 것이다.

[표] 지방세법령상 과점주주 및 특수관계인 정의

지방세기본법 제2조(정의)

① 이 법에서 사용하는 용어의 뜻은 다음과 같다.

34. "특수관계인"이란 본인과 다음 각 목의 어느 하나에 해당하는 관계에 있는 자를 말한다. 이 경우 이 법 및 지방세관계법을 적용할 때 본인도 그 특수관계인의 특수관계인으로 본다.

　가. 혈족·인척 등 대통령령으로 정하는 친족관계
　나. 임원·사용인 등 대통령령으로 정하는 경제적 연관관계
　다. 주주·출자자 등 대통령령으로 정하는 경영지배관계

지방세기본법 시행령 제2조(특수관계인의 범위)

①「지방세기본법」(이하 "법"이라 한다) 제2조 제1항 제34호 가목에서 "혈족·인척 등 대통령령으로 정하는 친족관계"란 다음 각 호의 어느 하나에 해당하는 관계(이하 "친족관계"라 한다)를 말한다. 〈개정 2024. 3. 26.〉

1. 4촌 이내의 혈족
2. 3촌 이내의 인척
3. 배우자(사실상의 혼인관계에 있는 사람을 포함한다)
4. 친생자로서 다른 사람에게 친양자로 입양된 사람 및 그 배우자·직계비속
5. 본인이「민법」에 따라 인지한 혼인 외 출생자의 생부나 생모(본인의 금전이나 그 밖의 재산으로 생계를 유지하는 사람 또는 생계를 함께 하는 사람으로 한정한다)

② 법 제2조 제1항 제34호 나목에서 "임원·사용인 등 대통령령으로 정하는 경제적 연관관계"란 다음 각 호의 어느 하나에 해당하는 관계(이하 "경제적 연관관계"라 한다)를 말한다.

1. 임원과 그 밖의 사용인
2. 본인의 금전이나 그 밖의 재산으로 생계를 유지하는 사람
3. 제1호 또는 제2호의 사람과 생계를 함께하는 친족

③ 법 제2조 제1항 제34호 다목에서 "주주·출자자 등 대통령령으로 정하는 경영지배관계"란 다음 각 호의 구분에 따른 관계(이하 "경영지배관계"라 한다)를 말한다. 〈개정 2023. 3. 14.〉

1. 본인이 개인인 경우

가. 본인이 직접 또는 그와 친족관계 또는 경제적 연관관계에 있는 자를 통하여 법인의 경영에 대하여 지배적인 영향력을 행사하고 있는 경우 그 법인
나. 본인이 직접 또는 그와 친족관계, 경제적 연관관계 또는 가목의 관계에 있는 자를 통하여 법인의 경영에 대하여 지배적인 영향력을 행사하고 있는경우 그 법인
2. 본인이 법인인 경우
　가. 개인 또는 법인이 직접 또는 그와 친족관계 또는 경제적 연관관계에 있는 자를 통하여 본인인 법인의 경영에 대하여 지배적인 영향력을 행사하고 있는 경우 그 개인 또는 법인
　나. 본인이 직접 또는 그와 경제적 연관관계 또는 가목의 관계에 있는 자를 통하여 어느 법인의 경영에 대하여 지배적인 영향력을 행사하고 있는 경우 그 법인
　다. 본인이 직접 또는 그와 경제적 연관관계, 가목 또는 나목의 관계에 있는 자를 통하여 어느 법인의 경영에 대하여 지배적인 영향력을 행사하고 있는 경우 그 법인
　라. 본인이 「독점규제 및 공정거래에 관한 법률」에 따른 기업집단에 속하는 경우 그 기업집단에 속하는 다른 계열회사 및 그 임원

④ 제3항 제1호 각 목, 같은 항 제2호 가목부터 다목까지의 규정을 적용할 때 다음 각 호의 구분에 따른 요건에 해당하는 경우 해당 법인의 경영에 대하여 지배적인 영향력을 행사하고 있는 것으로 본다. 〈개정 2023. 3. 14.〉
1. 영리법인인 경우
　가. 법인의 발행주식 총수 또는 출자총액의 100분의 30 이상을 출자한 경우
　나. 임원의 임면권의 행사, 사업방침의 결정 등 법인의 경영에 대하여 사실상 영향력을 행사하고 있다고 인정되는 경우
2. 비영리법인인 경우
　가. 법인의 이사의 과반수를 차지하는 경우
　나. 법인의 출연재산(설립을 위한 출연재산만 해당한다)의 100분의 30 이상을 출연하고 그 중 1명이 설립자인 경우

지방세기본법 시행령 제24조(제2차 납세의무를 지는 특수관계인의 범위 등)
② 법 제46조 제2호에서 "대통령령으로 정하는 자"란 해당 주주 또는 유한책임사원과 다음 각 호의 어느 하나에 해당하는 관계에 있는 자를 말한다.
1. 친족관계
2. 경제적 연관관계
3. 경영지배관계 중 제2조 제3항 제1호 가목, 같은 항 제2호 가목 및 나목의 관계. 이 경우 같은 조 제4항을 적용할 때 같은 항 제1호 가목 및 제2호 나목 중 "100분의 30"은 각각

"100분의 50"으로 본다.

지방세법 시행령 제10조의2(과점주주의 범위)
① 법 제7조 제5항 전단에서 "대통령령으로 정하는 과점주주"란 「지방세기본법」 제46조 제2호에 따른 과점주주 중 주주 또는 유한책임사원(이하 "본인"이라 한다) 1명과 그의 특수관계인 중 다음 각 호의 어느 하나에 해당하는 특수관계인을 말한다.
  1. 지방세기본법 시행령 제2조 제1항 각호의 사람(친족관계)
  2. 지방세기본법 시행령 제2조 제2항 제1호의 사람(임원과 그 밖의 사용인)으로서 다음 각 목의 어느 하나에 해당하는 사람
     가. 주주
     나. 유한책임사원
  3. 지방세기본법 시행령 제2조 제3항 제1호 가목에 따른 법인 중 본인이 직접 해당 법인의 경영에 대하여 지배적인 영향력을 행사하고 있는 경우 그 법인
  4. 지방세기본법 시행령 제2조 제3항 제2호 가목에 따른 개인·법인 중 해당 개인·법인이 직접 본인인 법인의 경영에 대하여 지배적인 영향력을 행사하고 있는 경우 그 개인·법인
  5. 지방세기본법 시행령 제2조 제3항 제2호 나목에 따른 법인 중 본인이 직접 또는 제4호에 해당하는 자를 통해 어느 법인의 경영에 대하여 지배적인 영향력을 행사하고 있는 경우 그 법인
② 제1항 제3호부터 제5호까지에 따른 법인의 경영에 대한 지배적인 영향력의 기준에 관하여는 지방세기본법 시행령 제2조 제4항 제1호 가목 및 같은 항 제2호를 적용한다. 이 경우 같은 항 제1호 가목 및 제2호 나목 중 "100분의 30"은 각각 "100분의 50"으로 본다.

(2) 과점주주의 개념

출자자의 제2차 납세의무를 부담하는 과점주주란 주주 또는 유한책임사원 1명과 그의 친족관계 등 특수관계인(지방세기본법 시행령 제24조 제2항에 따른 특수관계인)으로서 그들의 소유주식의 합계 또는 출자액의 합계가 해당 법인의 발행주식 총수 또는 출자총액의 50%를 초과하고 그에 관한 권리를 실질적으로 행사하는 자들을 말한다.

반면 간주취득세를 부담하는 과점주주는 지방세기본법 제46조 제2호에 근거하여 제2차 납세의무에 대한 책임이 있는 과점주주 중 지방세법 시행령 제10조의2에 해당하는 과점주주로 별도 규정하여 그 범위를 축소시켰다(지방세법 제7조 참조). 특히 지배적인 영향력을 행사하는 기준과 관련하여 종전에는 50% 이상 출자하거나 또는 법인의 경영에

대해 사실상 영향력 행사하고 있다고 인정하는 경우에 지배적인 영향력을 행사하는 것으로 보았는데, 법령개정을 통해 50% 이상 출자한 경우만으로 축소시켜 실제 주식을 보유한 자로 과세대상을 제한한 것이 대표적이다(지배적인 영향력의 기준과 관련하여 지방세기본법 시행령 제2조 제4항 제1호 나목의 적용을 배제).

(3) 과점주주 범위 결정과 관련하여 각 법령상 특수관계인 비교

출자자의 제2차 납세의무 및 간주취득세의 부담 주체는 과점주주(각 의무별 범위는 다름)인데, 과점주주의 범위를 획정하는데 있어 가장 중요한 개념은 특수관계인이다. 지방세관계법상 특수관계인은 지방세기본법 및 지방세법에 규정되어 있는데, 지방세기본법 제2조 제34호 및 동 시행령 제2조에서는 일반적인 특수관계인에 대해 규정하고 있고, 동법 제46조 제2호 및 동 시행령 제24조 제2항에서는 제2차 납세의무를 지는 특수관계인에 대해 규정하고 있으며, 지방세법 시행령 제10조의2 제1항 및 제2항에서는 간주취득세 납세의무자의 기준이 되는 특수관계인에 대해 규정하고 있다.

즉 지방세관계법령의 개정으로 인해 제2차 납세의무자를 판단할 때 적용되는 특수관계인의 범위와 간주취득세 납세의무자를 판단할 때 적용되는 특수관계인의 범위가 달라지게 되었고, 이로 인해 과점주주의 납세의무 적용 여부를 판단할 때에도 납세의무별로 구분하여 적용해야 한다.

제2차 납세의무 및 간주취득세 납세의무와 관련된 특수관계인의 범위를 표로 정리해 보면 아래와 같다.

[표] 제2차 납세의무와 간주취득세 관련 특수관계인의 범위 비교

구분	제2차 납세의무 지방세기본법 시행령 제24조	간주취득세 지방세법 시행령 제10조의2
친족관계	1. 4촌 이내의 혈족 2. 3촌 이내의 인척 3. 배우자(사실상의 혼인관계에 있는 사람을 포함한다) 4. 친생자로서 다른 사람에게 친양자로 입양된 사람 및 그 배우자・직계비속 5. 본인이 「민법」에 따라 인지한 혼인 외 출생자의 생부나 생모(본인의 금전이나 그 밖의 재산으로 생계를 유지하는 사람 또는 생계를 함께 하는 사람으로 한정한다)	
경제적 연관관계	1. 임원과 그 밖의 사용인 2. 본인의 금전이나 그 밖의 재산으로 생계를 유지하는 사람 3. 제1호 또는 제2호의 사람과 생계를 함께하는 친족	좌측 1호의 사람 중 주주와 유한책임사원
경영지배관계 (본인이 개인인 경우)	본인이 직접 또는 그와 친족관계 또는 경제적 연관관계에 있는 자를 통하여 법인의 경영에 대하여 지배적인 영향력을 행사하고 있는 경우 그 법인	좌측에 따른 법인 중 본인이 직접 해당 법인의 경영에 대하여 지배적인 영향력을 행사하고 있는 경우 그 법인
경영지배관계 (본인이 법인인 경우)	가. 개인 또는 법인이 직접 또는 그와 친족관계 또는 경제적 연관관계에 있는 자를 통하여 본인인 법인의 경영에 대하여 지배적인 영향력을 행사하고 있는 경우 그 개인 또는 법인 나. 본인이 직접 또는 그와 경제적 연관관계 또는 가목의 관계에 있는 자를 통하여 어느 법인의 경영에 대하여 지배적인 영향력을 행사하고 있는 경우 그 법인	1. 좌측 가목에 따른 개인 또는 법인 중에서 직접 본인인 법인의 경영에 지배적인 영향력을 행사하는 경우 그 개인 또는 법인 2. 좌측 나목에 따른 법인 중 본인이 직접 또는 위 1호에 해당하는 자를 통해 어느 법인의 경영에 지배적인 영향력을 행사하는 경우 그 법인
지배적 영향력 기준	1. 법인의 발행주식 총수 또는 출자총액의 50% 이상을 출자한 경우	좌측 1호의 출자지분 조건 50% 이상일 경우 인정

구분	제2차 납세의무	간주취득세
	지방세기본법 시행령 제24조	지방세법 시행령 제10조의2
(영리법인인 경우)	2. 임원 임면권 행사, 사업방침 결정 등 법인의 경영에 대하여 사실상 영향력을 행사하고 있다고 인정 되는 경우	
지배적 영향력 기준 (비영리법인 인 경우)	1. 법인의 이사의 과반수를 차지하는 경우 2. 법인의 출연재산(설립 위한 출연재산만)의 50% 이상을 출연하고 그 중 1명이 설립자인 경우	좌측 2호의 출연재산 조건 50% 이상일 경우 인정

02 간주취득세 납세의무

(1) 납세의무자

1) 과점주주의 간주취득세 요건

간주취득세는 모든 주주가 아니라 법인의 주식 또는 출자지분을 취득함으로써 과점주주가 된 경우에만 납세의무를 지게 되는데, 과점주주의 개념 및 판단기준으로서의 특수관계인의 범위 등에 관한 사항은 앞서 살펴본 바와 같다. 한편 주식 또는 출자지분 보유비율 50% 여부에 대한 판단시 의결권 없는 주식은 제외한다.

2) 간주취득세 납세의무 성립 여부와 관련된 일반적 사례

① 법인의 설립 당시에 과점주주인 경우

법인의 설립 당시 발행하는 주식 또는 지분을 취득함으로써 과점주주가 된 경우에는 지방세법 제7조 제5항의 단서 규정에 따라 취득세 납세의무를 지지 아니한다.

② 최초로 법인의 과점주주가 된 경우

법인의 과점주주가 아닌 자가 주식 또는 지분을 취득하거나 증자 등으로 최초로

과점주주가 된 경우에는 최초로 과점주주가 된 날 현재 해당 과점주주가 소유하고 있는 법인의 주식 등을 모두 취득한 것으로 보아 과점주주의 간주취득규정에 따라 취득세를 부과한다.

③ 과점주주의 지분비율이 증가된 경우

이미 과점주주가 된 주주 또는 유한책임사원이 당해 법인의 주식 또는 지분을 새로이 취득함으로써 과점주주가 된 당시의 주식 또는 지분의 비율보다 증가된 경우에는 그 증가분을 취득한 것으로 보아 취득세 납세의무를 부담한다. 다만 증가된 후의 주식의 비율이 해당 과점주주 이전에 가지고 있던 주식의 최고비율보다 증가되지 아니한 경우에는 취득세를 부과하지 아니한다.

④ 비과점주주가 과점주주로 되는 경우

과점주주였다가 주식의 양도, 증자 등 원인으로 인해 과점주주에 해당되지 아니하는 주주 또는 유한책임사원이 된 자가 해당 법인의 주식 등을 취득하여 다시 과점주주가 된 경우에는 다시 과점주주가 된 당시의 주식 등의 비율이 그 이전에 과점주주가 된 당시의 주식 등의 비율보다 증가된 경우에는 그 증가분만을 취득으로 보아 취득세를 부과한다.

⑤ 과점주주 상호간 주식 이동이 있는 경우

과점주주 집단내부 및 특수관계인 간 주식거래가 발생하였지만, ⅰ) 과점주주 집단내부에서 주식 이전 ⅱ) 당해 법인의 주주가 아니었던 자가 기존 과점주주와 친족 기타 특수관계에 있거나 그러한 특수관계를 형성하면서 기존의 과점주주로부터 그 주식의 일부 또는 전부를 이전받아 새로이 과점주주가 된 경우 등 과점주주가 보유한 총주식의 비율에는 변동이 없다면 과점주주에 대한 취득세는 부과되지 아니한다.

3) 간주취득세 납세의무 성립 여부와 관련된 특수 사례(판례 등)

① 기타 주주들에 대한 무상감자로 인해 지분율이 증가한 경우

취득세는 재산의 이전이라는 사실 자체를 포착하여 거기에 담세력을 인정하고 세금을 부과하는 유통세이자 취득행위를 과세객체로 하여 세금을 부과하는 행위세를 의미한다. 그런데 법인의 기타 주주들이 무상감자를 함에 따라 기존 주주들의 지분율이 증가되어 과점주주가 된 경우에는 주식 등의 취득행위가 없으므로 간주취득세 납세의무가 성립되지 않은 것으로 보는 것이 타당하다(부동산세제과-2867, 2023.08.01.).

② 법인이 자기주식을 취득/소각하여 지분율이 증가한 경우

해당 법인이 자기주식을 취득한 후 소각함에 따라 기존 주주의 지분율이 증가되어 기존 주주가 과점주주로 된 경우, 기존 주주는 법인이 자기주식을 취득하여 소각함에 따라 그 지분비율이 증가하여 과점주주가 된 것일 뿐 기존 주주가 주식을 취득하는 어떠한 행위가 있다고 보기 어렵다는 점에서 과점주주 간주취득세 대상에 해당하지 않는다(대법원 2010.09.30. 선고 2010두8669).

한편 자기주식 취득으로 지분율이 증가되었으나 간주취득세를 부담하지 않은 주주가 그 후에 추가로 주식을 취득하는 경우 증가분에 대한 간주취득세 납세의무가 성립될 수 있다. 이때 증가분을 어떻게 계산할지에 대해 과거 행정안전부 예규는 증가된 후의 주식등의 비율에서 자기주식 취득 이전에 보유하고 있던 주식 등의 최고비율보다 증가된 비율만큼 취득세 납세의무가 있다고 해석한 바 있다(지방세운영과-3860, 2015.12.11.).

그리고 최근에는 법인의 자기주식 소각으로 인해 과점주주의 지분율이 75%에서 99%로 증가된 후 주식을 추가로 1% 취득한 경우의 간주취득세 납세의무와 관련하여, 취득세 과세대상에 해당하는 증가분은 주식 취득 후의 비율 100%에서 주식 취득 전의 비율 99%를 차감한 1%를 적용하는 것이 타당하다고 판단한 바 있으므로 주의가 필요하다(부동산세제과-2138, 2022.07.07.).

③ 실질적으로 법인의 운영을 지배할 수 없었던 경우

법인이 이미 취득세를 부담하였는데 과점주주에 대하여 다시 동일한 과세물건을 대상으로 간주취득세를 부과하는 것은 이중과세에 해당할 수 있기 때문에, 모든 과점주주에게 간주취득세를 부과해서는 안 되고 의결권 등을 통하여 주주권을 실질적으로 행사하여 법인의 운영을 사실상 지배할 수 있는 과점주주에게만 간주취득세를 부과하는 것으로 법령을 제한적으로 해석하여야 한다. 따라서 주주명부에 과점주주에 해당하는 주식을 취득한 것으로 기재되었다고 하더라도 주주권 행사에 대한 의사 없이 일시적으로 주주명부상 주식을 취득한 것으로서 그 뒤 곧바로 명의를 이전하였고, 주식 양수부터 양도시점까지 주주권을 실제로 행사할 수 있는 지위에 있지 않은 관계로 주식에 관한 권리를 실질적으로 행사하여 법인의 운영을 지배할 수 없었던 경우라면 간주취득세를 부담하는 과점주주가 되었다고 보기 어렵다(대법원 2019.03.28. 선고 2015두3591).

④ 휴면법인의 주식 인수와 현물출자의 경우

휴면법인의 주식 등을 취득하여 과점주주가 된 경우에는 그 주식 등을 인수한 비율만큼 법인을 설립한 것으로 보게 되므로 과점주주의 간주취득세는 부과되지 아니한다. 또한 현물출자를 통해 법인을 설립하면서 과점주주가 된 경우에도 설립에 따른 행위로서 간주취득세 납세의무가 없다.

⑤ 회생절차 개시 후 과점주주가 된 경우

회생절차개시결정이 있은 때에는 회사사업의 경영과 재산의 관리처분권은 관리인에 전속하고 관리인은 정리회사의 기관이거나 그 대표자는 아니지만 정리회사와 그 채권자 및 주주로 구성되는 이해관계인 단체의 관리자인 일종의 공적 수탁자라는 입장에서 정리회사의 대표, 업무집행 및 재산관리 등의 권한행사를 혼자서 할 수 있게 되므로 정리절차개시 후에 비로소 과점주주가 된 자는 과점주주로서의 주주권을 행사할 수 없게 되는 것이므로 과점주주의 요건에 해당되지 아니한다(대법원 1994.05.24. 선고 92누11138).

⑥ 명의신탁을 해지한 경우

주식에 대한 명의신탁을 해지하고 회사의 주주명부에 본인 앞으로 그 주식에 관한 명의개서를 하였다고 하더라도 이는 실질주주가 주주명부상의 명의를 회복한 것으로서 주식을 취득한 경우에 해당한다고 볼 수 없으므로 간주취득세 납세의무를 부담하지 아니한다(대법원 2015.06.11. 선고 2015두39217).

⑦ 특수관계인 중 1인이 경영에 참여하지 않은 경우

과점주주에 해당하는지 여부는 특정주주와 그 특수관계인이 소유하고 있는 주식을 모두 합하여 판단하는 것이고, 특수관계인 중 1인이 당해 법인의 경영에 참여하지 않는다 하더라도 납세의무의 성립에는 별다른 영향을 줄 수 없다(조심 2016지0598, 2016.07.29.).

(2) 납세의무 성립시기

주식을 취득하여 과점주주가 되는 경우 간주취득세 납세의무는 주식의 취득으로 인해 과점주주가 된 때 성립한다. 즉 주식의 취득으로 인해 과점주주가 된 때 해당 법인이 소유하고 있던 취득세 과세물건을 지분비율만큼 취득한 것으로 보아 취득세를 부과하는 것이다.

그런데 대법원에서는 명의개서를 하지 아니하더라도 당사자의 양도양수 의사표시만으로 효력이 발생하는 것으로 보고 있다. 즉, 과점주주가 되는 시기는 특별한 사정이 없는 한 사법상 주식 취득의 효력이 발생한 날을 의미하며, 주권발행 전에 주식을 양수한 사람은 주주명부상의 명의개서가 없어도 회사에 대하여 자신이 적법하게 주식을 양수한 자로서 주주권자임을 주장할 수 있으므로, 다른 주주로부터 주권이 발행되지 않은 비상장법인의 발행주식을 양수하기로 약정한 날에 주식을 취득한 것으로 보고 있다(대법원 2013.03. 14. 선고 2011두24842).

한편 같은 날 과점주주 지위가 먼저 성립되고 이후에 부동산을 취득한 경우 간주취득세 납세의무 판단과 관련하여, 행정안전부는 과점주주가 된 시기와 취득시기 간 선후관계에 따라 취득세 부담 범위가 달라지는데 단순한 일자 비교만으로 선후관계를 판정해야 할 합리적인 이유가 없고, 이를 인정할 법적 근거도 없다 할 것이므로, '시각'이 아닌 '날'을 기준으로 과점주주가 된 시기나 취득시기를 정한 것으로 해석할 수 없으므로 해당 부동산에 대한 간주취득세 납세의무는 없는 것으로 보고 있다(2021.07.29. 부동산세제과-2064).

(3) 과세대상자산

과점주주에 대한 간주취득세는 주식 취득 자체에 대해 과세하는 것이 아니라 과점주주가 된 시점에 해당 법인이 소유하고 있는 취득세 과세대상자산을 취득한 것으로 보아 과세하는 것이다. 따라서 간주취득세의 과세대상자산은 부동산, 차량, 기계장비, 항공기, 선박, 입목, 광업권, 어업권 등 지방세법 제7조 제1항에 따른 자산만으로 한정되며, 과점주주의 납세의무 성립 당시 취득시기가 도래하지 아니한 자산에 대해서는 납세의무가 없다고 할 것이다.

해당 법인의 부동산 등에는 법인이 신탁법에 따라 신탁한 재산으로서 수탁자 명의로 등기, 등록되어 있는 부동산도 포함되며, 연부 취득 중인 상태에서 과점주주가 된 경우라면 과점주주가 된 당시에 법인이 지급한 연부금액이 과점주주가 취득한 자산의 가액이 되므로 간주취득세 과세대상자산이 된다. 다만 연부계약에 따른 최종 잔금이 지급되기 전 그 계약이 해제된 경우 해당 납세자가 처음부터 연부취득 중인 물건을 취득하지 않은 것으로 보아야 하므로, 연부취득 중 성립했던 과점주주 간주취득세 역시 성립되지 않은 것으로 보아 기 신고, 납부한 간주취득세는 경청청구를 통한 환급의 대상으로 보는 것이 타당할 것이다(지방세운영과-869, 2019.04.02.).

(4) 과세표준 및 산출세액

1) 과세표준

과점주주가 취득한 것으로 보는 해당 법인의 부동산 등에 대한 과세표준은 과점주주가 된 당시 그 부동산 등의 총가액을 그 법인의 주식 또는 출자의 총수로 나눈 가액에 과점주주가 취득한 주식 또는 출자의 수를 곱한 금액으로 한다.

> 간주취득세 과세표준
> = 해당 법인의 부동산등 총가액 * 과점주주가 취득한 주식수 / 발행주식총수

이때 총가액은 재무상태표상의 장부가액을 의미하므로 누적된 감가상각비용은 제외되는데, 이와 관련하여 행정기관은 "감가상각 대상 자산의 과점주주 취득세 과세표준은 과세대상물건의 가액에서 감가상각누계액을 제외한 가액이며, 감가상각을 월할 계산하는 경우는 월할 계산하여 공제한 법인의 장부가액으로 하는 것이 타당하다(지방세정팀-1435, 2005.06.30.)"고 해석한 바 있다.

또한 과점주주 취득세의 과세표준은 장부가액을 기준으로 하므로 자산재평가를 진행한 결과 자산의 장부가액이 증액된 경우 재평가 후 장부금액이 과세표준이 된다. 이와 관련하여 조세심판원은 "법인이 토지를 재평가하여 그 가액을 증가시킨 경우 자산 계정에 반영된 재평가증가액도 과점주주의 취득세 과세표준에 반영되는 것이 타당하다(조심2022지1090, 2023.03.07.)"고 결정한 바 있다.

한편 과점주주의 취득세 부과대상이 되는 자산을 법인이 취득하면서 취득세 감면 등 세제혜택을 받은 경우 과점주주의 취득세도 감면되는지 여부 및 건설자금이자가 과세표준에 포함되는지가 문제된 사례에서 조세심판원은 "「지방세법」 및 기타 법령에 의하여 취득세가 감면되는 부분에 대하여 과점주주 취득세를 감면한다는 규정이 없는 점, 지방세법 시행령에서 건설자금이자를 취득가격의 범위에 포함하도록 규정하고 있으므로 건설자금이자를 과점주주 취득세의 과세표준에 포함하는 것이 타당한 점 등에 비추어 처분청이 청구법인을 이 건 법인의 과점주주로 보아 취득세를 부과한 처분은 잘못이 없는 것으로 판단된다(조심2015지0611, 2015.08.10.)"고 결정한 바 있다.

2) 산출세액

과점주주가 되는 경우 해당 법인이 소유한 취득세 과세대상 물건을 취득한 것으로 간주하기 때문에 일반 과세대상 물건에 대해서는 2%의 세율을 적용하고(농어촌특별세 0.2% 별도), 취득물건이 과밀억제권역에서 공장 신/증설 등에 대한 중과세대상에 해당하는 경우 6%, 사치성재산에 대해서는 10%의 중과세율을 적용한다. 이에 따라 과점주주의 산출세액은 다음과 같이 나타낼 수 있다.

> 간주취득세 산출세액
> = 과세대상자산 총가액 * 과점주주가 취득한 주식(출자)의 수 / 법인의 주식(출자)의 총수 * 세율

(5) 연대납세의무

과점주주의 연대납세의무에 대해서는 지방세기본법 제7조를 준용한다.

(6) 신고 및 납부

과점주주의 간주취득세는 과점주주 성립 당시인 주식취득일로부터 60일 이내에 취득세 과세표준 및 산출세액을 납세지 관할 시장, 군수에게 신고, 납부해야 한다.

제3절 출자자 및 법인의 제2차 납세의무

01 출자자의 제2차 납세의무

법인의 재산으로 그 법인에 부과되거나 그 법인이 납부할 지방자치단체의 징수금에 충당해도 부족할 경우, 그 지방자치단체의 징수금의 과세기준일 또는 납세의무성립일 현재 해당 법인의 과점주주는 그 부족액에 대해 제2차 납세의무를 진다. 다만 그 부족액을 그 법인의 발행주식총수(의결권 없는 주식 제외) 금액에 해당 과점주주가 실질적으로 권리를 행사하는 소유주식수(의결권 없는 주식 제외)를 곱하

여 산출한 금액을 한도로 한다(지방세기본법 제46조).

과점주주의 제2차 납세의무 성립 여부와 관련하여 법적 분쟁이 자주 발생하고 있는데 특히 입증책임과 관련하여, 주식의 소유사실은 과세관청이 주주명부나 주식 등 변동상황명세서 또는 법인등기부등본 등 자료에 의하여 이를 입증해야 하고, 다만 위 자료에도 불구하고 차명으로 등재되었다는 등의 사정이 있어 주주가 아님을 입증해야 하는 책임은 주주가 아님을 주장하는 그 명의자에게 있다고 법원은 판단하고 있다.

또한 법원은 주된 납세의무에 징수부족액이 있는지 여부를 판단함에 있어 "일단 주된 납세의무가 체납된 이상 그 징수부족액의 발생은 반드시 주된 납세의무자에 대하여 현실로 체납처분을 집행하여 부족액이 구체적으로 생기는 것을 요하지 아니하고, 다만 체납처분을 하면 객관적으로 징수부족액이 생길 것으로 인정되면 족하다 할 것이고, 제2차 납세의무자에 대한 처분 후 주된 납세의무자가 자력을 회복하여도 그 처분의 효력에는 영향이 없다(대법원 2004.05.14. 선고 2003두10718)"고 판시하고 있다.

한편 과점주주의 과점주주에 대한 제2차 납세의무 인정 여부와 관련하여, 법인의 과점주주에게 부과되는 제2차 납세의무는 1차 과점주주까지만 적용되고, 2차 과점주주에게까지 확장될 수는 없다는 최근 대법원의 판결(대법원 2019.05.16. 선고 2018두36110)도 주목할 만 하다.

02 법인의 제2차 납세의무

지방세의 납부기간 종료일 현재 법인의 무한책임사원 또는 과점주주의 재산(그 법인의 발행주식 또는 출자지분은 제외)으로 그 무한책임사원 또는 과점주주가 납부할 지방자치단체의 징수금에 충당하여도 부족한 경우에 그 법인은 1) 출자자의 소유주식 또는 출자지분을 재공매하거나 수의계약으로 매각하려 하여도 매수희망자가 없는 경우 2) 법률 또는 법인의 정관에서 출자자의 소유주식 또는 출자지분의 양도를 제한하고 있는 경우, 3) 그 법인이 외국법인인 경우로서 출자자의 소유주식 또는 출자지분이 외국에 있는 재산에 해당하여 「지방세징수법」에 따른 압류 등 체납처분이 제한되는 경우에 한하여 그 출자자의 소유주식 또는 출자지분의 가액 한도 내에서 그 부족한 금액에 대하여 제2차 납세의무를 진다.

한편 법인의 제2차 납세의무는 그 법인의 자산총액에서 부채총액을 뺀 가액을 그 법인의 발행주식총액 또는 출자총액으로 나눈 가액에 그 출자자의 소유주식금액 또는 출자액을 곱하여 산출한 금액을 한도로 한다.

제5장

주식변동조사유형 및 관련 신고실무

> 탈세제보, 세무조사 파생자료, 정보자료 등에 따라 주식변동조사가 필요한 경우 대상자로 선정되어 주식변동조사를 받을 수 있습니다.
> 주식변동조사를 대비하여 관련 신고가 누락되지 않도록 검토사항과 신고절차를 숙지할 필요가 있습니다.

제1절 주식변동조사

01 개요

주식변동조사란 법인의 출자, 증자, 감자, 합병 등 주식변동과 이와 관련된 주주 등에 대한 제세 탈루여부를 확인하여 주주 및 당해 법인에 대한 조세부과목적으로 실시하는 세무조사를 말한다.

저가 양수 또는 고가 양도 등 주식변동조사 대상은 여러 가지 유형이 있으나, 아래의 네 가지 경우에 대해 살펴보기로 한다.

02 주식변동조사 유형별 검토 사항

(1) 저가 양수 또는 고가 양도에 따른 이익의 증여

구분	검토사항
주식등변동상황명세서	㉖ 양도와 ㉞ 양수 일치
특수관계인 여부	주주의 주민등록등본 가족관계증명서 및 임직원 명부, 관련법인 주주명부
실거래 확인	주식 양수도 계약서, 거래대금영수증, 증권거래세 납부 영수증, 양도소득세 신고 내역
정상적인 거래가액 확인	주식평가관련서류 (법인결산서, 법인세과세표준신고서, 법인세 결정결의서 등)
양도세 신고 납부	양도소득세 세율 적정여부(중소기업 주식 세율) 확인
증권거래세 신고 납부	증권거래세 신고, 납부 영수증 등
법인등기부등본	변경 필요 없음
주주명부 재작성	재작성 해야함

특수관계인 또는 특수관계인이 아닌 자간에 거래인 경우 시가보다 저가양수, 고가양도한 경우 이익의 증여 검토 대상이다.

주주등이 30% 이상 출자하여 지배하는 법인의 사용인은 해당 주주등의 사용인으로서 특수관계인에 해당하며, 특수관계인으로부터 저가로 양수하는 경우 기준금액 초과분은 증여세가 과세됨(재산세과-230, 2011.05.09.)

(2) 증자에 따른 이익의 증여

주주별 증자비율이 증자 전 지분비율과 다른 경우, 신주인수권을 특정인이 계속하여 취득한 경우 등 증자에 따른 이익의 증여 검토 대상이다.

구분	검토사항
주식등변동상황명세서	㉔ 기초+증가-감소 = ㊵ 기말
	액면분할, 액면병합등 있는 경우 ㉝ 기타, ㊴ 기타에 기재 액면가액란의 당기초와 당기말 비교
신주배정 방식 및 균등증자 여부 확인	증자 전·후 주주명부 및 지분변동현황, 이사회 회의록, 증자내역서, 주금납입영수증, 주식청약서 등
	주금납입대장, 별단예금납입내역서, 주금납입증명원 등
정상적인 거래가액 확인	주식평가관련서류 (법인결산서, 법인세과세표준신고서, 법인세결정결의서 등)
양도세 신고 납부	신고 대상 아님
증권거래세 신고 납부	신고 대상 아님
법인등기부등본	변경 필요함
주주명부	재작성 해야함

법인이 자기주식을 제외한 각 주주의 지분비율대로 균등하게 증자를 실시함으로써 특정주주가 얻은 이익이 없는 경우에는 증자에 따른 증여이익규정이 적용되지 아니함(서면 2015상속증여2216, 2015.11.23.)

(3) 감자에 따른 이익의 증여

특정주주의 주식만을 시가에 미달하게 불균등 감자함으로서 감자 실시 후 주주의 소유지분율이 변동된 경우 또는 주식을 소각당하지 아니한 주주의 주식평가액이 증가한 경우 이익의 증여 조사 검토 대상이다.

구분	검토사항
주식등변동상황명세서	㉔ 기초+증가-감소 = ㊵ 기말
	합병인 경우 ㉝ 기타란의 증가만 있는 경우 자본금, 합병차익, 영업권등 검토
	감자인 경우 ㊲ 감자란 검토 자본금, 감자차익, 감자차손 등 검토
불균등 감자 확인, 주식소각시 지급금액 확인	법인등기부등본, 감자결의 주주총회의사록 등 감자 전·후의 주주명부, 주주 호적등본, 임원 명부 등
정상적인 거래가액 확인	주식평가관련서류 (법인결산서, 법인세과세표준신고서, 법인세결정결의서 등)
양도세 신고 납부	신고 대상 아님
증권거래세 신고 납부	신고 대상 아님
법인등기부등본	변경 필요 함
주주명부	재작성 해야함

① 법인이 자본을 감소하기 위하여 주식을 소각한 때에 당해 감자 전에 각 주주들이 소유하고 있는 주식수대로 균등하게 주식을 매입하여 소각함으로써 특정주주가 얻은 이익이 없는 경우에는 감자에 따른 이익의 증여가 적용되지 않는 것임(서면2015상속증여0547, 2015.05.06.)

② 법인이 자본을 감소시키기 위하여 주식을 소각함에 있어서 일부주주의 주식만을 매입하여 소각함으로 인하여 그와 특수관계에 있는 대주주가 일정한 기준이상의 이익을 얻은 경우에는 그 이익상당액은 그 대주주의 증여재산가액으로 하는 것임(서면2016상속증여4690, 2018.11.20.)

③ 법인이 감자시 1주당 소각대가가 감자한 주식 1주당 평가액을 초과하여 지급되는 경우에는 주식을 소각한 주주에게 당해 주식의 소각대가와 감자한 주식의 평가액과의 차액 상당액에 대한 증여세를 과세하는 것임(재산세과-564, 2009.10.27.)

④ 주식을 시가로 소각하는 경우 「상속세 및 증여세법」 제39조의2 【감자에 따른 이익의 증여】 증여세 과세대상에 해당하지 아니하는 것(서면2022자본거래2369, 2022.07.01.)

⑤ 법인이 자본을 감소하기 위하여 상법상 절차에 따라 주식을 소각할 때에 당해 감자 전에 각 주주들이 소유하고 있는 주식수 대로 균등하게 주식을 소각하는 경우에는 상속세 및 증여세법 제39조 제1항 제2호에 의한 감자시의 증여의제규정이 적용되지 아니하는 것이며, 또한 유상감자에 따라 감소된 주식은 양도한 주식에 포함되지 아니하는 것임으로 같은법 제35조 제1항에 의한 고가양도시의 증여의제 규정이 적용되지 아니하는 것임(재산상속46014-1536, 2000.12.26.)

(4) 명의신탁주식 증여의제

일시에 많은 양의 주식변동이 있는 경우, 창업주의 주식은 증가하지 않으면서 그 2세나 기타 주주의 지분이 증가한 경우, 자금능력이 불분명한 신규 주주가 대량의 주식을 양수한 경우 등 명의신탁의 증여의제 검토 대상이다.

구분	검토사항
특수관계 여부 확인	주주의 주민등록등본, 가족관계증명서 및 임직원 명부
실 거래 여부 확인	주주총회 참석통지서 및 발송여부, 배당금 수령내용, 주주총회의사록, 종합소득세 등 신고서, 증권거래세 납부영수증 등
양도세 신고 납부	신고 대상 아님
증권거래세 신고 납부	신고 대상 아님

① 명의신탁 약정이 있다고 볼 만한 객관적이고 구체적인 증빙이 없고 주식의 양도자와 양수자가 각각 다름에도 동일날짜, 동일서식, 동일필체로 미상인에 의해 '주식양도양수계약서'가 작성된 점에 비추어 명의신탁 증여의제 규정을 적용하기 어려움(심사증여2012-0030, 2012.08.31.)
② 명의신탁재산의 증여의제의 규정을 적용할 때, 같은 조 제2항의 규정에 의하여 타인의 명의로 재산의 등기 등을 한 경우에는, 조세회피목적이 있는 것으로 추정하는 것임(제도46014-12471, 2001.07.28.)
③ 조세회피 목적이 있었는지 유무는 관할세무서장이 구체적인 사실을 조사하여 판단할 사항이며, 명의수탁자가 명의신탁주식을 처분하여 그 대금을 명의신탁자에게 반환하는 것은 명의신탁 주식의 반환으로 보지 않음(재산세과-297, 2012.08.23.)

④ 명의신탁재산의 증여 의제에 따른 명의신탁재산의 증여시기는 실제소유자가 명의자로 등기·등록 또는 명의개서를 한 날임(재산세과-86, 2013.03.19.)

⑤ 주식을 실제 소유자가 아닌 제3자 명의로 명의개서한 경우에는 조세회피목적이 있는 경우를 제외하고 증여세가 과세되는 것이며, 명의신탁주식 매각대금을 실소유자가 사용하는 경우에는 증여세가 과세되지 않는 것임(서면인터넷방문상담4팀-3313, 2007.11.16.)

⑥ 증여세 과세가액의 계산은 증여시점인 명의신탁일을 기준으로 계산하는 것이므로 명의신탁 이후 명의신탁주식이 무상 소각되어 재산적가치가 없어진 경우에도 과세요건이 소급하여 소멸되는 것은 아니어서 증여의제 대상으로 봄(심사증여2003-3018, 2005.08.22.)

⑦ 상속세 및 증여세법 상의 명의신탁 증여의제 규정은 명의수탁자가 실질적인 증여이익을 받았는지 여부와는 관련이 없으므로 청구인이 제3자에게 쟁점주식을 명의신탁한 데 대하여 처분청이 명의수탁자에게 증여세를 과세하고, 청구인을 연대납세의무자로 지정한 처분에는 잘못이 없음(심사증여2014-0044, 2014.06.27.)

⑧ 주식 명의신탁을 통해 과점주주로서의 조세부담을 지속적으로 회피하였고, 명의신탁이 조세회피의 목적이 아닌 다른 뚜렷한 목적에서 이루어졌다는 점을 납세자가 명확하게 입증하지 못하는 경우 명의신탁재산의 증여의제를 적용하는 것임(심사증여2014-0100, 2015.02.10.)

제2절 주식등변동상황명세서 및 증권거래세 신고

01 주식등변동상황명세서 제출

(1) 제출 의무

사업연도 중에 주식등의 변동사항이 있는 법인은 주식등변동상황명세서를 제출하여야 한다. 거래처에서 통보를 누락하는 경우가 종종 있으므로 「법인세 신고도움 서비스」에서 제공되는 전기말기준 주주현황을 확인하여 법인세 신고 시 참고할 수 있다.

단, 사업연도 중 주식등 변동사항이 없는 법인과 아래의 법인은 변동사항이 있는 경우에도 제출의무가 없다.

① 주권상장법인으로 해당 사업연도 중 주식의 명의개서 또는 변경을 취급하는 자를 통하여 1회 이상 주주명부를 작성하는 법인의 지배주주(그 특수관계인을 포함) 외의 주주 등이 소유하는 주식 등

> 1. 유가증권시장상장법인의 경우 보유하고 있는 주식의 액면금액의 합계액이 3억원에 미달하고 그 주식의 시가(기획재정부령으로 정하는 시가를 말한다)의 합계액이 100억원 미만인 주주
> 2. 코스닥시장상장법인의 경우 보유하고 있는 주식의 액면금액의 합계액이 3억원에 미달하고 그 주식의 시가(기획재정부령으로 정하는 시가를 말한다)의 합계액이 100억원 미만인 주주. 다만, 코스닥시장상장 전에 주식을 취득한 경우에는 해당 주식의 액면금액의 합계액이 500만원 이하인 주주와 중소기업의 주식을 코스닥시장을 통하여 양도한 주주

② 주권상장법인 외의 법인으로서 해당 법인의 소액주주가 소유하는 주식 등
   어느 한 날이라도 소액주주 등에 해당하지 아니하면 제출대상이 된다.

> 소액주주: 주식의 액면금액 또는 출자총액의 합계액이 500만원 이하인 주주등

(2) 주식등변동상황명세서 제출불성실가산세

① 명세서를 제출하지 아니한 경우, 명세서에 주식 등의 변동사항을 누락하여 제출한 경우, 제출한 명세서가 불분명한 경우 그 주식 등의 액면 금액 또는 출자가액의 100분의 1을 가산세로 납부하여야 한다.

② 신설법인의 경우 법인설립신고시 주주등의 명세서를 제출하여야 하며, 미제출, 불분명제출, 누락제출시 출자가액 등의 1천분의 5를 가산세로 납부하여야 한다.

③ 불분명한 경우란
   아래의 필요적 기재사항의 전부 또는 일부를 기재하지 아니하였거나 잘못 기재하여 주식등의 변동상황을 확인할 수 없는 경우, 주식 등의 실제소유자에 대한 사항과 다르게 기재되어 주식 등의 변동사항을 확인할 수 없는 경우이다. 단, 내국법인이 주식 등의 실제소유자를 알 수 없는 경우 등 정당한 사유가 있는 경우는 제외한다.

> 주식등변동상황명세서 필요적 기재사항
> ① 주주등의 성명 또는 법인명, 주민등록번호, 사업자등록번호 또는 고유번호
> ② 주주등별 주식 등의 보유현황
> ③ 사업연도 중의 주식등의 변동사항

(3) 신고관련 적용사례

① 명의신탁 주식에 대해 수탁자 명의로 주식 등 변동상황명세서를 제출한 후 해당 주식의 명의신탁을 해지하여 실제 소유자 명의로 환원하는 경우 그 명의신탁일이 속하는 사업연도의 주식 등 변동상황명세서를 수정하여 제출, 명의신탁 사업연도에 주식변동상황명세서 제출 불성실가산세 적용(서면-2015-법령해석법인-0172, 해석과-604, 2016.02.29.)

② "주식 등의 변동"이라 함은 매매·증자·감자·상속·증여 및 출자 등에 의하여 주주 등·지분비율·보유주식액면총액 및 보유출자총액 등이 변동되는 경우를 말하는 것입니다.
또한, 내국법인이 사업연도 기간 중에 합병에 의하여 소멸한 경우에 그 사업연도의 개시일로부터 합병등기일까지의 기간을 그 소멸한 법인(피합병법인)의1사업연도로 보아 같은 법 제60조의 규정에 의하여 법인세를 신고하여야 하는 것입니다 (서면인터넷방문상담2팀-723, 2006.05.02.).

③ 주식등변동상황명세서 미제출 가산세 징수대상금액은 증가 및 감소된 주식의 액면금액에 대하여 별도로 계산하지 아니하고 변동된 주식의 액면금액임(법인46012-2796, 1999.07.15.)

④ 협회등록을 한 법인이 협회등록사업연도에 주식 등 변동상황명세서를 2건 이상으로 분리하여 제출하지 않은 사실은 가산세의 적용요건에 해당하지 않는 것임(서면인터넷방문상담2팀-2164, 2004.10.27.)

⑤ 법인이○○협회에 등록하기 위하여 주식을 신규로 공모하여 주식을 배정하였으나, 당해 사업연도 종료일 현재 동 협회에 등록되지 아니한 경우 사업연도 종료일 현재 주주가 보유하고 있는 주식 전부를 포함하여 주식등변동상황명세서를 제출하여야 하는 것임(법인40612-332, 2000.02.03.)

⑥ 자기주식을 취득하여 보유 중인 법인이 주식 등 변동상황명세서에 자기주식 보유내

역을 소액주주의 합계란에 포함시켜 작성·제출한 경우 주식 등 변동상황명세서 관련 가산세가 적용되는 것임(서이46012-11454, 2003.08.04.)

⑦ 법인설립당시 주주명세서를 제출한 내국법인이 최초사업연도에 대한 법인세과세표준과 세액을 신고시 주식 등의 변동내용이 없으므로 『주식등변동상황명세서』를 제출하지 아니한 경우에는 미제출가산세 적용되지 아니함. (서면인터넷방문상담2팀-1190, 2007.06.19.)

⑧ 설립 당시 주주명세서를 제출한 내국법인이 최초 사업연도에 대한 법인세과세표준과 세액을 신고 시 주식 등의 변동내용이 없으므로 『주식등변동상황명세서』를 제출하지 아니한 경우에는 가산세 적용됨(서면인터넷방문상담2팀-2237, 2004.11.04.)

⑨ 법인세 신고시 과세표준신고서는 제출하였으나 주식 등 변동상황명세서를 제출하지 아니한 경우, 주식등변동상황명세서 미제출가산세의 국세부과 제척기간은 5년을 적용하는 것임(징세과-473, 2012.04.27.)

⑩ 법인의 주주가 증여세를 납부하기 위하여 당해 법인의 주식을 물납신청하여 물납허가통지서를 받은 경우 당해 주식은 물납허가통지일에 양도된 것으로 보아 주식 등 변동상황명세서를 작성하여 제출하는 것임. (법인세과-493, 2009.04.24.)

⑪ 귀 질의의 경우 법인이 사업연도 중에 특정주주로부터 자기 주식을 취득하여 상법 제343조 규정에 의한 이익소각을 하는 경우 법인세법 제119조 규정에 의한 주식 등 변동상황명세서를 작성함에 있어서 당해 사업연도의 기말 총발행주식수는 기초의 총발행주식수에서 이익소각한 주식수를 차감한 주식수(이하 "유통주식수"라 함)를 기재하며 이 경우 주식 등 변동상황명세서(갑)상의 변동상황란에 자기주식 취득·소각 내역 및 특정주주의 주식양도내역을 기재하고 보유 주식수의 변동이 없는 나머지 주주들의 기말 보유지분은 유통주식수에 대한 보유 지분율을 기재하는 것입니다(서이46012-10305, 2003.02.11.).

⑫ 사업연도 중에 주주의 사망에 따른 상속으로 「법인세법」 제119조 제1항이 적용되는 주식 변동사항이 있는 법인이 상속인들간 상속재산 협의분할에 대한 합의가 이루어지지 않아 상속개시일이 속하는 사업연도에 법정상속지분에 따라 주식등 변동상황명세서를 제출하였으나 이후 협의분할에 대한 합의가 이루어져 동 주식의 실제 소유주가 확정된 경우, 당초 상속개시일이 속하는 사업연도의 주식 등 변동상황명세서를 수정하여 제출하여야 하는 것이며 「법인세법 시행령」 제120조 제5항 단서에 의해 「법인세법」 제76조 제6항에 따른 가산세를 적용하지 않는 것임(서면-2016-법령해

석법인-3028, 법령해석과-2450, 2017.09.01.)
⑬ 사업연도 중에 주주의 이동상황이 있는 법인은 주주 또는 사원별 주식보유현황 및 사업연도중의 주주이동상황을 빠짐없이 기재한 주식이동상황명세서를 법인세 과세표준 신고기한내에 제출하여야 하는 것이므로, 주식이동상황을 제출하여야 할 주주등의 주식이동상황을 주주별 개별명세가 아닌 합계액으로 기재하여 제출한 경우에는 법인세법 제41조 제13항의 "주식이동상황을 누락하여 제출한 경우"에 해당되는 것임. (서이46012-12304, 2002.12.23.)
⑭ 사업연도중에 주식변동이 있는 경우 주식등변동상황명세서를 제출하며, 주권을 실물로 보유하고 명의개서를 하지 않은 주식에 대한 소액주주의 판단은 비상장주식의 액면금액의 합계액이 500만원 이하인 주주를 말하는 것임(서면2팀-1313. 2005.08.17.)
⑮ 내국법인이 사업연도 중에 「상법」 제329조의2에 따라 주식을 분할하였으나 「법인세법」 제60조에 따른 신고기한 내에 주식등변동상황명세서를 제출하지 아니한 경우로서, 해당 주식분할 외에는 다른 변동 사유가 없어 주주·지분비율·보유주식액면총액 등에 변동이 없는 경우에는 같은 법 제76조 제6항에 따른 가산세를 부과하지 아니하는 것임(법인세과-1345, 2009.11.30.)
⑯ 사업연도 중에 주식 등의 변동사항이 있는 법인이 구법인세법('98.12.28 법률 제5581호로 개정되기 전의 것, 이하 "구법인세법"이라 함) 제66조의4 및 법인세법 제119조의 규정에 의하여 주식 등 변동상황명세서를 제출함에 있어서 당해 사업연도에 주식 등의 변동사항이 없는 주주 등의 성명(법인명), 주민등록번호 및 주식 보유현황 등 필요적 기재사항은 구법인세법 제44조 제13항 및 법인세법 제76조 제6항의 규정에 의한 가산세 적용대상에 해당하지 아니하는 것이며 주권상장법인이 법인세법('96.12.30 법률 제5192호로 개정된 것) 제66조의4 및 동 부칙 제2조 단서의 규정에 의하여 주식 등 변동상황명세서를 최초로 제출함에 있어서도 "2"와 같이 적용하는 것입니다(법인46012-781, 2001.06.23.)
⑰ 과세표준 및 세액의 변동 없이 당초 제출한 재무제표만을 정정하여 수정신고할 수 없으나, 주식등변동상황명세서 작성시 변동상황을 잘못 기재하여 법인세 신고시에 사실과 다르게 제출한 경우에는 이를 수정하여 제출할 수 있습니다. (서면-2021-징세-3319, 징세과-2053, 2022.06.14.)
⑱ 사업연도중에 법인의 유·무상 증자 및 감자로 인한 자본금은 변동이 있었으나, 주

주의 변동이 없어서 당해 사업연도분 법인세과세표준신고시 법인세법 제66조의4 (법인세법 제119조) 규정에 의한 주식이동상황명세서를 제출하지 아니한 경우 가산세를 부과한다(재법인46012-57, 1996.05.06.).
⑲ 주식이동상황을 제출하여야 할 주주 등의 주식이동상황을 주주별 개별명세가 아닌 합계금액으로 기재하여 제출한 경우에는 법인세법 제41조 제13항의 "주식이동상황을 누락하여 제출한 경우"에 해당되는 것임. (법인46012-438, 1995.02.18.)

02 증권거래세 신고

(1) 납세의무자

증권거래세의 납세의무자는 주식의 양도자(유상으로 소유권이 이전하는 경우)이다. 그러나 증여 등 무상이전과 상증법상 명의신탁재산의 증여추정의 경우에는 증권거래세의 납세의무가 없다.

(2) 과세대상

1) 주권 등의 거래시 양도로 보는 경우
   ① 비상장주식을 다른 협회등록주식과 교환하는 경우에는 양도에 해당되어 증권거래세 과세대상이며 과세표준은 양도가액 평가방법에 의하는 것임(서면인터넷방문상담3팀-2383, 2004.11.25.)
   ② 주식매수청구권을 행사하여 주권을 양도하는 경우 증권거래세 과세대상에 해당하는 것임(서면인터넷방문상담3팀-318, 2006.02.20.)
   ③ 채무를 유가증권으로 대물변제시에는 환매조건 특약이 설정되어 있는 것과는 관계없이 계약상 또는 법률상의 원인에 의하여 유상으로 소유권이 이전되는 양도에 해당하므로 증권거래세 과세대상이 되는 것임(소비46430-292, 1998.12.12.)
   ④ 주식을 소각하기 위하여 매매하는 경우 증권거래세 과세대상임(서면인터넷방문상담3팀-1824, 2007.06.26.)
   ⑤ 증권거래세는 계약상 또는 법률상 원인에 의하여 주권 또는 지분이 유상으로 소

유권 이전되는 것을 과세대상으로 하는 것이므로 법인의 업종이 증권거래세 과세여부를 결정하지 않음(소비세과-91, 2011.03.21.)

⑥ 채권자의 담보권 실행으로 담보된 주식의 소유권이 이전되는 경우에는 증권거래세 과세대상에 해당하는 것임(서면-2015-소비-0126, 2016.02.11.)

⑦ 상속인이 상속세 현금납부를 위하여 비상장주식을 타인에게 양도할 경우 양도주권에 대한 증권거래세가 부과되는 것과 마찬가지로 상속세를 현금대신 비상장주식으로 물납할 경우에도 물납한 비상장주식을 국가에 양도하는 것으로 보아 증권거래세 과세대상이 되는 것임. (소비46430-190, 1999.04.21.)

⑧ 합병법인이 피합병법인으로부터 승계받은 자기주식을 피합병법인의 주주에게 합병대가로 교부하는 것은 자본거래로 증권거래세 과세대상에 해당하지 아니하는 것임. (서면-2015-소비-0426, 2015.05.01.)

2) 주권 등의 거래시 양도로 보지 않는 경우

① 주권 또는 지분을 양도하는 경우에 증권거래세 납세의무가 성립되며, 이 경우 양도라 함은 계약상 또는 법률상의 원인에 의하여 유상으로 소유권이 이전되는 것을 말하므로 명의신탁재산의 증여 추정의 경우 증권거래세 납세의무가 없는 것임(재삼46014-372, 1997.02.20.)

② 자본감소절차에 따라 주주가 소유주식을 회사에 반납하는 것은 주권 등의 양도에 해당하지 않는 것이므로 증권거래세 과세대상이 아님(서면-2015-소비-1189, 2015.07.20.)

(3) 양도시기

주권등의 양도 시기는 해당 매매거래가 확정되는 때이다.

① 「자본시장과 금융투자업에 관한 법률」에 따른 증권시장에서 거래(다자간매매체결회사에서의 거래를 포함한다)된 주권에 대하여는 그 양도가액이 결제되는 때

② 제1호에 따른 주권 외의 주권등을 금융투자업자가 매매·위탁매매 또는 매매의 중개나 대리를 하는 경우에는 그 대금의 전부를 결제하거나 결제받는 때

③ 제1호 및 제2호 이외의 경우에는 당해 주권 등을 인도하거나 대가의 전부를 받는 때. 다만, 그 주권 등을 인도하거나 대가의 전부를 받기 전에 권리가 이전되는 때에는 그 권리가 이전되는 때로 한다.

주권 등의 양도시기는 매매거래가 확정되는 때로 하며, 비상장주식의 매매거래 확정시기는 당해 주권 등을 인도하거나 대가의 전부를 받는 때이며 다만, 그 주권 등을 인도하거나 대가의 전부를 받기 전 권리가 이전되는 때에는 권리가 이전되는 때로 하는 것임. (소비46430-135, 1998.08.31.)

(4) 과세표준 및 세율

1) 과세표준

주권의 양도가액을 알 수 있는 경우	해당 주권등의 양도가액
주권 등의 양도가액을 알 수 없는 경우	1. 「자본시장과 금융투자업에 관한 법률」에 따른 상장법인의 주권등을 증권시장 및 다자간매매체결회사 밖에서 양도하는 경우 : 「자본시장과 금융투자업에 관한 법률」에 따른 거래소가 공표하는 양도일의 매매거래 기준가액 2. 「자본시장과 금융투자업에 관한 법률」 제283조에 따른 한국금융투자협회(이하 "금융투자협회"라 한다)가 같은 법 시행령 제178조 제1항에 따른 기준에 따라 거래되는 종목으로 지정한 주권 등을 같은 항에 따른 기준 외의 방법으로 양도하는 경우 : 금융투자협회가 공표하는 양도일의 매매거래 기준가액 ・제1호 및 제3호 외의 방식으로 주권등을 양도하는 경우 : 「소득세법 시행령」 제150조의22에 따라 계산한 가액
「소득세법」 제101조, 「법인세법」 제52조 또는 「상속세 및 증여세법」 제35조에 따라 주권등이 시가(時價)보다 낮은 가액으로 양도된 것으로 인정되는 경우(「국제조세조정에 관한 법률」 제7조가 적용되는 경우는 제외한다)	그 시가액
「소득세법」 제126조, 「법인세법」 제92조	그 정상가격

주권의 양도가액을 알 수 있는 경우	해당 주권등의 양도가액
또는 「국제조세조정에 관한 법률」 제7조에 따라 주권등이 정상가격보다 낮은 가액으로 양도된 것으로 인정되는 경우에는 그 정상가격	

2) 세율

증권거래세의 세율은 1만분의 35로 한다.

단, 증권시장에서 거래되는 주권에 한정하여 종목별로 아래와 같이 탄력세율을 적용한다.

구분	세율	농어촌특별세 세율
유가증권 시장	0.03%	0.15%
코넥스 시장	0.1%	해당없음
코스닥 시장, 금융투자협회	0.18%	해당없음

증권거래세 과세표준 계산시 "양도가액을 알 수 없는 경우"에 해당되지 아니하고, 양도가액은 있으나 양도시기 이후에 알 수 있는 경우 증권거래세법 제7조 및 같은 법 시행령 제4조 제3호의 규정에 의하여 증권거래세 과세표준을 산정하여 신고, 납부하고 추후 양도가액 확정시 수정신고를 하는 것임(소비46430-144, 1999.03.29.).

(5) 신고 및 납부

증권거래세의 납세의무자는 다음의 구부에 따라 과세표준과 세액을 관할 세무서장에게 신고 · 납부하여야 한다.

구분	신고기한
전자등록기관, 한국예탁결제원 금융투자업자	매월분의 다음달 10일
그 밖의 양도자	매 반기분의 반기일 말일부터 2개월 이내

- 비상장주식을 장외에서 거래하는 경우 증권거래세 납세의무자인 양도자는 주권 등의 양도일 다음달 10일까지 관할세무서에 증권거래세 과세표준 및 세액을 신고·납부하여야 하며, 대가를 전부 받기 전에 권리가 이전되는 경우 주식인도 및 명의개서일을 양도일로 보는 것임. (소비46430-32, 2000.01.25.)
- 법정신고 기한내 과세표준신고서를 제출하지 아니한 경우 세무서장이 결정통지하기 전까지 기한후 과세표준신고 할 수 있으며 증권거래세 면제신청 할 수 있음. (소비세과-206, 2013.07.08.)
- 경정청구하여 증권거래세 면제를 적용 받을 수 있는 것이나, 과세표준신고를 하지 않은 경우에는 세액면제를 적용 받을 수 없는 것임. (서면인터넷방문상담3팀-1856, 2005.10.26.)
- 자기주식을 처분함에 따라 발생하는 증권거래세 및 증권거래수수료는 영업외비용으로 보아 각 사업년도 소득금액계산상 손금에 산입하는 것임. (법인22601-669, 1992.03.21.)

기타 고려사항 및 실무업무

제1절 주권발행 절차 및 실무업무

배우자 증여공제를 활용한 주식 소각등의 경우에 실물 주권을 발행해야 하는 경우가 있으므로 아래에서 실물주권 발행의 상세 절차를 기술하도록 한다.

01 이사회 결의 또는 주주총회 결의

주권을 발행하기 위해서는 이사회에서 주권발행에 대한 결의를 하여야 한다. 이사회가 구성되지 않는 법인의 경우에는 주주총회에서 주권발행에 대한 결의를 진행한다.

이때 발행할 주식의 종류와 주권의 종류등을 결정해야한다.

업무에 참고가 가능하도록 아래 주권발행을 위한 주주총회 의사록 사례를 첨부한다.

02 국세청에 인지세 후납신청

주권발행이 결의 되면 발행할 주권의 종류와 매수만큼 국세청에 인지세를 납부하여야 한다.

03 주권 일련번호를 인쇄소에 송부하여 주권인쇄

국세청에서 주권발행이 승인되면 국세청에서 인정한 주권발행 가능 인쇄소에 주권의 종류와 매수 그리고 일련번호를 송부한다.

04 주권교부대장 작성 비치(회사)

주권이 발행되면 회사에서는 주주에게 주권을 교부하고, 주권교부대장을 작성하고 비치하여야 한다.

임시주주총회 의사록

2024년 4월 2일 오전 10시 본점 회의실에서 주주총회를 개최하다.

1. 의결권이 있는 전체주주총수　　　　　　　　4명
1. 의결권이 있는 발행주식총수　　　　　　　　20,000주
1. 출석주주수　　　　　　　　　　　　　　　　4명
1. 출석주주 중 의결권이 있는 자의 주식총수　　20,000주

의장은 정관규정에 따라 본 회의 진행을 위하여 의장석에 등단하여 위와 같이 법정수에 달하는 주식수를 보유한 주주가 출석하였으므로 본 총회가 적법하게 성립되었음을 알리고 개회를 선언한 후 다음 의안을 부의하고 심의를 구하다.

제1호 의안 : 주권 발행에 관한 건
　　　　　의장은 주권발행에 대한 안건을 상정하고, 등기된 주식에 관한 사항인 1주당 액면 5,000원 발행주식 20,000주 및 발행할 주권의 종류와 인쇄소 등에 대한 사항을 다음과 같이 설명하고 의견을 물은 바 전원 이의 없이 승인 가결하다.

다 음

1. 발행회차　　　： 제1회
2. 주식의 종류　　： 기명식 보통주
3. 주권발행 연월일 : 2024년 4월 11일
4. 인쇄소　　　　 ： 스타인쇄(사업자등록번호 104-05-09502)
5. 발행할 주권　　： 별첨 참조
(별 첨) 주권발행현황

의장은 이상으로서 총회의 목적인 의안 전부의 심의를 종료하였으므로 폐회를 선언하다.
(총회 종료시간 10시 30분)
위 의사의 경과요령과 결과를 명확히 하기 위하여 이 의사록을 작성하고 의장과 출석한 이사가 기명 날인 또는 서명하다.

2024년 4월 2일

주식회사

의장 대표이사　　　　(인)　　(법인인감)

사내이사　　　　　　(인)

<별첨>

㈜ . . .   제1회 주권발행 현황

구 분	주권번호	발행매수
일천주권	사제000001호~사제000012호	12매
오백주권	바제000001호~바제000009호	9매
일백주권	마제000001호~마제000033호	33매
일십주권	다제000001호~다제000018호	18매
일주권	가제000001호~가제000020호	20매
발행 주권 합계		92매

2024. 04. 02.

주식회사
대표이사   (법인날인)

제2절 주식증여 후 증자를 진행하려는 경우 사전 검토 필요

대부분의 비상장법인은 대표이사가 100% 지분을 소유한 단독주주인 경우가 많다. 이러한 비상장법인이 가족에게 지분을 분산하는 경우에는 차후 이익소각이나 자본감소를 통한 법인 자금인출을 염두해둔 경우가 대부분이다.

법인이 여러 가지 이유로 자본금의 증자가 필요한 상황이면, 차후 이익소각이나 자본감소를 통한 자금인출 실행에 걸림돌이 되지 않도록 법인 자본금 증자와 법인 지분의 가족간 지분 분산의 순서를 잘 계획하는 것이 중요하다.

제3절 대출이 있거나 대출계획이 있는 법인의 주식양수도 시 검토 사항

금융기관이나 신용보증기금등에서 대출을 받은 법인은 대표이사의 지분율을 중요하게 생각한다. 따라서 대표이사 지분이 감소하는 주식양수도의 경우에는 해당 금융기관과 사전에 협의를 진행해 보시기를 권유하는 것이 좋다.

또한, 주식양수도 후 새로운 주주가 금융기관에 블랙리스트로 등재되어 있는 경우에는 해당 법인의 기존 대출의 연장이나, 신규 대출에 어려움이 있을 수 있다. 이점을 거래처에 언급해 주는 것이 좋다.

[참고문헌]

1. 주식거래 유형별 세무실무/피광준 김선명 공저/2019
2. 주식변동조사 실무해설/국세청/ 2023
3. 국세법령정보시스템 http://taxlaw.nts.go.kr
4. 상속증여이슈/중부지방세무사회/고경희
5. 법인세 심화과정/인천지방세무사회/김강수

알쓸신세(알아두면 쓸모있는 신박한 세무지식),

주식변동 세무

발행일 : 2024년 12월
저 자 : 이은선 (e-mail: lescta@hanmail.net)
　　　　김정륜, 강성은, 김미애, 김상훈, 김수희, 김정현, 김창식,
　　　　이래현, 정진영, 최호길
감 수 : 김현수, 박현수, 박권민
발행인 : 구 재 이
발행처 : 한국세무사회
주 소 : 서울시 서초구 명달로 105(서초동)
등 록 : 1991.11.20. 제21-286호
TEL. 02-597-2941　　　FAX. 0508-118-1857
ISBN 979-11-5520-187-9　　부가기호 93320

저 자 와
협의하에
인지생략

〈이 책의 내용을 한국세무사회의 허락없이 무단복제 출판하는 것을 금합니다.〉

본서는 항상 그 완전성이 보장되는 것은 아니기 때문에 실제 적용할 경우에는
충분히 검토하시고 저자 또는 전문가와 상의하시기 바랍니다.

정가 7,000원